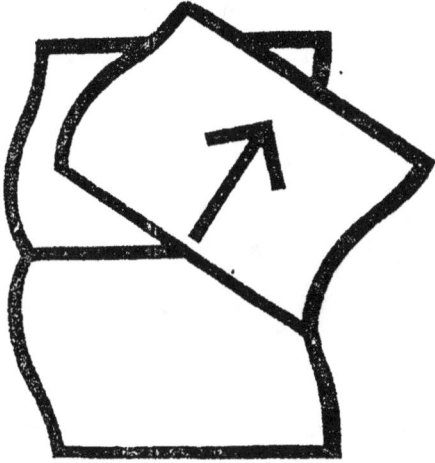

Couvertures supérieure et inférieure
manquantes

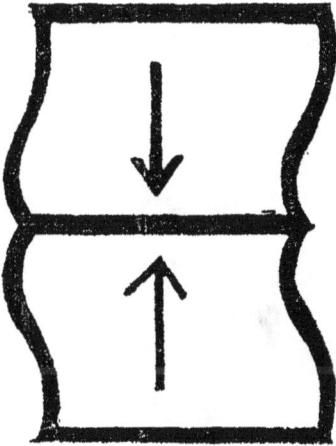

RELIURE SERREE
Absence de marges
intérieures

**VALABLE POUR TOUT OU PARTIE
DU DOCUMENT REPRODUIT**

# LE SANCTUAIRE

# DE MEMPHIS.

*On trouve à Paris, au seul dépôt, chez Bruyer,*
*Papetier, rue Saint-Martin, 259,*

L'ouvrage relié, Bazane pleine.......... 1 f. 25 c.
Même reliure avec filets........ 1 50
Relié en veau ou maroquin de... 2 à 3 »

PARIS. Imp. de Maistrasse et comp. place du Chevalier-du-Guet, 3.

# LE SANCTUAIRE

# DE MEMPHIS,

## ou

## HERMÈS.

### Développements complets des Mystères Maçonniques,

#### CONTENANT

L'histoire abrégée de la Maç∴; — Origine de tous les Rits Maç∴ connus; — Anciens mystères de Memphis; — Statut organique; — Des devoirs des Maç∴ en Loge; — Initiation de Platon, — Travaux complets du 1er∴ degré de l'ordre maç∴ de Memphis; — Travaux du Banquet symbolique — Instruction du 2e∴ degré; — Inst∴ du 3e∴ degré; — Discours sur la tombe d'un F∴. — Tableau, décoration de la Loge — Calendriers Maçonniques; — Discours sur la Justice; — Décoration, travaux, instruction et banquets du Souv∴ Chapitre des chevaliers Rose-Croix; — Développement de la partie mystique et transcendante de la Maç∴, formant une composition de l'Esotérisme et des hauts Mystères; — Note sur l'Ordre du Temple; — Instruction du Kadosch Templier. — Instruction universelle de tous les Rits Maç∴ connus, interprétation de leurs signes, paroles, attouchements, batteries, insignes, décors, banquets des Chevaliers de l'ordre — instructions générales de la Maç∴ d'adoption; — Note sur les Alphabets et les Hiéroglyphes; — Discours pour l'installation d'une loge; — Réponse des Délégués; — Baptême maç∴; — Note sur les sept classes de maç∴ — Pensées maç∴ — Règlements de Loge; — Pompes Funèbres; — Alphabets et Hiéroglyphes maç∴.

### PAR LE F∴ E∴-J∴ MARCONIS DE NÈGRE,

*Auteur de l'Hiérophante, — des Délassements de l'Esprit humain, — et Fondateur du Rit maç∴ de Memphis.*

## PARIS,

### BRUYER, RUE SAINT-MARTIN, 259,

Et chez les principaux Libraires de Paris et des Départements.

—

1849 E∴ V∴ — 5850 V∴ L∴

# 1849

# HERMÈS,

ou

# LE SANCTUAIRE DE MEMPHIS.

## HISTOIRE ABRÉGÉE

## DE LA MAÇONNERIE

L'origine de la Maçonnerie, ainsi que celle de toutes les grandes institutions destinées à exercer une puissante influence sur l'avenir de l'humanité, se perd dans la nuit des temps. Mille opinions contradictoires ont été émises sur ce sujet, mille systèmes ont été essayés ; et, jusqu'à ce jour, aucun système n'a pu prendre une prépondérance assez marquée pour rallier à lui l'opinion générale.

Essayer d'énumérer et d'analyser les diverses opinions serait une œuvre à la fois fastidieuse et de peu d'utilité. Deux faits seulement semblent bien avérés de tous les auteurs, et peuvent servir de point de ralliement : le premier, c'est que la Maçonnerie est venue de l'Orient ; le second, qu'elle est la continuation des anciens mystères, ou du moins qu'elle offre avec eux de frappantes analogies. « Quelle que soit la source d'où nous vienne la Maçonnerie, dit le F∴ Quentin (*Dict. Maç.*), il est évident qu'elle offre, jusque dans ses moindres détails, des souvenirs et des traces de l'ancienne initiation. »

« C'est dans l'Asie (dit le F∴ Valleteau de Chabrefy, dans

ses *Annales Maçonniques*), le berceau du genre humain, que nous trouvons la plus ancienne institution de ce genre, celle des Brahmanes. De l'Asie, la connaissance de ces vérités sublimes passa en Afrique, où se célébraient les mystères d'Isis, qui ont un rapport frappant avec la Maçonnerie. »

Ces deux passages résument, sauf de légères variantes, les opinions les plus généralement adoptées sur l'origine de la Maçonnerie. L'un et l'autre la placent près du berceau du genre humain, en font la dépositaire de la science primitive; et c'est dans ce sens que le profond Saint-Martin a pu dire : « que la Maçonnerie est une émanation de la Divinité; » et l'Anglais Smith : « qu'Adam fut le dépositaire de la science maçonnique, et qu'il la tenait de Dieu. »

Que si, poussant plus avant une recherche audacieuse, l'on veut se rendre compte des motifs qui ont fait donner à cette science mystérieuse le nom de *Maçonnerie*, on sera libre de choisir entre l'opinion de ceux qui la font dériver de la construction de la tour de Babel, cette première et hardie tentative de la puissance de l'intelligence humaine; ou de ceux qui veulent y retrouver le souvenir du temple de Salomon, cette merveille de l'art humain aidé de l'inspiration divine; ou enfin des archéologues qui affirment que, dans l'antiquité, toute science était symbolisée dans une construction; et que, dans le langage des poètes, une ville bâtie, ce n'étaient pas des pierres entassées, c'étaient des institutions fondées.

Les bords du Gange et ceux du Nil furent donc témoins des premières initiations : la division des castes, commune aux Égyptiens et aux Indiens, et leur nombre ternaire (commerçants, guerriers et prêtres) indiquent assez clairement les trois degrés de l'initiation se reflétant même dans les institutions politiques.

Peu de documents sont connus jusqu'à ce jour touchant

l'initiation indienne : les Védas, que le rit de Memphis commence à explorer, nous donneront là-dessus quelques lumières. Quant à l'initiation égyptienne, sa renommée a parcouru le monde de l'antiquité et le monde moderne : toutes les initiations furent ses filles.

Les livres sacrés des Hébreux rendent hommage à l'initiation égyptienne, en racontant que Moïse fut *instruit dans les sciences des Egyptiens*, ou, en d'autres termes, qu'il fut initié.

De l'Égypte, les mystères passèrent dans la Samothrace, et de là se répandirent dans la Grèce et dans l'Italie ; la Perse les possédait antérieurement. Leur action civilisatrice fut telle que Cicéron n'a pas hésité à dire : « Que les mystères nous ont donné la vie, la nourriture ; qu'ils ont enseigné les mœurs et les lois aux sociétés, et qu'ils ont appris aux hommes à vivre en hommes. »

Le christianisme vint, et élargit le cercle de l'initiation ; il étendit à tous les hommes les bienfaits de la partie morale des mystères. Quant à la partie scientifique, son grand fondateur la négligea, comme moins essentielle à sa mission ; il la laissa comme une noble pâture aux infatigables études des curieux et des sages.

Toutefois, le christianisme fut loin d'absorber dans son sein toutes les sciences sacrées : la philosophie conserva son indépendance, même en se faisant chrétienne ; Origène, Justin, Clément d'Alexandrie, Hermias et beaucoup d'autres Pères des premiers siècles, en sont une preuve. Il y eut même des philosophes qui s'imposèrent la tâche de concilier et de faire concorder ensemble les dogmes chrétiens et les enseignements philosophiques du paganisme : les Gnostiques et les Manichéens, anathématisés par l'Eglise, essayèrent cette œuvre, qui ne manquait pas d'une certaine grandeur.

Manès, à qui les seconds ont emprunté leur nom, naquit

en l'année 257 de l'ère vulgaire. Il y avait à cette époque, en Egypte, un homme nommé Scythien, Arabe de naissance, pleinement instruit des secrets des Mages ; il avait la connaissance des hiéroglyphes, de la mythologie astronomique, et pratiquait la plus saine morale ; il composa quatre ouvrages sous les titres de : *Evangiles*, *Chapitres*, *Mystères et Trésors*. Ferbulio, son disciple, hérita de sa fortune et de ses ouvrages ; il se rendit en Palestine, et chercha à propager la secte des Mages ; persécuté, il fut en Perse, où il changea de nom, et se fit appeler Buddas ; les prêtres de Mythra le persécutèrent encore, et il se retira chez une veuve, où il mourut. Cette veuve ayant acheté un esclave, l'adopta et lui donna le nom de Curbicus ; ce jeune homme puisa une grande science dans les livres de Ferbulio, et, à son exemple, changea son nom contre celui de Manès, qui signifie *conversation* ; il fonda la secte qui porte son nom. Poursuivi par la haine de l'évêque de Cassan, Archelaüs, et du prêtre Marcellus, il s'était retiré, pour y échapper, dans un petit château nommé Arabion, sur le fleuve Strenga ; mais il fut dénoncé par un autre prêtre nommé Triphon, au roi de Perse, qui envoya soixante-douze gardes pour le prendre ; il fut arrêté sur le pont du fleuve Strenga, au moment où il se rendait dans un bourg voisin appelé Diodoride.

Le roi le condamna à être écorché vif.

Après sa mort, le nombre de ses disciples augmenta considérablement ; sa doctrine gagna des sectateurs parmi les intelligences les plus élevées : on sait que saint Augustin a été Manichéen. La filiation des Manichéens vis-à-vis des docteurs de l'antiquité est constatée par un fait qui n'a pas été remarqué. L'église catholique leur reprochait de croire à deux principes, et par conséquent à deux dieux ; le reproche était injuste, car, par cet enseignement, ils ne faisaient que suivre les trois gradations prescrites en Egypte pour l'enseignement : 1° le dualisme, croyance aux deux principes ; 2° le zabaothisme, adoration des forces de la nature ; 3° le jobaïsme, ou culte d'un dieu unique, souverain, indépendant du monde matériel. Ils ne prêchaient donc pas le dualisme comme la doctrine vraie, mais comme la route à parcourir pour arriver à la manifestation de la vérité entière. Plusieurs siècles après, les Chev∴ Templiers embrassèrent cette doctrine, et en célébrèrent les mystères dans le plus profond secret ; ils prirent à son exemple le nom de *Fils de la Veuve*, et symbolisèrent sa mort sous le nom d'Hiram, architecte du temple de Salomon.

Arrivés à l'Ordre du Temple, nous voyons l'histoire de la Maçonnerie s'éclaircir et devenir plus certaine.

Le Temple ne fut pas le berceau de la Maçonnerie ; mais il en fut la plus noble expression ; il en conserva, pendant sa brillante carrière, la forte unité ; et après sa destruction, nous pouvons suivre les ramifications qui fractionnèrent la Maçonnerie.

Mais de qui les Templiers avaient-ils reçu l'ensemble de la science maçonnique ? Des FF∴ d'Orient, dont le fondateur était un sage d'Egypte du nom d'Ormus, converti au christianisme par saint Marc. Ormus purifia la doctrine des Egyptiens, selon les préceptes du christianisme. Vers le même temps, les Esséniens et autres Juifs fondèrent une école de science Salomonique, qui se réunit à Ormus. Les disciples d'Ormus, jusqu'en 1118, restèrent seuls dépositaires de l'ancienne sagesse égyptienne, purifiée par le christianisme et la science Salomonique. Cette doctrine, ils la communiquèrent aux Templiers : ils étaient alors connus sous le nom de Chevaliers de la Palestine ou FF∴ Rose-Croix d'Orient ; c'est eux que le *Rit de Memphis* reconnaît pour fondateurs immédiats.

En 1150, quatre-vingt-un d'entre eux arrivèrent en Suède, sous la conduite de Garimont, et se présentèrent à l'archevêque d'Upsal, qui reçut d'eux le dépôt des connaissances maçonniques. Ce furent ces quatre-vingt-un maçons qui établirent la maçonnerie en Europe.

Après la mort de Jacques Molay, des Templiers Écossais, devenus apostats à l'instigation du roi Robert-Bruce, se rangèrent sous les bannières d'un nouvel ordre institué par ce prince, et dans lequel les réceptions furent basées sur celles de l'Ordre du Temple. C'est là qu'il faut chercher l'origine de la Maçonnerie écossaise, et même celle des autres rits maçonniques. Les Templiers écossais furent excommuniés, en 1324, par Harminius.

Cette date concorde avec celle qui est donnée par le F∴ Chereau, de la séparation des *Maçons d'Edimbourg* d'avec ceux de *Memphis*, opérée en 1322, c'est-à-dire deux ans auparavant.

Les derniers restèrent fidèles aux antiques traditions; les autres fondèrent un nouveau rit, sous le nom d'Hérédon de Kilwinning ou d'Ecosse.

Voilà donc, dès la fin du 14e siècle, deux rits existants: le *Rit de Memphis* ou *d'Orient*, et le *Rit Écossais*. L'un et l'autre continuèrent à se faire des partisans dans toutes les parties de l'Europe.

Il est pourtant à observer que la Maçonnerie ne devint publique en France qu'au commencement du 18e siècle. Ses premiers promoteurs furent, en 1725, milord Derwent-Waters, le ch. Maskelyne et M. d'Heguelly, qui établirent la première loge maçonnique à Paris, rue des Boucheries-Saint-Germain; cette loge fut constituée le 7 mai 1729, par la grande loge d'Angleterre, sous le titre distinctif de *St-Thomas*. Le comte d'Harnouester succéda à lord Derwent-Waters, premier grand-maître, le 24 décembre 1736; il fut remplacé, le 11 décembre 1743, par le comte de Clermont. Cette même année, la grande loge anglaise de France s'éta blit à Paris, et se déclara indépendante en 1756. Cependant le F∴ Lacorne, délégué du comte de Clermont, établit, en 1761, une grande loge qui, d'abord en dissidence, fraternisa le 24 janvier 1762, par les soins du F... Chaillon de Gou ville, son successeur ; mais en 1765, une rupture complète eut lieu. Ces deux grandes loges s'anathématisèrent, et les choses en vinrent à un tel point, que les travaux cessèrent le 24 juin 1767. La première grande loge reprit les travaux le 21 juin 1772. La deuxième fit de même, le 24 décembre de la même année, en se constituant sous le titre de *Grand-Orient*, nom sous lequel elle a continué d'être connue.

Le 5 mars 1773 eut lieu la première assemblée du Grand Orient, et il se proclama le 9 du même mois. Le 24 juillet suivant, le duc de Luxembourg, son grand-maître, installa les trois chambres qui le composaient alors ; et le 28 oc tobre de cette année, Louis-Philippe-Joseph d'Orléans fut élu grand-maître.

La grande loge déclara, le 17 juin 1774, que le Grand-Orient était usurpateur et irrégulier ; mais privée, à ce qu'il paraît, de membres influents et capables, sans protection d'ailleurs, elle ne put que se borner à une stérile guerre de pamphlets et de décisions méconnues.

Pendant ce temps, le Grand-Orient marchait rapide ment vers une unité maçonnique devenue désirable, et fai sait de nombreuses améliorations.

Le 14 juin 1773, il supprima l'inamovibilité des Vénéra bles, qui étaient alors maîtres des loges, d'où était venu le grade de maître *ad vitam*. Le 23 octobre suivant, il donna pour la première fois un mot de semestre, ce qui a toujours eu lieu depuis. Enfin, le 27 décembre 1774, il substitua le nom d'*Ordre maçonnique* à celui d'*Art royal*.

Le 13 mai 1793, la grande-maîtrise fut déclarée vacante, à raison de l'abdication de son titulaire, le duc d'Orléans.

Le Grand-Orient et la grande loge reprirent leurs travaux en 1796.

Par les soins du F∴ Roitier de Montalau, un traité d'union, dont le besoin était universellement senti, fut signé le 21 mai 1799, et la réunion eut lieu le 22 juin suivant; le Grand-Orient absorba la grande loge. Ainsi se terminèrent des débats scandaleux: les anathèmes furent rétractés, les exclusions révoquées.

Pendant les démêlés de la Grande Loge et du Grand-Orient, et même antérieurement, d'autres rits s'étaient établis en France.

Le 15 avril 1747, Charles-Edouard Stuart avait institué à Arras un chapitre primordial d'Ecosse Jacobite. En 1754, le chevalier de Bonneville avait fondé un chapitre de H∴ G∴, dit de Clermont. Le ch∴ des Emp∴ d'Or∴ et d'Occ∴ le fut à Paris en 1758; et l'année suivante, un Chap∴ des P∴ de R∴ S∴ s'établit à Bordeaux. Enfin Pirlet fonda, le 22 juillet 1762, le Cons∴ des Ch∴ d'Or∴; et le 21 septembre de la même année, le Cons∴ des Emp∴ d'Or∴ et d'Occ∴, et celui du R∴ S∴, arrêtèrent la Maç∴ de perfection au 25e∴ degré.

Stephen-Morin, Juif, avait reçu, l'année précédente, pouvoir du C∴ des Emp∴ d'Or∴ et d'Occ∴ de propager la Maç∴ en Amérique, d'où le F∴ Hocquet, en 1803, et le F∴ Grasse-Tilly, en 1804, la rapportèrent en France, le premier avec 25, le second avec 33 degrés.

Le F∴ Matheus établit également, en 1786, une S∴ G∴ L∴ du rit d'H∴ de Kilwinning, à Rouen.

Le Grand-Orient songeait depuis long-temps à réunir sous son obédience tous les rits dissidents.

Le 27 décembre 1801, il accueillit le Ch∴ d'Arras; le 5

décembre 1804, il reçut également dans son sein la Grande Loge Ecoss.˙. du rit ancien; mais cette union fut rompue. Ce ne fut que le 16 septembre de l'année suivante, qu'un concordat définitif eut lieu; ce conseil resta indépendant pour la collation des grades au-dessus du 18°. Le 19 du mois de décembre 1804, le Grand-Orient déclara qu'il reconnaissait tous les rits. Conformément à cette décision, il nomma un *Directoire des Rits*, qui fut installé le 25 juillet 1805; ce directoire a été remplacé par un grand Coll.˙., divisé en autant de sections qu'il y a de rits reconnus, savoir: rit français; d'Hérod.˙.; écoss.˙., anc.˙. et ac.˙. de Kilwinning; philosophique, régime rectifié; cette même année, Joseph Napoléon fut élu sixième Grand-Maître.

Faut-il parler ici d'un rit nouveau, qui, pour prendre avantage de cette tolérance, essaya de s'établir vers 1813, sous le nom de *Rit de Misraïm* (1)? Ce rit a pour inventeurs et fondateurs les deux frères Bédarride. MM. Bédarride prétendent que leur rit existait en France dès l'an 1782, et qu'au commencement de ce siècle il possédait des chapitres à Naples, à Venise et dans les îles Ioniennes. Ces deux assertions sont également insoutenables. Il est notoire qu'en France, personne n'a jamais entendu parler du rit de Misraïm avant 1817, époque à laquelle le Grand-Orient

(1) « Quelques personnes, peu versées dans les recherches maçonn.˙., confondent ensemble le *rit de Memphis* et le *rit de Misraïm*. Le rit de Misraïm n'a d'égyptien que son nom (qui est celui d'un des premiers rois d'Egypte). Il est, au reste, tout entier le produit de l'imagination de MM. Bédarride. Le *rit de Memphis* ou *Oriental*, au contraire, est de la plus haute antiquité; il se rattache, ainsi que nous l'avons expliqué, page 5 de cet ouvrage, à l'antique doctrine de l'Egypte, par Ormus, *prêtre de Memphis* ( On sait que MEMPHIS était la ville d'Egypte qui possédait le plus beau *collége sacerdotal* qui ait jamais existé).

le proscrivait. Il n'a pas davantage existé à Venise, dans les îles Ioniennes et dans le royaume de Naples (1).

Si de son origine nous passons à ses actes, nous trouvons que, incapable dès ses premiers pas de marcher seul, il demanda, en 1816, au Grand-Orient, à être reconnu.

Ce fut le 14e jour du 11e mois 5816, que le Grand-Orient nomma une commission pour examiner cette demande ; et, sur le rapport de cette commission, le Grand-Orient proscrivit ce rit, le 27e jour du 10e mois 5817, s'appuyant sur ce que MM. Bédarride *n'avaient pas un seul rituel régulier, et n'avaient pas même pu justifier de leur qualité maçonnique* (2).

Frappé des inconvénients, plus graves encore que l'irrégularité maçonnique, que présentait l'*exploitation* de ce rit, le Grand-Orient lança une nouvelle circulaire, en date du 10e J.˙. du 8e mois 5821. Cette circulaire rappelle et confirme la teneur de celle du 27e J.˙. du 10e M.˙. 5817. Elle ordonne en outre, sous les peines maç.˙. les plus graves, aux loges de son obédience, d'interdire l'entrée du temple à tous les membres de ce rit.

Mais laissons là ces tristes débats, au fond desquels tout n'est peut être pas également honorable, et songeons qu'une œuvre aussi belle que la Maçonnerie ne saurait être souillée par les passions qui se couvrent de son auguste manteau.

Un fait, un fait immense résulte de cet exposé, c'est que l'unité maçonnique est perdue. C'est là un très grand mal-

(1) « Les Iles Ioniennes, dit le F.˙. Dubreuil (*Histoire des Francs-Maçons*, 1839, page 176,), ne professent aujourd'hui que les rits anglais et écossais ; et, sous la domination française, n'ont connu que le rit primordial et l'écoss.˙.. Venise, en fait de rit égyptien, n'a connu que celui qu'introduisit Cagliostro, secondé par le zèle du F.˙. Zuliani, 36e deg.˙. du rit de Memphis.

(2) Ce sont les expressions textuelles de la circulaire du G.˙. O.˙.

heur, car la force d'une institution est dans son unité. Mais que faire contre un fait ? Ce serait folie que de vouloir le nier ou le combattre. Il est pourtant un moyen de contre-balancer l'influence pernicieuse de ces dislocations : c'est d'appeler l'attention de tous les Maçons des différents rits sur la partie morale et scientifique de la Maçonnerie, et de reconstituer l'unité de vues et de pensées, si l'on ne peut encore espérer de reconstituer l'unité d'action et de pouvoir.

C'est là le but principal du Rit de Memphis. Dépositaire de l'ensemble des traditions, l'aîné de tous les rits existants, il leur donnera l'exemple de l'abnégation personnelle, de la charité maçonnique et du dévouement désintéressé à la prospérité de la Maçonnerie. Heureux s'estimera-t-il si un pareil exemple a beaucoup d'imitateurs !

# ORIGINE

## DE TOUS LES RITS MAÇ∴ CONNUS.

Le rit maç∴ de Memphis, ou oriental, fut porté en Europe par *Ormus*, prêtre séraphique d'Alexandrie, sage d'Egypte, converti par Saint-Marc l'an 46 de J.-C., qui purifia la doctrine des Egyptiens selon les principes du christianisme. — Le rit ancien, ou écossais, fut fondé à Paris, l'an 1725. Un manuscrit du rit d'Edimbourg, écrit dans le siècle dernier, et traduit de l'anglais, prétend que la maçonnerie écossaise fut instituée par le célèbre hérésiarque Manès l'an 304 du Christ.

Le rit moderne, ou français, dans lequel les uns suivent

la légende d'Hiram, d'autres celles d'Adouhiram, d'où elle est nommée tantôt maçonnerie hiramite, et tantôt maçonnerie adouhiramite, fut fondé par le F∴ Lacorne, délégué du comte de Clermont, qui établit, le 24 décembre 1772, une grande loge qui se constitua sous le titre de Grand-Orient. Le 5 mars 1773 eut lieu la première assemblée du Grand-Orient, et il se proclama le 9 du même mois. Le rit de la Stricte Observance fut créé en 1734, par le baron Hund ; celui des Philalèthes, ou chercheurs de la vérité, en 1773, par Savalette de Loges et Court de Gebelin; il avait pour but le perfectionnement de l'homme et son rapprochement vers celui dont il est émané, suivant les principes du Martinisme, la régénération de l'homme et sa réintégration dans sa primitive innocence, ainsi que dans les droits qu'il a perdus par le péché originel. Le rit des Elus de la Vérité fut créé à Rennes en 1748, et arrangé par Mangourit, en 1776.—Le rit Noachites, ou des chevaliers prussiens, fut établi en Prusse en 1756.—Le rit des parfaits initiés d'Egypte, comprenant sept grades, fut composé à Lyon , d'après un exemplaire du *Crata repoa*, dont le F∴ Bailleul a donné une traduction en 1821, tirée de l'original allemand.—Le rit des Architectes de l'Afrique fut institué en 1767.— Le rit de Swedenborg, ou illuminés de Stockolm (maçonnerie théosophique, le 72e degré du rit maç∴ de Memphis), fondé en 1621.—Le rit de Pernetty, ou illuminés d'Avignon, établi en 1779, et transporté, en 1778, à Montpellier, sous le titre d'Académie des vrais Maçons (maç∴ hermétique). — Le rit de l'Harmonie universelle , institué en 1782, par Mesmer.—Le rit des Xérophagistes, fondé en Italie, en 1746. —Le rit de l'Académie platonique, fondée en 1482, sous Laurent de Médicis, par Marsilius Ficint.—Le rit des Sublimes Maîtres de l'Anneau lumineux, fondé en France en 1780, par le F∴ Grant; ce rit a fait revivre l'école de Pythagore.—Le rit du Palladium, attribué à Fénélon. La *Maçon-nerie* mesmérienne, fondée par Mesmer, d'après la science magnétique, que plusieurs manuscrits assurent avoir été connue des anciens initiés.—Le rit primitif, ou des Phila-delphes de Narbonne établi dans cette ville le 19 avril 1780, et réuni au G∴ O∴ de France en 1786; le tableau des membres qui le composaient a été imprimé en 1790, sous le titre de première loge du Rit primitif en France ; on lit à la suite un fragment curieux sur le caractère et l'objet de ce rit, qui nous paraît avoir une grande analogie avec celui de Memphis, ou oriental. Suivant cet écrit, le régime est formé par trois classes de Maçons, qui reçoivent dix degrés d'instruction ; ces degrés ou classes ne sont pas la dési-gnation de tels ou tels grades, mais des dénominations de collections qu'il suffit de dérouler pour en faire jaillir un nombre presque infini de grades. Le premier chapitre de R∴ C∴ possède les connaissances qui, dans quelques régimes, fixent le culte maçonnique et la vénération d'une foule de RR∴ FF∴; le second chapitre de R∴ C∴ est dé-positaire de documents historiques très curieux ; le troi-sième chapitre s'occupe de toutes les connaissances ma-çonniques, physiques et philosophiques, dont les produits peuvent influer sur le bonheur et le bien-être matériel et moral de l'homme temporel ; le quatrième et dernier cha-pitre fait son étude assidue de connaissances particulières d'ontologie, de psychologie, de pneumatologie, en un mot, de toutes les parties des sciences que l'on nomme occultes ou secrètes; leur objet spécial était la réhabilitation ou réin-tégration de l'homme intellectuel dans son rang et ses droits primitifs. De nos jours, cette opinion, tout excentri-que qu'elle soit, a été adoptée par des hommes profonds, tels que Fabre-d'Oliver, Ballanche, etc.

Le rit de Misraïm fut fondé à Paris, en 1813, par les frères

Bédarride ; .—Nous avons encore le rit Persan ou philosophique ;—de H. D. M. Kilwinning ;— Ecossais philosophique.—D'Yorck ;—Des Ecossais fidèles ou de la vieille bru.
—De Zinnendort.—Egyptien ou de Cagliostro.—Martiniste
ou des élus Coëns.—Des Eons, dits de Zoroastre.—Des FF.
de la Rose-Croix. — De Royal-Arche. — De la Palestine.
—Des Chevaliers scandinaves. —Des Chevaliers du Désert. —Des Chev∴ de la Cité sainte. — Ordre du Christ.
— Rit écolectique.— Rit d'adoption pour les femmes. —
Idem selon Cagliostro. — Ordre maç∴ de la Cucchiora ou
de la Truelle. — Ordre de la Liberté, attribué à Moïse.
—Templiers. — Tribunal du ciel.

## ANCIENS MYSTÈRES MAÇ∴ DE MEMPHIS.

Les mystères étaient divisés en deux classes, les petits
et les grands.

Les petits mystères avaient pour objet d'instruire les
initiés dans les sciences humaines ; la doctrine sacrée était
réservée aux derniers degrés de l'initiation ; c'est ce qu'on
appelait la grande manifestation de la lumière.

Entre la connaissance des sciences humaines et celle
de la doctrine sacrée, il y avait des degrés symboliques à
parcourir.

Tous les mytères roulaient sur trois points principaux,
la morale, les sciences exactes et la doctrine sacrée.

Du premier objet on passait au deuxième sans intermédiaire ; mais arrivé à ce second degré de l'initiation, il fallait de longues préparations qui faisaient l'objet de trois autres degrés symboliques : le premier terminait et complétait les petits mystères, les deux autres ouvraient les grands.

Ce n'était qu'au premier degré symbolique, le troisième de l'initiation, que les fables étaient exposées, et en suivant les deux autres degrés, on s'exerçait à pénétrer le sens de ces fables, et l'on devenait digne de la grande manifestation de la lumière.

La division générale comprenait les préparations, les voyages et les symboles, l'autopsie. Les préparations se divisaient en deux classes ; la première avait pour titre symbolique le mot SAGESSE, et pour objet la MORALE ; les initiés s'appelaient THALMÉDIMITES ou disciples.—La seconde avait pour titre symbolique le mot force, et pour objet les sciences humaines : les initiés de ce second degré s'appelaient HÉBÉRIMITES ou associés.

Les voyages et les symboles se divisaient en trois classes : dans la première, appelée les obsèques, les initiés portaient le nom de MOURÉHÉMITES. Dans la seconde, appelée la vengeance, ils prenaient celui de BRÉRIMITES, et dans la troisième, nommée l'affranchissement, celui de NESCAÉRITES.

L'autopsie était le grand complément de l'initiation, le couronnement de l'édifice, la clé de la voûte.

## TABLEAU.

#### PETITS MYSTÈRES.

| | | | |
|---|---|---|---|
| 1er Degré Thalmédimites.. | — Sagesse......... | | |
| 2e — Hébérimites..... | — Force ........... | } | Préparation. |
| 3e — Mouréhémites... | — Obsèques........ | | |

L'initiation consistait dans le dogme du MONOTHÉISME, qu'on déclarait aux grands initiés ; c'est-à-dire qu'il n'y avait qu'un seul Dieu.

Le dogme des peines et des récompenses dans une autre vie était professé dans les petits mystères.

Le Panthéisme a été la religion de l'antiquité ; le mot Panthéisme vient de deux mots grecs, dont l'un signifie TOUT et l'autre DIEU, c'est-à-dire Dieu est tout.

L'Hiérophante présidait aux mystères, il représentait le sublime Architecte des mondes, DIEU.

Les mystères du rit maç∴ de Memphis, qui, dans les temps primitifs ne comprenait que sept degrés, compte aujourd'hui 92∴ degrés ; mais, dans l'état actuel de nos mœurs, il est impossible que les rits maç∴ soient constitués de telle façon que tous leurs membres sans exception puissent avoir une connaissance complète des secrets maç∴ tels qu'ils devraient leur être révélés au septième degré ; il faudrait pour cela rétablir le noviciat, mettre pour le passage d'un degré à un autre les mêmes délais et les mêmes précautions que dans les anciens mystères : l'état social actuel s'oppose à cette marche régulière et seule rationnelle, la Maçonnerie à donc dû se réfugier dans des grades supérieurs.

# STATUT ORGANIQUE

DE

## L'ORDRE MAÇONNIQUE DE MEMPHIS.

( Extrait des Statuts généraux de l'ordre ).

---

### PRÉAMBULE.

La voix qui parle du sein de la nue a dit :

« Homme, tu as deux oreilles pour entendre le même son, deux yeux pour percevoir le même objet, deux mains pour exécuter le même acte.

« C'est pourquoi la science maçonnique, la science par excellence, est Esotérique et Exotérique. L'Esotérisme constitue la pensée, l'Exotérisme le pouvoir; l'Exotérisme s'apprend, s'enseigne, se donne ; l'Esotérisme ne s'apprend, ne s'enseigne, ni ne se donne, il vient d'en haut. »

---

### ESOTÉRISME.

---

### TITRE PREMIER.

#### DU SANCTUAIRE ET DU GRAND HIÉROPHANTE.

### SECTION PREMIÈRE.

#### DU SANCTUAIRE OU REPOSE L'ARCHE VÉNÉRÉE DES TRADITIONS.

ART. 1. Toute lumière, toute science, toute doctrine

2

émane du sanctuaire où se trouve l'Arche vénérée des traditions.

A<small>RT</small>. 2. Nul maçon, quel que soit son degré, grade ou dignité, ne peut y pénétrer s'il n'y a été appelé par le grand Hiérophante.

A<small>RT</small>. 3. Les tenues, ordre et conditions d'admission dans le sanctuaire, sont l'objet de réglements spéciaux dont il est donné connaissance par le S∴P∴ Grand-Maitre de la lumière au candidat lors de son admission.

### SECTION II.

#### DU GRAND HIÉROPHANTE.

A<small>RT</small>. 1. Le Grand Hiérophante est la première lumière du sanctuaire où repose l'Arche vénérée des traditions ; il déclare la doctrine et la science; toute œuvre maçonnique émane de lui.

A<small>RT</small>. 2. Le Grand Hiérophante a pour organe le S∴ P∴ Grand-Maître de la lumière : nulle communication ésotérique n'est faite que par son intermédiaire. Le S∴P∴ Grand-Maître de la lumière peut déléguer les fonctions d'organe du Grand Hiérophante.

A<small>RT</small>. 3. Toute communication ésotérique faite en loge, chapitre, sénat ou conseil, sera précédée de la formule sacramentelle : *au nom du Grand Hiérophante* ; et si la communication est faite par un autre que le S∴ P∴ G∴ Maître de la lumière, il sera ajouté , *et par mandement du S∴ P∴ Grand-Maître de la lumière, dépositaire sacré des traditions*, et suivie de cette formule : *la communication est régulière, et soumission lui est due, dans l'ordre, sur tous les points qu'elle embrasse.*

# TITRE II.

## DISPOSITIONS GÉNÉRALES

Art. 1. Le sanctuaire n'exerce aucune autorité dans le gouvernement extérieur de l'Ordre ; son action n'existe que sur la doctrine et l'enseignement.

Art 2. Le S.·.P.·.Grand-Maître de la Lumière, en sa qualité d'organe du grand Hiérophante, a seul le droit de conférer du 89 au 92e degré de l'ordre ; mais la communication des 91 et 92e degrés ne peut avoir lieu que dans le sanctuaire de Memphis, en présence des P.·. des Mages qui le composent.

Nul ne peut être admis dans les conseils suprêmes s'il n'est porteur d'un brevet délivré par le S.·. P.·. Grand-Maître de la lumière, scellé du sceau du Grand Hiérophante, gravé sur la pierre sacrée de Saïs, signé par des FF.·. possédant au moins son degré maçonnique

---

# EXOTÉRISME.

---

## TITRE PREMIER.

### CONSTITUTION DE L'ORDRE.

Art. 1. L'Ordre maç.·. de Memphis se compose de quatre-vingt-douze degrés divisés en trois séries.

### SAVOIR :

*Première Série.*

Cette série comprend du 1er au 34e degré ; elle enseigne la morale, donne l'explication des symboles, dispose les adeptes à la philantropie, et leur fait connaître la première partie historique de l'ordre.

1 Apprenti.
2 Compagnon.
3 Maître.
4 Maître discret.
5 Maître Architecte.
6 Sublime Maître.
7 Juste et parfait Maître.
8 Chevalier des Elus.
9 Chevalier élu des Neuf.
10 Chev∴ élu∴ des quinze.
11 Sublime Chev∴ élu.
12 Chev∴ G∴ M∴ Architecte.
13 Chev∴ Royal Arche.
14 Chev∴ de la voûte sacrée.
15 Chev∴ de l'Epée.
16 Chev∴ de Jérusalem.
17 Chev∴ d'Orient.
18 Chev∴ prince de Rose-Croix d'Héredon.
19 Chev∴ prince d'Occident.
20 Chev∴ G∴ Pontife de Jérusalem.
21 Chev∴ G∴ M∴ du Temple de la Sagesse.
22 Chev∴ Noachite, ou de la Tour.
23 Chev∴ du Liban.
24 Chev∴ du Tabernacle.
25 Chev∴ de l'Aigle Rouge.
26 Chev∴ du Serpent d'Airain.
27 Chev∴ de la Cité sainte.
28 Chev∴ du Temple.
29 Chev∴ de Johan, ou du Soleil.
30 Chev∴ de St-André.
31 Chev∴ G∴ Kadosh.
32 G∴ Inquisiteur Commandeur.
33 Souv∴ prince du Royal Mystère.
34 Chev∴ G∴ Inspecteur.
35 G∴ C∴ du Temple.

*Deuxième Série.*

Cette série comprend du 36 au 68ᵉ degré ; elle enseigne les sciences naturelles, la philosophie de l'histoire, et explique le Mythe poétique de l'antiquité : son but est de provoquer a la recherche des causes et des origines, et de développer le sens humanitaire et sympathique.

7

36 Chev.·. Philalèthe.
37 Docteur des Planisphè-
res.
38 Sage Sivaïste.
39 Prince du Zodiaque.
40 Sublime Philosophe-
hermétique.
41 Chev.·. des 7 Etoiles.
42 Chev.·. de l'Arc aux 7
couleurs.
43 Chev.·. suprême Com-
mandeur des Astres.
44 Sublime pontife d'Isis.
45 Roi pasteur des Hutz.
46 Prince de la colline sacrée.
47 Sage des Pyramides.
48 Philosophe de la Samo-
thrace.
49 Titan du Caucase.
50 Enfant de la Lyre.

51 Chev.·. du Phénix.
52 Sublime Scalde.
53 Chev.·. du Sphynx.
54 Chev.·. du Pélican.
55 Sublime Sage du Laby
rinthe.
56 Pontife de la Cadmée.
57 Sublime Mage.
58 Prince Brahmane.
59 Pontife de l'Ogygie.
60 Chev.·. scandinave.
61 Chev.·. du Temple de la
Vérité.
62 Sage d'Héliopolis.
63 Pontife de Mithra.
64 Gardien du Sanctuaire.
65 Prince de la Vérité.
66 Sublime Kavi.
67 Mouni très sage.
68 G.·. Archit.·. de la Cite
mystérieuse.

### Troisième Série.

Cette série comprend du 69e au 92e degré ; elle fait
connaître le complément de la partie historique de l'ordre ;
elle s'occupe de haute philosophie, étudie le mythe religieux des différents âges de l'humanité, et admet les études
théosophiques les plus hardies.

69 Sublime Prince de la
Courtine sacrée.

70 Interprète des Hiéro-
glyphes

71 Docteur Orphique.

72 Gardien des trois Feux.

73 Gardien du Nom incommunicable.

74 Suprême Maître de la Sagesse.

75 Souverain Prince des Sénats de l'Ordre.

76 Souv.˙. grand M.˙. des Mystères.

77 Suprême Maître du Sloka.

78 Docteur du Feu sacré.

79 Docteur des Védas sacrés.

80 Sublime Chev.˙. de la Toison d'Or.

81 Sub.˙. Chev.˙. du Triangle lumineux.

82 Sub.˙. Chev.˙. du Sadah redoutable.

83 Sub.˙. Chev.˙. Théosophe.

84 Souv.˙. G.˙. Inspect.˙. de l'Ordre.

85 G.˙. Défenseur de l'Ordre.

86 Sublime M.˙. de l'Anneau lumineux.

87 G.˙. Régulateur général de l'Ordre.

88 Sublime Prince de la Maçonnerie.

89 Sub.˙. M.˙. du Grand-Œuvre.

90 Sublime Chev.˙. du Knef.

91 Souv.˙. Prince de Memphis, chef du Gouvernement de l'Ordre.

92 Souv.˙. P.˙. des Mages du Sanct.˙. de M.˙.

L'ordre maç.˙. de Memphis a trois G.˙. Décorations Légionnaires et une Symbolique.

1° La grande Etoile de Sirius.

2° La décoration de la Légion des chevaliers d'Eleusis.

3° La décoration de la Légion des Chevaliers du Sadah redoutable.

*Décoration symbolique.*

Décoration de la Toison-d'Or.

## TITRE III.

### GOUVERNEMENT DE L'ODRE.

ART. 1. l'Ordre maçonnique de Memphis est régi par cinq Conseils suprêmes.

### SAVOIR :

1° Le Sanctuaire où se trouve l'Arche vénérée des traditions.

2° Le Temple mystique, grand empire des Souv.·. Princes de Memphis.

3° Le Collége lithurgique.

4° Le souverain grand Conseil général des Sublimes Princes de la Maçonnerie.

5° Le suprême grand Tribunal des grands Défenseurs de l'Ordre.

*Sanctuaire de Memphis où se trouve l'arche vénérée des Traditions.*

« L'œil humain, aidé de la lumière et de la vérité, pénètre les profondeurs des hauts Mystères. »

ART. 2. Le sanctuaire se compose de cinq grands dignitaires et de ses 6 mages, nommés à vie, et irrévocables.

### SAVOIR :

Le grand Hiérophante.

Le souverain Pontife, G.·. Maître de la lumière, organe de l'Hiérophante, dépositaire sacré des traditions.

Le Souverain P.·. des Mages Sothis.

Le Souverain P.·. des Mages Hori.

Le Souverain P.·. des Mages Arsine.

2 Mages Sathis, 2 Hori, 2 Arsine.

Aʀᴛ. 3. Nul ne peut être nommé membre du sanctuaire de Memphis s'il ne possède le 92ᵉ degré.

Aʀᴛ. 4. Tout membre du sanctuaire ne pourra faire de communication à l'ordre que par autorisation du grand Hiérophante, et mandement formel du S.˙. P.˙. G.˙. Maître de la lumière.

### TEMPLE MYSTIQUE.

#### G.˙. *Empire des S.˙. Princes de Memphis.*

Aʀᴛ. 5. Le Temple mystique gouverne et administre l'ordre; il se compose de 7 grands digni.˙. nommés à vie.

#### SAVOIR :

1º Un Souv.˙. P.˙. G.˙. Maitre de la Lumière, organe de l'Hiérophante, dépositaire sacré des traditions, prince de Memphis, sublime commandeur des trois légions de l'ordre, décoré de la G.˙. étoile de Sirius.

2º Un Souv.˙. P.˙. des Mages Sothis, grand chancelier administrateur général, prince de Memphis, sublime commandeur des trois légions de l'ordre, décoré de la grande étoile de Sirius.

3º Un Souv.˙. P.˙. des Mages Hori, prince de Memphis, régulateur interprète des hiérogliphes mac.˙., Sublime commandeur des trois légions de l'ordre.

4º Un prince de Memphis, régul.˙. de l'Ord.˙., G.˙. Com.˙. de la L.˙. de la Toison d'or.

5º Un Souv.˙. prince de Memphis, grand inspecteur général, sub.˙. commandeur de la légion des chevaliers d'Eleusis·

6º Un Prince de Memphis, insp.˙. administ.˙.

7º Un Souv.˙. prince de Memphis, dépositaire sacré du trésor de l'ordre, grand commandeur de la légion des Chevaliers du Sadah redoutable·

Art. 5. Au Temple mystique seul appartient le droit de conférer du 1er au 88e degré, souv∴ prince de la maçonnerie; il correspond avec les loges, chapitres, sénats et conseils, pour toutes les affaires d'administation.

### Collège Lithurgique.

#### ( Philantropie, science et morale ).

Le Collège lithurgique est chargé, dans l'ordre, de veiller à la doctrine, et des développements de la partie scientifique.

Il se compose de 7 grands dignitaires, savoir :

Un Pontife.

Un Philosophe.

Un Annaliste.

Un Conservateur des Rits.

Un Mystagogue.

Un Hydranos.

Un Ceryce.

Les membres du Collège lithurgique sont nommés par le sanctuaire de Memphis.

Nul ne peut y pénétrer s'il ne possède le 90e d∴ L'admission dans le collège lithurgique ne donne droit à aucune préséance dans les loges, chapitres, sénats et conseils de l'ordre.

### Souverain Grand Conseil général.

Art. 6. Le souverain grand Conseil général se compose de quinze membres nommés par le Temple mystique, qui sont, savoir :

1o Le P∴ sublime Grand Maitre.    Président.

2o Le P∴ sublime Philosophe.    Orateur.

3o Le P∴ sublime Annaliste.    Secrétaire.

4o Le P∴ sublime Conservateur
   des rits.                    Archiviste.

5° Le P.·. sublime 1er Mystagogue.
6° Le P.·. sublime 2me Mystagogue.  } Surveillants.

7° Le P.·. sublime Hydranos.     M.·. des Cérém.·.

8° Le P.·. sublime Ceryce.     Grand expert.

9° Le P.·. s.·. M.·. de la Tzédaka.     Hospitalier.

10° Le P.·. sublime G.·. du Trésor.     Trésorier.

11° Le P.·. sublime Ch.·. d'Orient.     Econome.

12° Le P.·. sublime Ch.·. de l'Epée.

13° Le P.·. sublime Lévite.

14° Le P.·. sublime Lévite.

15° Le P.·. sublime Sphinx.     Gardien du Temple.

ART. 7. Ce conseil est chargé, dans l'ordre, de développements de la partie dogmatique et morale ; en conséquence, il statue sur les demandes des loges, chapitres, sénats et conseils, et les dirige dans leurs travaux.

ART. 8. Nul ne peut être nommé membre de ce conseil s'il ne possède le 88e degré, sublime prince de la maçonnerie.

ART. 9. Tout membre du souverain grand Conseil général ne peut être révoqué que par une délibération du Temple mystique d'après l'avis du Conseil général

ART. 10. Le souverain grand Conseil général se réunira au moins une fois par mois pour instruire les affaires de son ressort qui lui seront envoyées par le Temple mystique.

ART. 11. En cas d'urgence, il peut être convoqué spécialement par son président: en cas d'urgence extrême, les membres de ce Conseil peuvent être réunis extraordinairement par une convocation directe émanant du Temple mystique.

ART. 12. Toute décision émanant du souverain grand Conseil général n'est exécutoire qu'autant qu'elle est revêtue du sceau du grand Hiérophante, enregistrée sur le grand livre d'or et visée par le grand chancelier de l'ordre.

Art. 13. Toute discussion ou même allusion ayant trait à des questions politiques ou religieuses est formellement interdite dans tous les at... placés sous l'obédience du rit de Memphis, de peur qu'elle ne porte atteinte à la fraternité.

Tout membre qui s'y livrerait doit être à l'instant même rappelé à l'ordre par le président ; et si le membre persiste, il doit être aussitôt exclu du Temple.

Si le président laissait violer le premier alinéa de l'article qui précède, l'orateur est tenu de requérir l'application du deuxième, et le président obligé d'y obtempérer.

Si le président ou l'orateur manquait aux devoirs imposés par le présent article, leur exclusion du rit serait prononcée par le Temple mystique.

### SUPRÈME GRAND TRIBUNAL DES PATRIARCHES DÉFENSEURS DE L'ORDRE.

Art. 14. Le Suprême grand Tribunal des grands Défenseurs de l'ordre se compose de onze membres nommés par le Temple mystique qui sont :

#### Savoir :

| | |
|---|---|
| 1° Le Patriarche grand Suffète. | Président. |
| 2° Le Patriarche grand Défenseur. des statuts et réglements de l'ordre. | |
| 3° Le Patriarche grand Orateur. | Avocat de accusés |
| 4° Le Patriarche 1er Mystagogue. | |
| 5° Le Patriarche 2e Mystagogue. | |
| 6° Le Patriarche grand Analiste. | Greffier. |
| 7° Le Patriarche grand Inspecteur. | Quêteur. |

8° Le Patriarche grand Juge.     Juge.
9° Le Patriarche grand Juge.     Juge.
10° Le Patriarche grand Juge.     Juge.
11° Le Patriarche grand Juge.     Juge.

ART. 15 Nul ne peut être nommé membre du Suprême grand Tribunal s'il ne possède le 85° degré.

ART. 16. Tout membre du Suprême grand Tribunal ne peut être révoqué que par une délibération du Temple mystique, après l'avis du Suprême grand Tribunal.

Le Suprême grand Tribunal est chargé de veiller à l'exécution des Statuts, des décisions du Temple mystique et des instructions arrêtées par le grand Conseil général.

ART. 17. Il connaît par appel, de toutes les condamnations prononcées par tous les ateliers placés sous l'obédience du Rit.

Il poursuit d'office toutes infractions aux réglements, laissées impunies par les ateliers, et qui lui sont dénoncées par le Temple mystique.

Il évoque à lui, toutes les fois qu'il le juge convenable, les causes pendantes auprès des loges, chapitres, sénats et conseils.

ART. 18. Toutes les peines infligées par le Suprême grand Tribunal, par application des articles qui précèdent, sont celles qui sont édictées par le Code maçonnique.

ARS. 19. Dans la huitaine qui suivra la remise d'un dossier par le Temple mystique au grand Suffète, celui-ci sera tenu d'assembler le Suprême grand Tribunal.

ART. 20. Le Suprême grand Tribunal se réunira toutes les fois qu'il sera convoqué par le sublime Suffète; en cas d'urgence extrême, les membres du Suprême grand Tribunal pourront être réunis extraordinairement par une convocation directe émanent du Temple mystique.

Art. 21. Aucune décision du souverain grand Tribunal n'est exécutoire si elle n'est revêtue du sceau du Grand Hiérophante, enregistrée sur le grand Livre d'Or, et visée par le grand chancelier de l'ordre.

Art. 22. Les membres du Temple mystique du Souverain grand Conseil général et du Suprême grand Tribunal ont seuls le droit de prendre le titre de Patriarches.

Art. 23. Les dignitaires du G∴ Empire, des conseils, sénats et chapitres exercent, pour le gouvernement général de l'ordre, les mêmes fonctions que les dignitaires correspondants des loges exercent pour le gouvernement particulier de leur atelier. ( *voir les règlements.* )

Art. 24. Les membres du Grand Empire sont porteurs d'un titre émané du Grand-Maître de la Lumière, qui justifie de leurs droits et qualités ; il doit être visé par le Grand Chancelier de l'Ordre.

Tout titre non revêtu de cette formalité est nul.

Art. 25. Le Temple Mystique pourra nommer des Grands Représentants de l'Ordre dans les différentes vallées de l'Empire, pour veiller à la conservation et à la prospérité du rit.

Art. 26. Dans des circonstances qui intéressent la prospérité du rit, le S∴ P∴ Grand-Maître de la Lumière peut prendre une décision spéciale qui devra être enregistrée sur le Grand Livre d'Or, déclarant qu'il *y a urgence*, et dans cette position prendre telles mesures qu'il jugera convenables dans l'intérêt du rit, et dont l'exécution ne sera soumise à aucune autre formalité qu'au visa du Grand Chancelier de l'Ordre.

Art. 27. Les réunions de Conseils, Sénats, régulièrement indiquées, sont obligatoires. Tout membre qui négligerait de s'y rendre sera passible d'une amende fixée par les règlements particuliers de chacun de ces conseils. Cette amende sera portée au double à la seconde contravention ; et à la troisième, la démission pourra être exigée.

Art. 28. Les Loges, Chapitres, Sénats et Conseils, qui désireront travailler des degrés supérieurs à ceux qu'ils possédent, devront en adresser la demande au Temple Mystique, et joindre à cette demande une dissertation littéraire, philosophique, historique ou scientifique, traitée maçonniquement, qui sera le travail collectif de l'atelier sur lequel le Sou∴ grand Conseil général décidera s'il y a lieu à la concession demandée.

Art. 29. Les Loges chapitrales ont le droit de fonder des ateliers au degré qu'elles travaillent, mais le Temple Mystique seul peut les constituer.

Art. 30. Les Loges, chapitres et Sénats seront installés par les grands représentants de l'Ordre ou par des délégués du Grand Empire.

---

## TITRE IV.

### GOUVERNEMENT DES LOGES.

### SECTION PREMIÈRE.

#### COMPOSITION DE LA LOGE SYMBOLIQUE.

Art. 1. La Loge symbolique est régie par trois Conseils.

#### SAVOIR :

1º La Puissance symbolique.
2º Le Conseil lithurgique.
3º Le Conseil de radiation.

Art. 2. La Puissance symbolique gouverne la Loge, elle se compose de 15 dignitaires.

SAVOIR :

Vénérable.
Surveillant.
Surveillant.
Grand Expert.
Député auprès du Grand Empire.
Orateur.
Secrétaire.
Garde des Sceaux et Archives
Trésorier.
Élémosinaire (caisse de bienfaisance).
Économe.
Lévite.
Lévite.
Chevalier d'Orient.
Gardien du Temple.

Art. 3. Le Conseil lithurgique veille à la doctrine ; il se compose de 7 membres.

SAVOIR ·

1 Pontife.
1 Philosophe.
1 Annaliste.
1 Conservateur des Rits.
1 Mystagogue.
1 Hydranos.
1 Ceryce.

Art. 4. Le Conseil de Radiation connaît des délits maçonniques commis dans le ressort de l'Atelier ; il se compose de 9 dignitaires.

SAVOIR :

1 Suffète.

1 Défenseur de l'Ordre.

1 Surveillant.

1 Surveillant.

1 Orateur.

1 Secrétaire.

1 Inspecteur.

1 Lévite.

3 Juges.

## SECTION II.

### PUISSANCE SYMBOLIQUE.

Voir pour les attributions des dignitaires les règlements extraits des statuts généraux de l'ordre.

## SECTION III.

### CONSEIL LITHURGIQUE.

Les membres du Conseil lithurgique sont nommés pour cinq ans, par la loge, mais leur nomination n'est valable qu'après ratification du Temple mystique.

### Du Pontife.

ART. 1. Le Pontife est le président du Conseil, une obéissance absolue lui est due.

### Du Philosophe.

ART. 2. Le Philosophe est spécialement chargé de développer les questions scientifiques présentées au conseil.

### De l'Annaliste.

ART. 3. L'Annaliste est chargé de la rédaction du pro

cès - verbal et des convocations des membres du conseil.

### Du Conservateur des rites.

**Art. 4.** Le Conservateur des rites est chargé des archives du Conseil.

### Du Mystagogue.

**Art. 5.** Le Mystagogue veille à l'ordre du Temple et a l'exécution des travaux.

### De l'Hydranos.

**Art. 6.** L'Hydranos veille à ce que tous les membres soient à leur place, et à ce qu'ils soient revêtus de leur insigne, et que rien ne manque à la tenue.

### Du Ceryce.

**Art. 7.** Le Ceryce veille à l'entrée du Temple, et ne laisse pénétrer aucun F∴ sans s'être assuré qu'il fait partie du Conseil.

## SECTION IV.

### CONSEIL DE RADIATION.

Les membres composant le Conseil de Radiation sont nommés pour un an.

Nul ne peut être nommé s'il ne possède le 3e degré.

En cas de retraite de l'un des membres, le Conseil en avisera le Vénérable, qui nommera un nouveau membre chargé de le remplacer.

### Du Suffète.

**Art. 1.** Le Suffète est le Président du conseil; il le

3

convoque et veille à la régularité des travaux.

### Du Défenseur de l'Ordre.

ART. 2. Le Défenseur poursuit tous les délits maç∴.

### De l'Orateur.

ART. 3. L'Orateur est chargé de défendre l'accusé.

### Du Secrétaire.

ART. 4. Le Secrétaire fait les fonctions de Greffier.

### De l'Inspecteur.

ART. 5. L'inspecteur est le gardien intérieur du Temple; il veille au maintien de l'ordre, et ne laisse pénétrer aucun Frère s'il n'a été régulièrement appelé.

### Du Lévite.

ART. 6. Le Lévite est le messager du Suffète pour faire exécuter avec promptitude les ordres, et veiller à la police du Temple.

ART. 7. Le conseil se réunira toutes les fois qu'il en sera requis par le Vénérable.

---

## TITRE V.

### CONSTITUTION ET TENUE DE LOGE.

### SECTION PREMIÈRE.

#### FORMATION DE LA LOGE.

ART. 1. Pour former une loge, il faut au moins une réunion de 7 maçons possédant le 3e degré.

**Art. 2.** Le doyen d'âge prend le titre de président (Vénérable), nomme deux surveillants, un orateur, un secrétaire, un trésorier et un hospitalier.

**Art. 3.** Le secrétaire dresse aussitôt un tableau conforme au modèle ci-annexé ; le plus élevé en grade est placé le premier, ainsi de suite.

**Art. 4.** Ce tableau une fois dressé, le secrétaire rédige un procès-verbal de cette première opération, et le tableau est joint au procès-verbal.

**Art. 5.** Cela fait, l'orateur requiert que, conformément aux statuts et règlements généraux de l'ordre, la Loge se mette en demande de constitution symbolique près le grand Empire de l'Ordre maçonnique de Memphis.

**Art. 6.** Le secrétaire en fait mention au procès-verbal, ainsi que de la délibération prise.

**Art. 7.** Le procès-verbal est rédigé et consigné dans le livre d'architecture.

**Art. 8.** La nouvelle Loge s'occupe aussitôt de faire son règlement intérieur, dans lequel elle fixe l'ordre qu'elle a établi.

**Art. 9.** Ce règlement adopté doit être consigné, en son entier, dans le livre d'architecture, et signé par tous les membres ; une copie, certifiée par le Vénérable, l'Orateur et le Secrétaire, doit être jointe à l'envoi des pièces en instance de constitution.

**Art. 10.** Toute Loge choisit son député parmi les maçons résidant à la vallée de Paris.

**Art. 11.** Le procès-verbal doit constater la régularité de cette élection.

**Art. 12.** La Loge choisira un titre distinctif.

**Art. 13.** Après avoir rempli ces formalités, le Secrétaire fera une copie de toutes ces décisions, et y joindra un tableau des membres de la Loge, et une copie des règlements.

Art. 14. Ces différentes pièces intitulées : *Extrait du Livre d'Architecture de la S∴ Loge de...*, *séant à la vallée de...*, *dans la séance du.... etc..*, sont signées du Vénérable, des deux Surveillants, de l'Orateur, du Secrétaire, timbrées et scellées par le Garde-des-Sceaux et Archives.

Art. 15. Toutes ces pièces sont adressées au F∴ que la Loge a choisi pour son Député, avec une demande en lettres constitutives.

Art. 16. La première Loge fondée dans une vallée prend le titre de *Loge mère et chapitrale.* Les sept premiers membres fondateurs seront nommés 46° degré ; et la décoration de la légion des chevaliers du Sadah-redoutable leur sera accordée.

## SECTION II.

### ÉLECTIONS.

Art. 1. Tous les dignitaires de la Loge sont soumis à l'élection.

Art. 2. Le droit d'élection ne peut être exercé que par les membres actifs.

Art. 3. Dans la première quinzaine du premier mois, il sera procédé à l'élection des officiers dignitaires.

Art. 4. On suivra, pour les élections, l'ordre hiérarchique.

Art. 5. Après la nomination des officiers titulaires, on procédera à l'élection des adjoints.

Art. 6. Les élections auront lieu à la majorité absolue des membres présents.

Art. 7. Si aucun F∴ ne réunit cette majorité, il y aura un second tour de scrutin ; et si la majorité absolue n'est pas encore acquise, il sera procédé à un scrutin de ballotage entre les deux FF∴ qui auront réuni le plus de voix∴

Art. 8. En cas d'égalité, la préférence sera donnée d'abord à l'âge maç∴ et ensuite à l'âge civil.

Art. 9. Le dépouillement des scrutins sera fait par trois FF∴ désignés par le Vénérable, en présence de l'Or∴, du G∴ Exp∴ et du Sec∴ général.

Art. 10. Tous les Off∴ et leurs Adj∴ devront être membres actifs.

Art. 11. Le Vénérable, les 1er et 2e Surv∴, l'Or∴, le G∴ Exp∴, le Sec∴, le Dép∴ auprès du G∴ Empire, le Garde des Sceaux et l'Arch∴, seront pris parmi les FF∴ qui possèdent les degrés les plus élevés.

## SECTION III.

### INSTALLATION.

Art. 1. L'installation des Officiers élus ou réélus aura lieu le jour de la Fête d'Ordre, le *Réveil de la Nature*, immédiatement après la mise en activité des travaux.

Art. 2. Le Vénérable prêtera serment entre les mains de l'ex-Vénérable ; il recevra ensuite le serment des autres officiers et procédera à leur installation suivant la formule d'usage.

Art. 3. Tous les FF∴ sont égaux, aucun ne peut se prévaloir de sa position sociale ni de ses titres maçonniques ; mais ils doivent maçonniquement respect et obéissance aux officiers dignitaires.

Art. 4. Tous les officiers sont nommés pour un an ; ils pourront être réélus pendant quatre années ; mais après cet exercice quinquennal, ils ne pourront être élus à la même fonction qu'après un an d'intervalle.

## Modèle du Tableau des Membres composant la Loge.

| Noms. | Prénoms. | Ages. | Professions. | Qualités maç.˙. | Adresses. | Signatures. | OBSERVA |
|---|---|---|---|---|---|---|---|
|  |  |  |  |  |  |  |  |

(Place du sceau)   *Certifié par nous, Lumière essentielle de la Loge*,   *Par mande*
*Timbré et scellé par*                                            *de la Sav.*
*nous, Garde des sceaux* (Sig. du 1ᵉʳ Surv.˙.(Sig. du Vén.˙. (Sig. du 2ᵉ Surv.˙.)   *Le Secréta*
*et arch.˙. de la S.˙.L.˙.*                                             (Signatur
(Signature).

# TITRE VI.

## COMITÉS.

### SECTION PREMIÈRE.

#### CAISSE PHILANTROPIQUE.

*(Comité de Bienfaisance).*

Il sera établi dans toutes les Loges, Chapitres, Sénats, conseils sous l'obédience du rit de Memphis, des Caisses philantropiques.

ART. 1. La caisse philantropique se compose des finances de la loge et des fonds de la Tzèdaka, restés libres après le solde des dépenses générales.

ART. 2. La caisse philantropique est spécialement consacrée au soulagement des FF.·. composant l'at.·., le comité qui la gère sera nommé pour cinq ans par le Vénérable.

ART. 3. Le nombre des membres du comité est fixé à 9, y compris l'Elémosinaire.

ART. 4. Il sera nommé un médecin chargé de visiter les malades, et de rendre compte de leur situation.

ART. 5. Toute demande adressée au comité doit être motivée et faite par écrit.

ART. 6. Le comité délègue un de ses membres pour s'enquérir de l'urgence des besoins qui lui sont signalés; enfin le comité est spécialement chargé de veiller au bien-être de tous les frères, d'améliorer leur sort par tous les moyens possibles, et d'aider à leur prospérité.

ART. 7. Toutes les délibérations du comité sont secrètes, la divulgation d'un secours accordé emporte, pour le délinquant, l'exclusion de l'ordre.

## SECTION II.

### COMITÉ DES FINANCES.

ART. 1. Dans la quinzaine de son installation, le Vénérable choisira cinq membres qui formeront le Comité annuel des Finances : ces membres seront pris, s'il est possible, en dehors du conseil d'administration.

ART. 2. Ce Comité s'assemblera le premier lundi de chaque mois, et toutes les fois qu'il en sera requis par le Président.

ART. 3. Le Président et le Secrétaire seront nommés par le Comité à la pluralité des voix.

ART. 4. Aucun officier comptable ne pourra faire partie de ce comité.

ART. 5. Toutes les questions relatives aux finances lui seront soumises, ainsi que la vérification des comptes ; il fera son rapport détaillé au conseil d'administration, qui approuvera et décidera définitivement.

## SECTION III.

### DU CONSEIL ADMINISTRATIF.

ART. 1. Le Vénérable, à la première tenue qui suivra son installation, fera connaître le nom des membres du Conseil d'administration qu'il aura choisis pour l'année maçonnique courante.

ART. 2. Ces FF∴ prêteront serment de bien et fidèlement remplir leurs fonctions, et le Vénérable les installera.

ART. 3. Pour composer ce conseil, le Vénérable devra choisir les plus anciens, et autant que possible, les fondateurs

ART. 4. Ce Conseil se réunira toutes les fois qu'il sera requis par le Président

Il est chargé de décider toutes les affaires relatives aux finances et à l'administration intérieure de l'Atelier. Ses décisions seront exécutoires sans appel.

ART. 5. Ce Conseil devra faire un réglement pour sa discipline.

## TITRE VII.

### DES ADMISSIONS.

ART. 1. Aucun profane ne peut être initié aux mystères de Memphis avant l'âge de dix-huit ans.

ART. 2. Nul ne peut être admis s'il n'est présenté par un Frère.

ART. 3. Aucun profane ne peut être reçu s'il n'est de condition libre, s'il est illettré ou s'il est de mauvaises mœurs; il ne peut être présenté à l'initiation s'il n'est reconnu citoyen paisible, ami de l'ordre et soumis aux lois de son pays ( *voir les réglements* ).

## TITRE VIII.

### COSTUMES, INSIGNES MAÇ.·.

ART. 1. Le costume et l'insigne sont les emblêmes de l'ordre et de la dignité; ils rappellent celui qui les porte aux devoirs qui lui sont imposés, et à la nécessité de s'observer lui-même.

ART. 2. Le costume des FF.·. se compose, 1° d'une tunique bleue, 2° d'un ruban bleu avec une étoile brodée ar gent, porté en sautoir, 3° d'une paire de gants blancs. Pour les dignitaires la tunique est rouge.

ART. 3. L'insigne maç∴ est réglé par un programme déposé à la grande Chancellerie de l'Ordre.

---

## TITRE IX.

### FÊTE D'ORDRE.

ART. 1. L'Ordre maçonnique de Memphis célèbre une fête d'ordre par an, à l'équinoxe du printemps, sous le nom de *Réveil de la Nature.*

ART. 2. Cette fête sera célébrée, 1° par un compte rendu que fera l'Orateur, des travaux maç∴, 2° par des discours prononcés soit par l'Orateur, soit par les FF∴, sur des sujets moraux et maçonniques.

ART. 3. Tous les discours seront communiqués à l'Or∴ et en outre soumis, au moins trois jours à l'avance, au Vénérable, qui réglera l'ordre de leur lecture.

ART 4. Le jour de la fête d'ordre, le *Réveil de la Nature,* avant la prononciation du compte rendu et des discours, c'est-à-dire immédiatement après la lecture du plan parfait de la précédente tenue, et l'accomplissement des travaux indiqués, aura lieu l'installation des officiers élus ou réélus.

ART. 5. Le comité lithurgique établira, quelque temps avant la fête d'Ordre, des concours littéraires et philosophiques.

ART. 6. Il donnera à traiter des questions importantes, qui tournent à la gloire et à la prospérité du Rit.

ART. 7. Les vainqueurs seront couronnés avec cérémonie, et trois prix leur seront décernés.

SAVOIR:

Le 1<sup>er</sup>, une médaille d'or.

Le 2<sup>e</sup>, une médaille d'argent.

Le 3<sup>e</sup>, un degré élevé avec la patente *gratis*.

ART. 8. Lorsque cette cérémonie sera terminée, et les discours lus, les travaux seront régulièrement suspendus ; un banquet symbolique sera fait pour célébrer la fête d'ordre.

Art 9. Ce banquet est obligatoire : les FF.·. qui ne pourraient y contribuer sont autorisés à s'adresser au Vénérable qui, sous le sceau du secret, fera payer le montant de leur cotisation.

Art. 10. La plus grande sobriété doi régner dans les banquets de fêtes d'Ordre.

Le Rit interdit absolument tout achat de provision, de comestibles, vins et liqueurs. La Société maçonnique ne devant jamais être considérée comme une société de plaisirs profanes.

Art. 11. Il y a sept santés obligatoires.

SAVOIR :

1° Celle de la France.

2° Celle du Grand Empire, puissance suprême de Memphis.

3° Celle du Président de l'at.·.

4° Celle des deux Surveillants.

5° Celle des Visiteurs.

6° Celle des Officiers dignitaires de l'at.·.

7° Celle de tous les Maçons existant sur l'un et sur l'autre hémisphères.

# TITRE X.

## DES HONNEURS MAÇONNIQUES.

ART. 1. On rend dans les loges, chapitres, Sénats et Conseils du Rit de Memphis, trois sortes d'honneurs maçonniques, correspondant aux trois séries de degrés.

ART. 2. Les honneurs à rendre aux FF∴ possédant du 18e au 34e degré, sont trois étoiles et la bannière.

ART. 3. Les honneurs du 35e au 68e degré sont cinq étoiles, la bannière et la voûte d'acier.

ART. 4. Les honneurs du 69e au 92e sont sept étoiles, la voûte d'acier, la bannière, les maillets battant.

ART. 5. Les honneurs du 35e au 68e degré sont rendus aux Vénérables, aux Surveillants et aux FF∴ des hauts grades des divers Rits.

On ne rend point d'honneurs aux membres de la Loge, quel que soit leur grade, à l'exception du Vénérable et des deux Surveillants.

# TITRE XI.

## DISPOSITIONS GÉNÉRALES.

ART. 1. Le Rit de Memphis ordonne à toutes les Loges de son obédience et à tous ses enfants, de fraterniser avec les Maçons de tous les autres Rits. Le Rit de Memphis a inscrit la tolérance en tête de ses lois sacrées.

ART. 2. Le Rit de Memphis admet dans son sein des

FF∴ qui peuvent également professer tout autre Rit,
Ces FF∴ porteront le titre de FF∴ libres.

Art. 3. Les FF∴ du Rit de Memphis peuvent s'affilier
a tout autre Rit maçonnique, sans pour cela être exclus de
celui de Memphis, mais ils ne peuvent faire partie des conseils Sup∴

Art. 4. Le Rit de Memphis donne du 8e au 92e grades, et
jamais il ne pourra, sous aucun prétexte, les faire payer ;
ils demeurent le partage exclusif du mérite. Nul ne pourra
être admis à un degré s'il n'a soutenu une thèse par écrit,
sur trois questions relatives à ce degré. Les questions seront proposées 21 jours avant l'admission.

Art. 5. Aucun membre actif du Grand Empire ne
pourra faire partie d'une Loge symbolique.

Art. 6. La charité maçonnique et le dévoument au Rit
étant le premier devoir de tous les FF∴, quiconque serait
convaincu d'avoir tenu des propos ou fait des actes tendant soit à déconsidérer le Rit, soit à porter atteinte à
l'honneur d'un F∴, pourra, par ce seul fait, être déféré au
conseil de radiation, et exclu de l'ordre.

---

# TITRE XII

## DE L'INSTALLATION DES LOGES, CHAPITRES, ARÉOPAGES ET SÉNATS.

Les Loges, chapitres, aréopages et sénats sont toujours
installés par trois délégués nommés par le temple Mystique.

Au jour fixé pour l'installation, l'At∴ à l'arrivée des
délégués installateurs, ses travaux ouverts, député 3 de

ses membres pour recevoir la communication de leurs pouvoirs.

Sur le rapport des députés, 7 membres de l'At.·., armés de glaives et munis d'étoiles, vont recevoir hors du temple les délégués.

Le Vén.·. et les Surv.·. attendent, à l'entrée du temple, les délégués installateurs, leur remettent les 3 maillets, et les conduisent sous la voûte d'Ac.·. jusqu'à l'O.·.; alors les travaux de l'At.·. sont suspendus.

Le Président, à l'installation, occupe le fauteuil et fait placer le Vén.·. à sa droite, les deux autres délégués remplissent les fonctions de 1er et 2e surveillants.

Avant d'ouvrir les travaux, le Président fait parcourir les colonnes par les deux délégués surveillants, pour s'assurer de la régularité des Mac.·. présents et prononce un discours Mac.·. sur *la Lumière et la Vérité*; l'At.·. prend un air de fête; il est resplendissant de lumière. Le président ouvre alors les travaux au 1er d.·., fait donner lecture par le secrétaire des pouvoirs et des constitutions, et les remet ensuite au Vén.·. avec les cahiers manuscrits et un exemplaire des Statuts et Réglements généraux de l'Ordre, il en ordonne le dépôt aux archives.

Le Vén.·., entouré des Off.·. et des membres de l'At.·., en son nom et au leur, prête entre les mains du Président la formule suivante :

« Je jure solennellement d'obéir sans restriction aux statuts et réglements généraux, et fidélité au Rit antique de Memphis. »

Le Secrétaire fait ensuite l'appel nominal des membres inscrits sur le tableau de l'At.·., et chacun d'eux signe, en double expédition, la formule du serment que lui présente le président à l'installation.

Les délégués installateurs certifient les signatures ap-
posées sur les deux doubles de l'obligation, dont l'un est
déposé aux archives de l'At∴ et l'autre est envoyé au
temple Mystique par le Président installateur.

Le Président fait annoncer sur les col∴ qu'il va être procédé à l'installation; après cette annonce, tous les FF∴
étant debout et à l'ordre, le glaive en main, le président
prononce l'installation en ces termes :

» A la gloire du sublime Architecte des mondes, au nom
du grand Hiérophante, et sous les auspices du grand empire de l'Ordre maçonnique de Memphis, en vertu des pouvoirs à nous délégués, nous installons à la vallée de......
un Atel∴ travaillant du..... au..... sous le titre distinctif de.....

« l'Atel∴ est installé, que le Tout-Puissant vous soit en
aide. »

Cette annonce est répétée trois fois sur les col∴, et couverte par les batt∴ du Rit.

Le Président à l'installation fait former la chaîne d'union
par les seuls membres de l'atelier, leur communique le mot
de sémestre, leur donne le baiser de paix, et ferme les
travaux ; immédiatement après leur clôture le Vén∴
et les deux Surveillants reçoivent les maillets des
mains des Délégués, qui, après avoir clos et signé le procès-
verbal d'installation, prennent place à l'O∴ le président à
la droite du Vén∴ et les deux autres à sa gauche.

L'atel∴ remet ses travaux en vigueur, les morceaux
d'archit∴ prononcés dans cette solennité sont remis aux
délégués pour être envoyés par eux au Temple mystique.

# MODÈLE DE L'EXÉAT.

## A LA GLOIRE

### Du Sublime Architecte des mondes

à tous les Maçons répandus dans les deux hémisphères,

### SALUT, AMITIÉ, FRATERNITÉ, FORCE, TOLÉRANCE.

Vous tous, nos Ill∴ F∴, sachez que le T∴ Ch∴ F∴ . . . . a été élev
rites au . . . . . . . degré de l'ordre Maç∴ de Memphis.

*Vallée de . . . . . le . . . jour du mois . .*

( EXTRAIT DES STATUTS). Tout membre du grand Empire de l'ordre maç∴ de Memphis qui aura conféré un degré, devra donner au récipiendaire un exéat revêtu de sa signature et scellé de son sceau, qui servira pour obtenir un titre régulier; il devra en outre, dans la quinzaine de la réception, adresser au Temple mystique une expédition de l'exéat qu'il aura délivré. Cet exéat n'a de valeur que pour l'obtention d'un titre, et ne pourra dans aucun cas le remplacer.

Place
du
sceau.

SIGNAT

---

Maçon que, pour percer la nuit des temps, il faut ouvrir le livre des révélations.

Il dit qu'en créant l'homme, Dieu lui donna la lumière et lui imposa des devoirs.

A LA     GLOIRE    profo

Du Sublime Architecte des Mondes

### Au Nom du Grand Hiérophante,

A tous les Maçons répandus dans les deux hémisphères,

### SALUT, AMITIÉ, FRATERNITÉ;

A toutes les Loges, Chapitres, Aréopages, Sénats, Conseils travaillant notre Rit

### UNION, PROSPÉRITÉ, COURAGE, FORCE, TOLÉRANCE.

Nous, grand Hiérophante, Souverain Pontife, Grand Maître de la Lumière et Me Grand Empire de l'Ordre Maçonnique de Memphis, faisons savoir que le T∴ Ch∴ possède du      au d∴      et qu'en cette qualité il fait partie

En conséquence, nous invitons et prions, en vertu des pouvoirs suprêmes dont no en nos susdites qualités, toutes les Loges, Chapitres, Sénats et Conseils, de recon notre très cher F∴      de l'accueillir fraternellement et de lui prêt au besoin, désirant qu'il jouisse des droits et prérogatives qui lui sont accord généraux de l'Ordre.

Ouvrez-vous en sa présence, portiques de nos temples; Orient vénéré, jette tes plus éclatantes s les du firmament en nombre sacré et dans un ordre mystérieux, viennent à sa rencontre! que l'h sa venue! que l'étendard déroule devant lui ses plis glorieux! et que n∴ F∴ pénètre dans le temple honneur dûs à son éminente dignité.

Fait dans le sanctuaire où repose l'arche vénérée des traditions, lieu éclairé d'un rayon divin, vertu, la science et la plénitude de tous les biens.

*Vallée de Paris, le      jour du mois*      53

# MODÈLE DE L'EXÉAT.

## A LA GLOIRE

### *Du Sublime Architecte des mondes*

à tous les Maçons répandus dans les deux hémisphères,

### SALUT, AMITIÉ, FRATERNITÉ, FORCE, TOLÉRANCE

Vous tous, nos Ill.·. F.·., sachez que le T.·. Ch.·. F.·. . . . . a été
rites au . . . . . . degré de l'ordre Maç.·. de Memphis.

*Vallée de . . . . . le . . . jour du mois*

( EXTRAIT DES STATUTS). Tout membre du grand Empire de l'ordre maç.·. de Memphis qui aura conféré un degré, devra donner au récipiendaire un exéat revêtu de sa signature et scellé de son sceau, qui servira pour obtenir un titre régulier; il devra en outre, dans la quinzaine de la réception, adresser au Temple mystique une expédition de l'exéat qu'il aura délivré. Cet exéat n'a de valeur que pour l'obtention d'un titre, et ne pourra dans aucun cas le remplacer.

Place
du
sceau.

Sig

---

Maçon que, pour percer la nuit
des temps, il faut ouvrir le livre
des révélations.

Il dit qu'en créant l'homme,
Dieu lui donna la lumière et lui
imposa des devoirs.

A LA GLOIRE

*Du Sublime Architecte des Mondes*

### Au Nom du Grand Hiérophante,

A tous les Maçons répandus dans les deux hémisphères,

### SALUT, AMITIÉ, FRATERNITÉ;

A toutes les Loges, Chapitres, Aréopages, Sénats, Conseils travaillant notre
UNION, PROSPÉRITÉ, COURAGE, FORCE, TOLÉRANCE.

Nous, grand Hiérophante, Souverain Pontife, Grand Maître de la Lumière et
Grand Empire de l'Ordre Maçonnique de Memphis, faisons savoir que le T.·. Ch
possède du                    au d.·.                         et qu'en cette qualité il fait par

En conséquence, nous invitons et prions, en vertu des pouvoirs suprêmes dont
en nos susdites qualités, tout les Loges, Chapitres, Sénats et Conseils, de re
notre très cher F.·.                         de l'accueillir fraternellement et de lui
au besoin, désirant qu'il jouisse des droits et prérogatives qui lui sont ac
généraux de l'Ordre.

Ouvrez-vous en sa présence, portiques de nos temples; Orient vénéré, jette tes plus éclatant
les du firmament en nombre sacré et dans un ordre mystérieux, viennent à sa rencontre! que
sa venue! que l'étendard déroule devant lui ses plis glorieux et que n.·. F.·. pénètre dans le tem
honneur dus à son éminente dignité.

Fait dans le sanctuaire où repose l'arche vénérée des traditions, lieu éclairé d'un rayon d
vertu, la science et la plénitude de tous les biens.

*Vallée de Paris, le          jour du mois*                    58

# MODÈLE

DE

## DEMANDE EN CONSTITUTIONS.

*A la gloire du Sublime Architecte des mondes, au nom du grand Hiérophante et sous les Auspices du Grand Empire de l'Ordre Maç∴ de Memphis.*

### AU TEMPLE MYSTIQUE.

T∴ Ill∴ FF∴, animés du désir de travailler régulièrement pour la prospérité de l'Ordre maçonnique de Memphis et le bien général de l'humanité, nous vous prions de nous accorder des constitutions qui régularissent les trav∴ de la loge fondée par nous à la vallée de . . . . . . . sous le titre distinctif de . . . . . . conformément au vœu de la délibération prise le . . . . . . . . . . . . dont extrait est ci-joint.

Nous jurons dès à présent de nous conformer aux statuts et réglements généraux de l'ordre.

Croyez, TT∴ Ill∴ FF∴, que nous ferons tout ce qui dépendra de nous pour justifier vos suffrages.

Agréez l'assurance de l'amitié toute fraternelle de vos très dévoués FF∴,

Le Vénérable∴

Le 1er Surv∴                                    Le 2e Surv∴

Vu par nous, l'Orat∴

Timbré et scellé par nous,
Gardes-des-Sceaux et Archives.

Par mandement de la S∴ L∴

. . . . . . . . . . .

SECRÉTAIRE.

---

Pour les chapitre, aréopage, sénat, le même modèle, en substituant le mot chapitre à celui de loge, et les mots lettres capitulaires à celui de constitutions, etc. etc.

# CERTIFICAT D'ÉLECTION

D'UN PRÉSIDENT D'ATELIER.

*A la gloire du sublime Architecte des mondes, au nom du grand Hiérophante et sous les auspices du grand Empire de l'Ordre maçonnique de Memphis.*

## AU TEMPLE MYSTIQUE.

T∴ ch∴ FF∴, Conformément aux statuts et réglements généraux de l'ordre Maçonnique de Memphis, nous avons la faveur de vous informer que, dans notre séance du                     nous avons élevé à la dignité de notre Vénérable le T∴ C∴ F∴                     et nous vous prions de le reconnaître en cette qualité.

A la vallée de                     le

Agréez l'assurance, etc.

Le 1er Surv∴          Le Vénérable∴          Le 2e Surv∴

Timbré et scellé          L'Orateur.
par nous-garde-des-
Sceaux.

Par mandement de la S∴ L∴

Secrétaire.

## TALEAU GÉNÉRAL.

### des prix fixés

PAR LE GRAND EMPIRE DE L'ORDRE MAC.˙. DE MEMPHIS,

*Pour les Constitutions symboliques, Lettres capitulaires, etc.*

———

| | | |
|---|---|---|
| 1° Constitutions symboliques............ | 100 f. | » c. |
| 2° Cahiers manuscrits des travaux complets et instructions du 1er au 7e degré, statuts et réglements........................ | 80 | » |
| 1° Patente constitutionnelle pour un chapitre. | 60 | » |
| 2° Cahiers manuscrits des travaux et instructions, etc ..................... | 45 | » |
| 1° Patente Constitutionnelle pour un conseil des Chev.˙. de l'Aigle Rouge, 34e.˙. d.˙....... | 60 | » |
| 2° Cahiers manuscrits des travaux et instructions, etc......................... | 45 | » |
| 1° Patente constitutionnelle pour un conseil de sublime Philosophe hermétique, 40e d.˙.... | 60 | » |
| 2° Cahiers manuscrits des travaux, instr., etc. | 50 | » |
| 1° Patente constitutionnelle pour un sénat de Sublime Scalde, 52e.˙. d.˙............... | 65 | » |
| 2° Cahiers manuscrits des travaux, instructions, etc.......................... | 50 | » |
| 1° Patente constitutionnelle pour un sénat de Prince de la Vérité, 65e.˙. d.˙............. | 85 | » |
| 2° Cahiers manuscrits des travaux, instructions, etc.......................... | 70 | » |

1° Patente constitutionnelle pour un sénat
des Docteurs des Vedas, 79.˙. d.˙............  85   »

2° Cahiers manuscrits des travaux, instructions, etc .................................  70   »

---

## DIPLOMES, BREFS ET PATENTES PERSONNELLES.

Pour un diplôme du 1er.˙. au 7e.˙. degré....   7   50
Pour un bref du 8e.˙. au 45e.˙. ............  15   »
Pour une patente du 46 au 65e.˙. d.˙........  20   »
Pour une patente du 66 au 90e.˙. d.˙.......  30   »
Titres (exeats) sur papier pour l'obtention
d'un titre régulier........................   3   »

### PRIX DES RÉCEPTIONS.

Au premier degré.....................  15   »
Au 2e degré..........................  10   »
Au 3 degré...........................  10   »
Du 4e au 5e degré ...................  15   »
Du 5e au 7e degré ...................  15   »
Il est alloué au f.˙. de confiance..........   5   »
A partir du 8e.˙. au 90e.˙. degré, ils demeu-
rent le partage exclusif du mérite.

### CONTRIBUTIONS ANNUELLES.

Pour une loge symbolique...........  25   »
Pour un chapitre...................  30   »
Pour conseil.......................  40   »

Il n'existe pour toutes les loges , Chapitres , Aréopages, Sénats et Conseils, qu'un seul centre d'autorité maçonnique sous la dénomination de Grand Empire de l'ordre maçonnique de Memphis (rit oriental), dont le siège est fixé à Paris , *Rue du faubourg Saint-Denis*, 32.

---

Nota. Nul F.·. ne se présentera jamais en loge que vêtu convenablement, et s'y comportera avec la plus rigoureuse décence.

Le cérémonial sera observé avec l'attention la plus scrupuleuse, le silence, toujours le silence; le vénérable ne doit jamais oublier que c'est de lui que dépend tout le succès de la docte Loge. La première loi sera la bonté, la politesse, une politesse qui exclut toute parole aigre et dure, tout mauvais procédé, reproches et railleries.

Il faut que les réceptions soient préparées avec soin; vous ferez peu d'épreuves physiques; elles étaient bonnes dans les temps de barbarie et de superstition; aujourd'hui, elles ne seraient que des jeux de théâtre. Vous vous en tiendrez antant que possible aux épreuves morales. La lumière sera donnée avec le plus grand appareil et l'instruction la plus touchante.

Si l'un de vos FF.·. se distingue par une belle action, prenez soin de l'en récompenser sans blesser sa modestie : les bonnes œuvres sont la vie de la maçonnerie.

Appelez à vous les sciences et les talents; excitez l'émulation, établissez des Concours littéraires et philosophiques, couronnez les vainqueurs avec pompe et cérémonie.

Si un F.·. manque à ses devoirs , s'il commet une faute

remarquable envers le monde, réprimandez-le, imposez-lui des amendes au profit des pauvres.

Vous aurez tous les ans une grande séance d'instruction générale à laquelle assisteront tous les Maç∴ de la vallée; elle sera consacrée à l'exposition des principes de la Maç∴, à rappeler les vérités et les vertus qui doivent lui servir de base, à combattre l'ignorance, à défendre les droits de la raison, et à signaler les vices qui déshonorent l'humanité.

Si vous êtes persécutés, ne vous vengez pas ; il n'existe que deux sorte d'ennemis , les méchants et les ignorants; tâchez de les instruire. L'épée de la parole est plus forte, plus durable que celle du fer; souffrez, taisez-vous, répandez-la lumière et la vérité...

# INITIATION DE PLATON

AUX

# MYSTÈRES DE MEMPHIS.

L'auteur de *l'Egypte au* 19e *Siècle* ( M. Ed. Gouin ) raconte ainsi cette initiation:

« Aux approches de la 95e olympiade, un pèlerin de la science vint, le long du Nil, étudier la théosophie, et demander la révélation des pieux mystères.

« Les épreuves lui furent permises. Il descendit au fond d'un puits noir communiquant avec des caveaux: il poussa une grille d'airain qui se referma aussitôt, non sans un glacial et sourd bruissement; la torche à la main, il s'avança, dépassant une seconde porte grillée, il aperçut une galerie d'arcades éclairées par des lampes; sur le fronton se lisait cette phrase: *Tout mortel qui marchera seul et sans effroi dans l'enceinte sacrée recevra la lumière, sera purifié par l'air et l'onde, et initié dans les mystères secrets de la déesse Isis.*

« Un appel d'en haut interrogea le néophyte pour savoir si le cœur lui manquait, et le néophite répondit : non, et sans faiblir, il poursuivit sa route.

« Devant une porte de fer parurent trois hommes armés dont les casques représentaient le museau d'un chien.

« Tu peux, lui dirent-ils, revenir sur tes pas; mais si, per-

sistant dans ton dessein, tu recules ou détournes la tête
c'en est fait de toi.

« Le néophyte répliqua : J'irai en avant.

« Une fournaise brûla béante : elle ne pouvait être traver-
sée que sur une grille très étroite ; au bout mugissait un
torrent ; la rive ne pouvait être gagnée qu'à la nage : le
double péril fut résolument franchi. Le plus terrible et le
dernier de tous lui succéda :

• Un escalier de quelques marches menait à une lumi-
neuse porte d'ivoire qui s'ouvrait par deux anneaux étin-
celants ; le seuil abordé, voici que le plancher tout à coup
s'ébranle comme sous la secousse d'un impétueux trem-
blement de terre, d'énormes roues d'airain firent mouvoir
avec une incroyable rapidité de grosses et bruyantes chaînes, la lampe tomba éteinte des mains du néophyte, qui
demeura perdu au sein du cataclisme ténébreux ; il ne cria
point grâce ; un seul frisson l'effleura. .

« Il attendit :

« Le désordre, las de lui-même, céda la place au calme une
porte, invisible jusqu'à cette heure, livra passage/dans une
salle qu'illuminaient des centaines de flambeaux ; siégeaient
là soixante prêtres couverts de byssus en étoffe de fin lin,
portant, de même que les dieux, des colliers d'une forme et
d'une valeur proportionnées aux divers grades ; le pontife
orna l'initié de la robe blanche, et lui présentant un verre
d'eau :

• C'est le breuvage de lotos ; bois l'oubli des sentences
mondaines.

Vingt-quatre heures d'un repos bien mérité préparèrent
le néophyte à une retraite de quatre-vingt-un jours. Pendant cette période, et six mois encore, l'existence du dieu
créateur, ses noms, ses attributs, les rayonnements de sa
puissance infinie à travers le soleil et les planètes, les prin-

cipes de haute morale et de philosophie religieuse furent dévoilés au récipiendaire, puis on lui posa quelques questions; jamais elles n'avaient été résolues avec une telle profondeur. On le reconduisit aux lieux sacrés, où il jura de n'apprendre à aucun profane ce qu'il avait vu et entendu.

# TRAVAUX COMPLETS

## DU Iᵉʳ DEGRÉ

### DE L'ORDRE MAÇONNIQUE DE MEMPHIS.

Toute la science Maçonnique se trouvant concentrée dans les travaux des différents degrés, il serait contraire aux lois de la Maçonnerie de détailler ces travaux dans un livre; ils ne peuvent être communiqués aux loges régulièrement constituées que par des rituels manuscrits, émanés du temple mystique. Nous avons cru pouvoir et même devoir publier dans tous ses détails le premier degré, pour donner aux profanes une idée des travaux maçonniques, et leur inspirer le désir d'entrer dans ce temple de sagesse et de vérité, dont nous leur avons entr'ouvert le parvis.

#### MISE EN ACTIVITÉ DES TRAVAUX.

*Le Vénérable frappe un coup et dit:*

Silence, mes FF∴

D∴ F∴ 1ᵉʳ Surveillant, quel est votre premier devoir dans le temple de la sagesse ?

R∴ Vénérable, c'est de protéger contre toute indiscrétion profane l'inviolabilité de nos mystères.

D∴ F∴ Lévite, veuillez prendre les ordres du premier Surveillant.

*Le F∴ Lévite se rend auprès du 1ᵉʳ Surveillant, sort du temple; rentre aussitôt, se place entre les deux colonnes, et dit:*

R∴ Vénérable, les abords du temple sont déserts, ses

échos sont silencieux; nul ne peut nous entendre, nous sommes à couvert.

D∴ Puisque nous sommes à couvert, debout et à l'ordre, FF∴ 1er et 2e Surveillants, parcourez vos colonnes respectives, et veuillez vous assurer si tous les FF∴ qui les composent sont apprentis Maç∴

*Les Surveillants, chacun sur leur colonne, à commencer par le 1er F∴, vont prendre le signe et le mot sacré; lorsque cet examen est terminé, et que les Surveillants sont retournés à leur place, le 2e∴ Surveillant frappe un coup et dit au 1er Surv∴*

R∴ F∴ 1er∴ Surveillant, tous les FF∴ de ma colonne sont app∴ Maç∴

*Celui-ci frappe aussi un coup et répète.*

R∴ Vénérable, tous les FF∴ de l'une et de l'autre colonnes sont app∴ Maç∴

*Le Vénérable, toujours debout, dit:*

D∴ F∴ 2e∴ Surveillant, quelle est votre place dans le temple de la sagesse?

R∴ A l'angle de la colonne du septentrion à l'orient?

D∴ Pourquoi, F∴ 2e Surveillant?

R∴ Pour veiller au maintien de l'ordre, à la parfaite exécution des travaux, prévoir et transmettre au 1er Surveillant les difficultés qui peuvent surgir, et obtenir les solutions que nécessite le parfait développement des questions soumises à l'appréciation de la loge.

D∴ Où se tient le 1er Surveillant?

R∴ A l'angle de la colonne du midi à l'occident.

D∴ Pourquoi, F∴ 1er∴ Surveillant?

R∴ Pour donner le signal de la suspension des travaux, aider le Vénérable dans l'enseignement et le développement des travaux de ce degré.

D∴ Où se tient le Vénérable?

R∴ A l'orient.

D∴ Pourquoi?

R∴ Le Vénérable se tient dans cette partie pour ou vrir les travaux et répandre sur la loge des flots de lumière et de vérité.

D∴ F∴ 2e∴ Surveillant, à quelle heure s'assemble la loge ?

R∴ Quand le soleil est entré au méridien.

D∴ Quelle heure est-il, F∴ 1er Surveillant ?

R∴ Il est l'heure de nos travaux, Vénérable.

Puisqu'il est l'heure de nous mettre en activité, joignez-vous à moi, FF∴ 1er et 2e Surveillants, afin de demander au Sublime Architecte des mondes qu'il daigne bénir nos travaux, qu'ils soient conformes à sa loi, et qu'ils n'aient pour but que la gloire de son nom, la prospérité de l'ordre, et le bien général de l'humanité.

Le Vénérable descend de l'autel, tenant son maillet en main, il va se placer au milieu du temple, en face de l'orient; les 2 Surveillants à ses côtés; devant le Vénérable est une cassolette où brûle de l'encens; le Lévite et le Maître de cérémonies sont au pied de l'autel, sur lequel sont deux urnes qui brûlent de l'esprit de vin ; derrière le Vénérable, entre les deux colonnes, sont le F∴ G∴ Expert et le F∴ Terrible. Le porte-étendart se place, avec la bannière de l'ordre, à l'angle du septentrion, et le porte-épée, glaive en main, à l'angle du midi, et tous les FF∴ tournent vers l'Orient, le Vénérable s'incline et dit à haute voix :

### PRIÈRE

Dieu Souverain qu'on invoque sous des noms divers, et qui règne seul, Tout-Puissant, immuable Jéhovah, père de la nature, source de la lumière, loi suprême de l'univers, nous te saluons.

Reçois, ô mon Dieu! l'hommage de notre amour, de notre admiration et de notre culte.

Nous nous prosternons devant les lois éternelles de ta sagesse; daigne diriger nos travaux, éclaire-les de tes lumières, dissipe les ténèbres qui voilent la vérité, et laisse-nous entrevoir quelques-uns des plans parfaits de cette sagesse dont tu gouvernes le monde, afin que, devenus de plus en plus dignes de toi, nous puissions célébrer en des hymnes sans fin l'universelle harmonie que ta présence imprime à la nature — Adonaï, Adonaï, Adonaï.

*Le Vénérable remonte à l'autel, frappe trois coups suivant la batterie, qui sont répétés par les 2 Surveillants, et, glaive en main, il dit :*

A la gloire du Sublime Architecte des mondes, au nom du grand Hiérophante, et sous les auspices du grand Empire de l'ordre Maç∴ de Memphis, les travaux de cette docte loge sont en activité.

A moi, très chers frères.

*Signes, batteries du degré et acclamations.*

*Le prem∴ Surveillant dit :*

F∴ 2e∴ Surveillant et FF∴ qui décorez ma colonne, les travaux sont en activité.

*Le deux∴ Surveillant répète l'annonce, après quoi le Vénérable dit :*

En place, mes FF∴

### ORDRE DES TRAVAUX.

Le Vénérable dit : F∴ Secrétaire, veuillez nous donner lecture du plan parfait des travaux de la dernière tenue.

*Il frappe un coup et dit :*

Attention, mes Frères.

### MODÈLE DU PROCÈS-VERBAL.

A la gloire du Sublime Architecte des mondes, au nom

du Grand Hiérophante, sous les auspices du Grand empire de l'ordre maçonnique de Memphis pour les deux émisphères.

A l'Orient de l'univers, sous la voûte azurée du zénith, par les 48° degré 50 minutes 14 secondes de longitude du grand méridien de France, à la vallée de Paris, le jour du          mois maçonnique de l'an de la véritable Lumière 5849.

La docte loge de          régulièrement convoquée, s'est fraternellement réunie avec les cérémonies d'usage dans un lieu éclairé d'un rayon divin, où règne la paix, la vertu, la science et la plénitude de tous les biens, asile de la vérité, du mystère et de l'union fraternelle.

Midi plein, les travaux sont ouverts suivant les rituels, au premier grade symbolique, par etc., etc. etc.

*Après la lecture du Plan parfait, le vénérable frappe un coup que les surveillants répètent, et dit:*

FF.˙. 1er et 2e Surveillants, annoncez sur vos colonnes respectives que si quelques FF.˙. ont des observations à faire sur la rédaction du plan parfait des travaux de la dernière tenue, la parole leur sera accordée.

*Les 1er et 2e Surveillants frappent un coup alternativement, et répètent l'annonce. Sur l'annonce du 2e Surveillant au 1er, celui-ci dit (si toutefois personne ne réclame la parole):*

« Vénérable, le silence règne sur l'une et l'autre colonnes.

*Ensuite le Ven.˙. demande les conclusions du F.˙. Orateur, et fait donner l'approbation de l'assemblée par une batterie.*

*Le Ven.˙. s'adresse ensuite au F.˙. Maître des cérémonies, et lui dit:*

F.˙. Maître des Cérémonies, veuillez vous transporter dans le parvis du Temple, et vous informer s'il y a des Visiteurs.

*Le F∴ Maître des cérémonies sort et revient faire son rapport; il dépose sur l'autel les diplômes de ces FF∴, et retourne auprès d'eux.*

*Le Vénérable fait remettre les certificats à l'orateur pour les vérifier, et il envoie l'expert tuiler les visiteurs et prendre leur seing ; après ces vérifications le Vén∴ dit :*

F∴ Couvreur, annoncez au maître des cérémonies qu'il peut introduire les FF∴ Visiteurs, et annoncez leur degré, afin qu'ils en reçoivent les honneurs.

*Le maître des cérémonies frappe et les surveillants annoncent, alors le Vénérable dit :*

Debout et à l'ordre, mes Frères.

*Le maître des cérémonies introduit les visiteurs avec les honneurs prescrits par les statuts organiques de l'ordre.*

F∴ Maître des cérémonies, conduisez les TT∴ CC∴ FF∴ Visiteurs aux places qui leur sont destinées.

### RÉCEPTION.

*Lorsqu'il y a réception, le Vén∴ dit :*

F∴ Expert, allez vous assurer si le profane est arrivé.

*Le F∴ expert sort et revient faire son rapport, après quoi le Vén∴ dit :*

Retournez auprès du profane, assurez-vous de sa personne, en sorte qu'il ne puisse rien entendre de ce qui se passe parmi nous, et attendez, près de lui, les ordres de l'At∴ pour le soumettre aux épreuves, ou l'écarter tout à fait de ces lieux.

*L'expert sort.*

*Le Vén∴ dit :*

Mes FF∴, les renseignements qui nous sont parvenus

5

sur le profane (*nom et prénoms*) lui ayant été favorables, les
conclusions des FF.·. commissaires, celles du F.·. Orateur, et le dépouillement du scrutin lui ayant été favorables, l'ordre du jour amène sa réception, êtes-vous d'avis
qu'on y procède?

*Tous les FF.·. lèvent la main pour marquer leur approbation.*

*Le Vénérable procède alors à la réception du serment du F.·. pro-
posant, sur les qualités du candidat.*

*Le Vén.·. dit:*

Debout et à l'ordre.

### SERMENT DU F.·. PROPOSANT.

*Debout et à l'ordre, la main gauche sur le livre de la loi et sur
le glaive, il dit:*

A la gloire du sublime Architecte des mondes, au nom du
grand Hiérophante et sous les auspices du grand empire de
l'Ordre Maçonnique de Memphis, et en présence des écla
tantes lumères de cette docte loge, je jure que le Néophyte
que je présente à l'initiation est digne de cette sublime
faveur, et je réponds de lui corps pour corps, âme pour âme,
et qu'ainsi l'Eternel me soit en aide !

*Le Vénérable dit :*

Je reçois votre serment au nom de l'ordre, allez, mon
frère, et que le Dieu de paix demeure éternellement avec
vous.

Frère Couvreur, allez auprès du profane et faites rentrer
le F.·. Expert.

Mon F.·. c'est à vous qu'est confiée l'importante fonction
de soumettre le Néophyte aux épreuves physiques; de le
diriger dans ses voyages mystérieux, et de le faire passer
par les éléments qu'il doit traverser avant de parvenir à la
porte du temple. Faites-lui, avant tout, faire son testament,

afin que nous connaissions la manière dont il dispose des biens que Dieu lui a répartis; faites-vous aider d'un F.·. qui gardera le Néophyte, tandis que vous viendrez à chaque voyage nous rendre compte de ses progrès dans la route mystérieuse de la purification : allez mon F.·., et que le sublime Architecte des mondes soit avec vous.

*L'expert sort.*

*Il rentre un instant après, et apporte le testament du néophyte, ses bijoux et ses métaux.*

*Le Vén.·. communique ce testament à l'atelier, ainsi que la profession de foi du profane, ou ses réponses aux 3 questions suivantes (1) :*

1re QUESTION. Qu'est-ce que l'homme doit penser touchant la cause première?

2e QUESTION. Qu'est-ce que l'homme se doit à lui-même.

3e QUESTION. Que doit-il à ses semblables?

*Si les réponses sont satisfaisantes, le vén.·. dit:*

« Retournez près du néophyte, tirez-le du sein de la terre et des ombres de la nuit; livrez-le au F.·. Terrible, qui lui fera faire le 1er voyage insytérieux; venez ensuite nous rendre compte de ce 1er voyage. »

*L'Expert sort, et va remplir les ordres du Vénérable; il retire le récipiendaire du cabinet de réflexion, lui demande si c'est bien son intention d'être reçu F.·. M.·.; s'il se sent le courage de supporter les épreuves auxquelles il doit être livré : sur sa réponse, il le livrera au F.·. Terrible, qui le liera d'une chaîne de fer.*

### PREMIER VOYAGE.

*Le F.·. Terrible lui fait faire le 1er voyage, qui doit avoir lieu en*

(1) Ces questions auront été soumises au néophyte huit jours avant son initiation, pour qu'il ait eu le temps de rédiger ses réponses, qui devront avoir une certaine étendue.

*silence, il lui fait traverser l'eau dans laquelle sa chaîne doit rester;
au sortir de là l'expert le reçoit, et lui dit :*

Monsieur, quelles réflexions ont fait naître en vous le
lieu dans lequel vous avez d'abord été renfermé, et le voyage
que vous venez de faire ?

*Après sa réponse, l'Expert le conduit aux portes du Temple, qui
s'ouvrent à deux battants, et dit :*

Vénérable, le néophyte a terminé son premier voyage
à travers l'élément de l'eau ; il en est sorti délivré de la
chaîne qui l'opprimait.

*Alors le 2ᵉ Surveillant prend la parole en ces termes :*

« Le lieu dans lequel tu as été enfermé représente le sein
de la terre d'où tout sort et où tout doit retourner ; tu y
as trouvé les images de la mort, pour te rappeler que
l'homme qui veut entrer parmi nous doit préalablement
mourir au vice, aux erreurs et aux préjugés du vulgaire,
pour renaître à la vertu et à la philosophie, objet de notre
culte et de nos travaux ; qu'il doit toujours être prêt à sacrifier sa vie pour ses FF∴ ; il t'a appris en même temps
le sort qui attendait celui qui, parmi nous, deviendrait parjure à ses serments, et qui trahirait les secrets de l'Ordre.
L'obscurité dans laquelle tu es plongé maintenant, les mé
taux dont on t'a dépouillé soigneusement, la chaîne de métal qui te liait encore lorsque tu as commencé le 1ᵉʳ voyage,
et que tu as perdue en traversant les eaux, sont autant
d'emblèmes que je t'invite à graver dans ta mémoire, et
dont par la suite tu auras l'explication si tu persistes à être
admis parmi nous, et à continuer ce que tu as courageuse-
ment commencé.

*Le Vén∴ s'adressant au F∴ Expert, dit :*

Le néophyte consent-il à continuer sa route ?

*L'Expert répond :*

Oui, Vénérable, il le désire.

*Le Vén.·. ajoute :*

Puisqu'il en est ainsi, veuillez, F.·. Expert, lui faire accomplir son 2ᵉ voyage.

### DEUXIÈME VOYAGE.

*Le F.·. Terrible s'empare de nouveau du récipiendaire, et après plusieurs tours, il le fait passer dans la région du feu ; quand il en est sorti, l'Expert lui dit d'une voix forte :*

« Que demandes-tu ? Consens-tu à poursuivre ta route ? Je te préviens que de nouveaux dangers t'attendent ; ils sont plus grands que ceux que tu as éprouvés jusqu'à présent. »

*Après sa réponse, l'Exp.·. le reconduit de nouveau à la porte du Temple, et dit :*

« Vén.·., le néophyte a accompli son 2ᵉ voyage ; il a traversé l'élément du feu ; il en est sorti purifié, et il persiste dans sa résolution. »

*Le 1ᵉʳ Surveillant prend alors la parole en ces termes :*

« L'idée qu'on se forme de nous dans le monde est fausse : on nous a représentés comme réunis par des motifs vagues et ridicules ; tu n'as pu penser que la futilité fut le lien qui, depuis tant de siècles, a réuni les hommes les plus sages chez tous les peuples et dans toutes les conditions. On nous dit ennemis de la société, et tu trouveras parmi nous les amis les plus ardents de leur pays et ses plus fermes appuis. On nous a peints comme une société sans principes religieux, et la morale religieuse est le fondement de notre ordre. Si nous admettons parmi nous l'honnête homme de tous les cultes, c'est qu'il ne nous appartient pas de scruter les consciences, et que nous pensons que l'encens de la vertu est agréable à Dieu, de quelque manière qu'il lui soit offert. La tolérance que nous professons n'est point le résultat de l'athéisme ou de l'impiété, mais seulement celui de l'indulgence et de la philosophie. Au surplus, toute discussion relative aux opinions politiques ou religieuses est sévèrement interdite parmi nous. Enfin, on nous a représentés comme une société de gastronomes, tu vas connaître la boisson qui sert à nos repas.

*L'Expert lui donne le vase d'amertume.*

*Le 1er.·. Surveillant continue :*

« Cette coupe est emblématique comme tout ce que tu as éprouvé jusqu'ici : consens-tu à continuer ta route ?

*Sur la réponse affirmative de l'Expert, le Vénérable dit :*

« Puisqu'il persiste dans sa résolution, veuillez, F.·. Expert, lui faire faire le 3e.·. tour de roue, afin qu'il achève sa purification ; vous l'abandonnerez ensuite à lui-même, afin que le sublime Architecte des mondes le conduise, et que sa volonté s'accomplisse.

*L'Expert emmène le néophyte, et va lui faire exécuter le 3e voyage.*

### TROISIÈME VOYAGE.

*Pendant ce voyage, le néophyte, parcourt la région de l'air, au milieu de la foudre et des éclairs. A l'orage le plus épouvantable succède le calme le plus profond, après quoi l'Expert dit au néophyte :*

« Tu es sorti vainqueur des éléments ; je t'abandonne à toi-même ; poursuis seul ta route, et si tu en as le courage, le sublime Architecte des mondes te conduira, je l'espère, où tu dois arriver. »

*Là on laisse le récipiendaire se diriger seul un instant ; il est près de la porte du T.·. où sont deux FF.·. en robe bleue, et armés de glaives. L'un d'eux lui dit :*

« Où vas-tu? As-tu rempli les conditions exigées pour être admis parmi nous?

*Après sa réponse, l'autre F∴ lui dit :*

« Sais-tu que, pour entrer dans notre Ordre, il faut être lié par un serment terrible, qui est pour nous, dans cette vie et dans l'autre, une garantie de ta discrétion? Ce serment ne blesse ni l'obéissance que tu dois au gouvernement de ton pays, ni ta croyance religieuse, ni l'honneur. Consens-tu à prêter ce serment?

*Après sa réponse, le F∴ reprend :*

En voici les principaux points :

1°. Un silence absolu sur tout ce que tu entendras, verras et apprendras parmi nous.

2° L'obligation de pratiquer les vertus qui émanent de la Divinité, de combattre les passions qui déshonorent l'homme et le dégradent; de secourir tes FF∴ de tous tes moyens, dût-il t'en coûter ta fortune et ta vie; d'être fidèle à ton Dieu et à ton souverain, et de donner l'exemple de l'obéissance aux lois de ton pays.

3° Enfin de te conformer et d'obéir aux statuts de la franche et libre maçonnerie de Memphis, ainsi qu'aux réglements particuliers de cette Loge. Consens-tu à prêter ce serment?

*Après sa réponse, le F∴ Exp∴ lui dit :*

Puisque tu consens à tout, je vais demander pour toi, la faveur d'entrer dans le Temple, mais réfléchis auparavant, car une fois que tu y auras pénétré, il n'est plus de retour pour toi.

*Après sa réponse, le F∴ Exp∴ fait frapper par le néophyte trois coups irréguliers à la porte du Temple.*

*Le 2°∴ Surveillant dit :*

F∴ 1er Surveillant, on frappe irrégulièrement à la porte du Temple.

*Le 1er Surv∴ répète l'annonce au Vén∴ qui répond :*

Voyez, mon F∴, quel est le mortel assez audacieux pour oser venir troubler nos mystères.

*Le F∴ Terrible répond :*

C'est un homme libre et de bonnes mœurs, qui désire être reçu Maçon.

*Le Vén∴ dit :*

Demandez-lui son âge, son état civil, et si c'est bien sa volonté d'être reçu Maçon.

*On exécute cet ordre, après quoi le Vén∴ dit :*

Demandez-lui comment il est parvenu jusqu'au parvis de ce Temple inaccessible aux profanes.

*Le F∴ Terrible fait cette question, à laquelle l'Exp∴ répond :*

Il a renoncé au siècle, il a pénétré dans le sein de la terre et dans le séjour de la mort; il a parcouru tous les sentiers de la vie, et ayant été purifié par l'eau, par le feu et par l'air, il en est sorti délivré des liens des préjugés et des souillures du vice.

*Le Vénérable dit :*

Accordez-lui l'entrée du Temple. Debout, mes FF∴, et à 'ordre.

*Lorsque le récipiendaire est entré, on referme les portes avec bruit en faisant entendre les verroux.*

*Le Vénérable dit :*

En place, mes FF∴.

*Puis, s'adressant au récipiendaire, il dit :*

D∴ Qui vous a conduit ici ?

*Réponse du récipiendaire.*

D∴ Où avez-vous d'abord été conduit ?

*Réponse.*

D∴ Quelles idées l'aspect de ce lieu a-t-il fait naître en vous ?

*Réponse.*

D∴ Où vous a-t-on conduit ensuite, et que vous est-il arrivé ?

*Réponse.*

*Le Vén∴, ajoute :*

Tous ces voyages sont autant d'emblèmes qui vous seront expliqués par la suite, lorsque la lumière aura brillé à vos yeux, et vous aura permis de comprendre le langage de la sagesse et de la philosophie antiques. Il me reste, Monsieur, quelques questions à vous faire, de la solution desquelles dépend la décision que prendront sur vous les membres de cette société.

D∴ Croyez-vous à un Être Suprême ?

*Réponse.*

Cette croyance fait honneur à votre cœur et à votre raison. Elle fait la base de la vraie philosophie ; et si quelque homme doute de l'existence de l'Être Suprême, c'est qu'il craint sa justice.

D∴ Quelle idée aviez-vous de notre société avant de vous y présenter, et quel est le motif qui vous a fait désirer d'y être admis ?

*Réponse.*

*Le Vén.·. pourra encore faire diverses questions, qui sont laissées à sa sagesse. Puis il dira :*

N'est-il aucun de vous, mes FF.·., qui s'oppose à la réception du néophyte N.·. . . . . . ?

*Silence général.*

Ce silence, Monsieur, vous prouve l'intérêt que vous avez inspiré aux FF.·. qui veulent bien, pour vous, abréger la durée des épreuves.

Les purifications par lesquelles vous avez passé, seront donc les seules auxquelles vous serez soumis; puissent-elles n'avoir laissé en vous aucune souillure ! et que toutes vos actions soient désormais dirigées par cette maxime de la sagesse divine, la première loi des maçons :

« Ne fais jamais à autrui ce que tu ne voudrais pas qu'il te fût fait, et fais pour tes semblables ce que tu désires qu'ils fassent pour toi. »

F.·. Maître des Cérémonies, conduisez le néophyte à l'autel, pour qu'il y prête son obligation.

*Le Maître des Cérémonies exécute cet ordre.*

*Le Vén.·. dit :*

Mes FF.·., debout et à l'ordre, glaive en main.

*Ensuite s'adressant au néophyte, il dit :*

Monsieur, consentez-vous à prêter le serment que nous attendons de vous, et du contenu duquel on vous a donné connaissance avant que vous entrassiez dans ce lieu ?

*Réponse.*

*Le récipiendaire prête serment, toujours debout.*

*Le Vén.·. dit :*

### SERMENT.

Je jure, de ma libre volonté, en présence du Grand Architecte des Mondes et de cette respectable assemblée, sur le livre sacré de la loi, et sur le glaive, symbole de l'honneur, de ne jamais révéler à qui que ce soit aucun des mystères de la maçonnerie qui vont m'être confiés ; je promets d'aimer mes FF∴, de les aider et de les secourir selon mes facultés, et au péril de ma vie ; je jure de donner l'exemple de l'obéissance aux lois de mon pays et de la pratique des vertus, de travailler constamment a perfectionner mon être et à vaincre mes passions ; je promets de me conformer et d'obéir aux statuts et règlements généraux de l'ordre maçonnique de Memphis.

Je consens, si je deviens parjure à mon serment, à avoir la gorge coupée, et que ma mémoire, souillée par mon forfait, soit en exécration à toute la nature.

Que le Sublime Architecte des mondes me soit en aide, et me préserve d'un tel malheur !

*Le récipiendaire, la main droite sur le livre de la loi et sur l'épée, la pointe d'un compas sur le cœur, répète après le Vén∴, et ajoute :*

« Je le jure. »

*Le Maître des Cérémonies fait descendre au néophyte les marches de l'autel, et le place au milieu du Temple.*

*Les FF∴ sont debout et à l'ordre, le glaive en main, dirigé vers le néophyte.*

*Alors le Vén∴ dit :*

D∴ Que demandes-tu ?

R∴ La lumière.

*Le Vén∴ frappe un coup de Maillet, que les Surv∴ répètent ; et dit :*

Vous êtes dans les ténèbres, je vous donne la lumière.

*Le bandeau tombe aussitôt des yeux du néophyte, et un éclair brille devant lui en même temps. Trois cassolettes de parfums brûlent devant l'autel.*

*Le Vén∴ dit au néophyte :*

Ne craignez rien des armes qui sont tournées contre vous : elles ne menacent que les parjures ; mais elles sont prêtes à voler à votre défense, si vous avez besoin de secours.

*Les FF∴ alors quittent leurs glaives.*

*Le Vén∴ dit :*

F∴ Maître des Cérémonies, conduisez le nouveau F∴ à l'autel, pour que, libre de tous ses sens, il y confirme son serment.

*Le néophyte réitère son serment.*

*Alors le Vén∴ lui pose la pointe de son glaive sur la tête, et dit :*

« A la gloire du sublime Architecte des mondes, au nom du Grand Hiérophante, et sous les auspices du Grand Empire de l'Ordre maçonnique de Memphis ; en vertu des pouvoirs qui m'ont été confiés, je vous crée et constitue App... Maç∴ de l'Ordre maçonnique de Memphis, et membre de la S∴ L∴ d..., à la Vallée de...... »

*Le néophyte redescent de l'autel, le Maître des Cérémonies le conduit à la droite du Vén∴ qui lui dit :*

En signe d'adoption, je vous revêts d'un vêtement sacré pour nous.

*Il lui passe une robe bleue.*

Cette robe est l'emblème de la pureté que vous devez toujours conserver. Recevez ce ruban.

*Il le lui attache.*

que nous portons tous, et que les plus grands hommes se

sont fait un honneur de porter. Il vous donne le droit de vous asseoir parmi nous. Vous ne devez jamais vous présenter dans le Temple sans en être revêtu.

*Il lui donne des gants blancs.*

Ne souillez jamais la blancheur de ces gants, en trempant vos mains dans les eaux bourbeuses du vice, ou dans le sang de vos FF∴, autrement que pour la défense de la patrie. Ils doivent sans cesse vous rappeler les engagements que vous avez contractés lors de votre admission dans le temple de la vertu. Mon F∴ (c'est là, désormais, le seul titre que vous recevrez et que vous donnerez en Loge), nous avons, pour nous reconnaître, des signes, des paroles et des attouchements. Le signe se fait en portant la main droite à la gorge, en équerre, les quatre doigts joints, le pouce écarté, et levé vers la joue droite, le coude à la hauteur de la main, c'est ce qu'on appelle l'ordre ; retirez cette main horizontalement vers l'épaule droite, et la laissez tomber perpendiculairement le long de la cuisse, ce qui forme une équerre, le signe alors est complet. Ce signe, que l'on nomme *guttural*, vous rappelle le serment que vous venez de prêter, et la punition attachée à son infraction.

L'attouchement se fait en portant le pouce droit sur la première phalange de l'index droit, que l'on presse suivant la batterie, 1—1—1.

Le mot sacré est (                    ), qui signifie *force* : c'est le nom d'une des colonnes de bronze qui fut placée à la porte du temple de la sagesse. Ce mot s'épèle ainsi..:...

Il n'y a point de mot de passe.

Je vous ai déjà dit, mon F∴, que la Maçonnerie est connue dans tout l'univers : quoiqu'elle soit divisée en plusieurs rits, ses principes sont partout les mêmes ; et vous devez les mêmes sentiments d'amitié à tous les Maçons, quel que soit le rit auquel ils appartiennent.

*Le Vénérable l'embrasse et lui dit :*

Allez maintenant vous faire reconnaître par le F∴Exp∴ Prenez place mes FF∴

*l e Maître des Cérémonies le conduit à l'occident, pour rendre les signe, parole et attouchement. Après qu'ils ont été rendus, le F∴ Ep∴ dit au 2ᵉ Surv∴*

F∴ 2ₑ Surv∴, les signe, parole et attouchement ont été fidèlement rendus par le F∴ nouvel initié.

*Les 2∴ Surv∴ répètent successivement.*

*Alors le Vén∴, après avoir frappé un coup, qui est répété par les 2∴ Surv∴ proclame, comme suit, le nouveau F∴ en qualité d'Ap∴ et dit :*

Debout et à l'ordre, mes FF∴

### PROCLAMATION.

« A la gloire du Sublime Architecte des mondes, au nom du Grand Hiérophante, sous les auspices du Grand Empire de l'Ordre maçonnique de Memphis ;

« Je proclame dès à présent et pour toujours, membre de cette S∴ L∴, le T∴ C∴ F∴ (nom et prénoms), au grade d'Apprenti ; et vous tous, mes FF∴, à le reconnaître en ladite qualité, et à lui prêter aide et protection au besoin. »

*Après la proclamation, le Vén∴ frappe un coup, et dit :*

FF∴ 1ₑʳ et 2ᵉ Surv∴, invitez les FF∴ qui se trouvent sur vos colonnes respectives à se joindre à nous, pour nous féliciter de l'heureuse acquisition que l'ordre et la loge viennent de faire d'un nouveau F∴ et d'un nouvel ami.

*Les Surv∴ répètent l'annonce.*

*Ensuite , le Vénér.·. dit :*

**A moi , mes FF.·.**

*On fait avec le Vén.·. le signe et la batterie ordinaires.*

*Le maître des cérémonies se joint au nouvel initié pour répondre de la même manière.*

*On couvre.*

*Ensuite le vén.·. dit :*

Prenez place, mon F.·., en tête de la colonne du septen-trion , méritez par votre assiduité aux travaux et par la pratique des vertus maçonniques, dont vous vous êtes imposé l'obligation , et dont vos FF.·. vous donneront l'exemple , de pénétrer plus avant dans nos mystères et de recevoir les faveurs que les maçons ne refusent jamais aux FF.·. qui s'en rendent dignes.

*Lorsque le Nouveau F.·. a pris sa place, le vén.·. dit :*

En place , mes F.·.

*Puis il ajoute :*

Le F.·. Orateur va vous donner l'explication de tous les emblêmes qui ont accompagné votre réception : apportez-y la plus grande attention, mon F.·.; ces emblêmes cachent les vérités les plus importantes , et de leur intelligence dépendent toutes les lumières que vous êtes par la suite appelé à acquérir.

## DISCOURS

### ADRESSÉ PAR L'ORATEUR

### AU NOUVEL INITIÉ.

O toi qui viens d'être initié aux mystères de la Franc-Maçonnerie, prête à nos accents une oreille attentive , et que ton âme s'ouvre aux mâles préceptes de la vérité !

Nous t'enseignerons le chemin qui mène à la vie heureuse; nous t'apprendrons à plaire au Tout-Puissant dont le nom ineffable ne doit être prononcé qu'avec recueillement et respect; nous t'apprendrons à développer tous les moyens que la Providence te confia pour te rendre utile aux hommes et vivre heureux toi-même.

Ton premier hommage appartient à Dieu. Adore l'Être suprême qui créa l'univers par un acte de sa volonté, qui le conserve par un effet de son action continue, qui remplit ton cœur, mais que l'esprit humain ne peut concevoir ni définir.

Plains le triste délire de celui qui ferme les yeux à la lumière et marche au milieu d'épaisses ténèbres; mais sois tolérant, garde-toi de haïr ou de persécuter : la Divinité ne t'a pas commis le soin de venger ses injures.

Élève souvent ta pensée au-dessus des êtres matériels qui t'environnent, et jette un regard de désir dans les régions supérieures qui sont ton héritage et ta vraie patrie; car la vie terrestre, crois-le bien, n'est pas la fin de l'homme : *Assieds-toi donc au banquet de la vie : ne t'y accoude pas.*

Si ton premier hommage appartient au Sublime Architecte des mondes, le second revient à ta patrie. Tu dois la chérir et l'honorer comme un fils vertueux chérit et honore sa mère; soumis aux lois de ton pays, rien ne saurait te dispenser de ce devoir, quelle que soit la condition où le hasard t'ait placé, lors même que la patrie aurait été marâtre ou ingrate envers toi.

Après avoir satisfait à tes devoirs envers Dieu et la patrie, considère ta famille : Fils, époux et père, chacun de ces états comporte des obligations nombreuses et sacrées; applique-toi à les remplir, elles te deviendront faciles.

Pourrais-tu jamais oublier ce que tu dois aux auteurs de

tes jours ! Dans l'âge mûr, honore, respecte ton père, mais rends surtout à ta mère, en égards, en tendresse, le prix des soins dont elle entoura ton jeune âge; et s'il en est besoin, à l'exemple du pieux fils de *Noé*, couvre leurs défauts du manteau de l'amour filial : tu en seras béni !

L'amour parle à ton cœur. Elève de la sagesse, loin de toi les désirs corrupteurs ! loin de toi les plaisirs faciles ! Ne choisis pas ta compagne parmi les plus belles et les plus riches ; tâche d'obtenir la plus vertueuse. Efforce-toi ensuite d'être digne de l'avoir obtenue ; car l'amour seul est le salaire de l'amour, et le vice ne peut sympathiser avec la vertu.

Si le ciel a béni ton hymen, souviens-toi que l'enfant au berceau est un citoyen que la patrie te confie: fais germer dans cette jeune âme le principe de toutes les vertus. C'est une noble tâche !

Chef de famille, tu dois protéger et instruire cette nouvelle tribu. Citoyen, un noble orgueil t'est permis : sois le premier de ta race, n'en sois pas le dernier !

N'oublie jamais le respect dû à la vieillesse, si tu veux, vieillard à ton tour, recevoir les hommages des jeunes hommes. Les vieillards sont les témoins des anciens jours. Loin de mépriser et de comparer ta sagesse naissante à la leur, *ne t'assieds jamais en leur présence sans en avoir obtenu la permission. Ne passe point entre un vieillard et le soleil. Si un vieillard t'appelle, retourne sur tes pas, quand même tu serais attendu par la femme qui te plaît.*

Le lieu où tu as vu le jour est ta patrie; l'homme et la femme qui te donnèrent la vie sont tes parents. Ce cercle ne doit pas remplir exclusivement ton activité. L'univers est la patrie du MAÇON. Rien de ce qui regarde l'homme ne lui est étranger. Tous les hommes doivent donc être frères; comme toi, ils ont une âme immortelle, les mêmes organes,

6

le même besoin d'aimer, le même désir d'être utiles. Viens donc dans nos temples ; car la sainte humanité y a son autel. Vois avec respect cet édifice majestueux destiné à resserrer les liens trop relâchés de la morale et de la fraternité. Unis par un langage mystérieux, les *Maçons* répandus sur tout le globe, partout où les lumières ont pénétré, ne forment qu'une seule famille, un seul peuple de frères. Un lien sublime réunit ce peuple innombrable, c'est la BIENFAISANCE, la bienfaisance, qui n'est pas la vertu, mais sans laquelle la vertu ne saurait être. La bienfaisance, émanation de la divinité, rosée féconde, prépare l'âme à recevoir le germe de la sagesse.

Tout être qui souffre a des droits sacrés sur toi. N'attends point que le cri perçant de la misère te sollicite : préviens et rassure l'infortune timide ; n'empoisonne pas, par l'ostentation de tes dons, les sources d'eau vive où le malheureux doit se désaltérer. Ne cherche pas le prix de ta bienfaisance dans de vains applaudissements, mais dans le suffrage tranquille de ta conscience. Si la Providence libérale t'a accordé quelque superflu, au lieu d'en faire un usage frivole ou criminel, elle veut que, par un mouvement libre et spontané de ton âme généreuse, tu rendes moins sensible la distribution inégale des biens : jouis de cette prérogative ; que jamais l'avarice, cette passion sordide, n'avilisse ton caractère : que ton cœur se soulève aux calculs froids et arides qu'elle suggère ! Que ta bienfaisance soit active, ingénieuse, mais surtout éclairée par une prudente sagesse ! Ton cœur voudrait embrasser les besoins de l'humanité entière : ton esprit doit choisir les plus pressants et les plus importants.

La bienfaisance ne consiste pas seulement à donner un peu d'or. *L'homme ne vit pas seulement de pain.* Vois la misère impuissante de l'enfance, elle réclame ton appui.

Considère l'inexpérience funeste de l'adolescence, elle sollicite tes conseils. Mets ta félicité à la préserver des erreurs et des séductions qui la menacent; excite, autant que tu pourras, dans de jeunes cœurs, les étincelles du feu divin du génie, de la vertu; aide à les développer pour le bonheur du monde! Honte à qui veut mettre la lumière sous le boisseau! Sers-toi du don sublime de la parole, signe extérieur de la domination de l'homme sur la nature, pour aller au-devant des besoins d'autrui, et pour exciter dans tous les cœurs le feu sacré de la vertu. Instruis, protège, donne, soulage tour-à-tour! Ne crois jamais avoir assez fait, et ne te repose que pour reprendre une nouvelle énergie. Une journée sans bienfait était perdue pour *Titus*: aie le noble orgueil de ressembler à *Titus*. En te livrant ainsi aux élans de cette passion sublime, une source intarissable de jouissances jaillira sur toi, ton âme s'agrandira, et tous les instants de ta vie seront dignement remplis.

Si tu sens ton impuissance à suffire seul au bien que tu voudrais faire, viens encore dans nos temples, apporte une branche au faisceau sacré de bienfaits qui nous unit. Concours, selon tes facultés, aux plans et aux établissements utiles que l'association maçonnique te présentera. Tu apprécieras bientôt les fruits de la combinaison des forces, et de leur concentration sur un même objet.

Que ta bonté s'étende sur toute la nature: l'insecte même, qui n'est pas nuisible, a droit de vivre. *Ne l'écrase point sans raison.* Ne sois donc pas cruel envers les animaux; compâtis au contraire à leurs souffrances, et ne crains pas d'être ridicule en les défendant contre la brutalité stupide.

Ne te laisse pas rebuter par le tableau des devoirs qui se déroule en ce moment devant tes yeux. La nature et la société t'imposent d'autres devoirs encore envers les hommes tes égaux : ils ne sont pas moins sacrés que les précédents ; ils sont, de plus, indispensables à son bonheur personnel.

Sois affable et officieux envers tout le monde, édifie par ton exemple, aime ton prochain ; prends part à la félicité d'autrui ; ne permets jamais à l'envie de s'élever un instant dans ton sein : ton âme serait bientôt en proie à la plus triste des furies.

Il te faut un ami : *choisis-le de bonne heure, car la vie est courte.* Qu'il soit le plus digne entre tous ceux que tu connais, il sera ton Mentor. Dieu te garde qu'il descende au rôle de complaisant, il deviendrait bientôt le complice de tes passions, loin de t'aider à les vaincre ! Un véritable ami est un trésor. Trois fois heureux qui l'obtient ! Lent à former les nœuds de l'amitié, sois encore plus lent à les délier.

Pardonne à ton ennemi ; ne te venge que par des bienfaits. Ce sacrifice généreux te procurera les plaisirs les plus purs, et tu redeviendras la vive image de la divinité. Rappelle-toi que c'est là le triomphe le plus beau de la raison sur l'instinct. Maçon ! oublie les injures, mais jamais les bienfaits.

En te dévouant aux autres, n'oublie point ce que tu te dois à toi-même. Que ta volonté ferme et constante soit d'arriver, autant que possible, à la perfection morale de ton être. N'aie qu'un seul but dans cette vie, d'acquérir la *science* par la *vertu*, et la *vertu* par la *science*. Ne néglige donc pas de satisfaire les besoins d'une âme immortelle. Descends souvent dans ton cœur pour y sonder les replis les plus cachés. Connais-toi toi-même. Cette connaissance est le grand pivot des préceptes maçonniques. *Apprenti*, ton âme est la pierre brute que tu dois dégrossir ; *compa-*

*gnon*, tu la poliras; *maître*, tu y traceras des plans parfaits.

Tout homme se doit à la société; applique-toi à concevoir une idée noble et grande, et consacre ta vie à la réaliser. Ainsi ton passage sur cette terre n'aura pas été stérile; ainsi tu auras accompli une mission providentielle; mais n'oublie pas que tu dois te proposer un but utile à l'humanité en général.

Que l'idée sublime de la toute-puissance de Dieu te fortifie et te soutienne. Offre-lui chaque jour l'hommage de tes affections réglées, de tes passions vaincues. VEILLE ET PRIE. Renouvelle chaque matin le vœu de devenir meilleur, et lorsque, le soir, ton cœur satisfait te rappellera une bonne action, une victoire remportée sur toi-même, alors seulement repose en paix dans le sein de la Providence, et reprends de nouvelles forces.

Que jamais ta bouche n'altère les pensées secrètes de ton cœur; qu'elle en soit toujours l'organe vrai et fidèle; mais sache garder un silence prudent, et qui ne permette pas même de soupçonner le dépôt du secret confié à ta foi. Ainsi tu éviteras toute importunité, et le mensonge ne souillera jamais tes lèvres. Ne confie pas non plus sans nécessité ton propre secret; de quel droit voudrais-tu exiger d'un autre plus de fidélité à le garder, que tu n'en as eu toi-même ?

Enfin que des mœurs chastes et sévères soient tes compagnes inséparables. Que ton âme soit pure, droite et vraie.

Que la modestie soit ta loi. Ne considère jamais le terme où tu es venu, ta course en serait ralentie, mais celui où tu dois arriver. La courte durée de ton existence te laisse à peine l'espoir d'y atteindre.

Ce tableau de tes devoirs ne doit pas t'effrayer. La route

de la vertu est aussi facile que celle du vice. Il suffit d'y entrer et de marcher. Cette marche sera aisée si, de bonne heure, tu t'es soumis au joug de cette autre vertu qu'on appelle TEMPÉRANCE, et sans laquelle il n'y a point de sagesse. La tempérance est la médecine universelle, au physique comme au moral. Sois sobre, frugal et modéré, tu préviendras ainsi les maux du corps et de l'esprit.

Jeune initié, écoute encore et prête-moi toute ton attention.

L'allégorie est la voix de la sagesse. Etudie le sens des hiéroglyphes et des emblèmes que l'Ordre te présentera à chaque degré.

Enfermé dans un lieu sombre, livré à une méditation profonde, en face d'objets lugubres, tu as dû réfléchir sur la vanité des choses de ce monde périssable. Tu as sans doute compris aussi que, par cette allégorie, l'ordre maçonnique t'apprenait que pour entrer dans son sein il fallait, *dépouillant le viel homme*, mourir au vice pour renaître à la vertu.

Le *bandeau* qui couvrait tes yeux est l'emblème des ténèbres où les profanes sont plongés.

Le *soleil* éclaire l'univers. C'est à toi d'imiter cet astre bienfaisant.

La *lune* adoucit le deuil que les ténèbres de la nuit jettent sur la terre; elle guide nos pas tremblants au milieu de l'obscurité; par sa présence elle annonce qu'il n'est point de ténèbres assez épaisses pour dérober le crime à l'œil de Jéhovah.

Ainsi en est-il de tous nos emblèmes.

Le *compas* indique l'exactitude et la droiture de nos mœurs.

L'*équerre* sert à mesurer la justice de nos actions.

Le *niveau* montre que tous les hommes sont égaux. Res-

pecte dans la société civile les distances établies ou tolé-
rées par la loi. Souvent une sotte vanité les imagina : il y
en aurait à les fronder et à vouloir les méconnaître. Mais
garde-toi de les transporter parmi nous. Dans le temple
de la sagesse, on ne révère que les dignités maçonniques.
Laisse tes dignités et tes décorations profanes à la porte ;
n'entre qu'avec l'escorte de tes vertus. Ne rougis jamais
d'un homme obscur, mais honnête, que dans nos asiles tu
embrassas comme un frère quelques instants auparavant.
A son tour l'Ordre rougirait de toi.

La *perpendiculaire* démontre la stabilité de l'Ordre, élevé
sur toutes les vertus.

Sers-toi de la *truelle* pour cacher les défauts de tes frères,
et, suivant le conseil du sage PYTHAGORE, *sème la mauve,
ne la mange pas*. Un autre sage a dit : « Ne pèse jamais
« tes semblables dans un seul bassin, et si celui du mal
« l'emporte, ôtes-en ce que la faiblesse humaine y a mis
« de charge, et que la charité complète le poids du bien.
« Tu réjouiras ainsi l'Auteur de toute bonté. »

Apprends aussi que la *pierre brute* est l'emblème de ton
me, susceptible de bonnes ou de mauvaises impressions.

Enfin, cette *houpe dentelée* qui s'entrelace, désigne l'u-
nion de tous les frères, et le secret qui doit entourer nos
mystérieuses cérémonies.

Bien d'autres emblèmes te seront développés : il n'en est
pas encore temps. Médite sur ceux qu'il t'est donné de
connaître aujourd'hui.

Mon frère ! tous ces devoirs qui viennent de t'être rapidement esquissés, tu dois les remplir envers tous les
hommes : ils sont encore plus sacrés envers tes frères ; car
dans la foule immense des êtres dont cet univers est peu-
plé, tu as choisi, par un vœu libre, les Maçons pour tes

freres. Tout Maçon, de quelque religion, pays ou condition qu'il soit, en te présentant la main droite, symbole de franchise et d'égalité, a des droits sacrés sur ton amitié et ton assistance. S'il est en danger, vole à son secours et ne crains pas d'exposer pour lui ta vie. Un signe sacré, qui te sera révélé si tu en es digne, te montrera un frère implorant ton secours. S'il est dans le besoin, verse sur lui tes trésors, et réjouis-toi d'en pouvoir faire un tel emploi. Tu as juré d'exercer la bienfaisance envers les hommes en général, tu la dois de préférence à ton frère qui gémit. S'il est dans l'affliction, console-le par tous les moyens que l'esprit ingénieux de l'humanité te suggérera. S'il est dans l'erreur, loin de t'éloigner et de le maudire, viens à lui avec les lumières du sentiment, de la raison, de la persuasion. S'il est en butte aux traits de la calomnie, ne crains pas de t'avouer son ami: sois son défenseur en public, et tu ramèneras peut-être l'opinion égarée, prévenue. Il est beau, il est saint de rappeler à la vertu celui qui chancelle, de relever celui qui est tombé; mais il est presque d'un Dieu d'être le protecteur de l'innocence méconnue. Si ton cœur, ulcéré par des offenses vraies ou imaginaires, nourrissait quelque inimitié contre un de tes frères, dissipe à l'instant ce nuage, et si ta raison n'est pas assez forte, appelle un arbitre, réclame sa médiation fraternelle, mais ne passe jamais le seuil du temple avant d'avoir déposé tout sentiment de haine ou de vengeance. En vain tu invoquerais le nom de l'Éternel, pour qu'il daigne habiter un temple qui ne serait pas purifié par la vertu, sanctifié par la concorde.

En échange de ton admission dans l'ordre maçonnique, tu as abandonné une partie de ta liberté naturelle : accomplis strictement les nouvelles obligations qui te sont imposées. Des statuts généraux gouvernent cet Ordre antique

et vénéré; des réglements particuliers régissent cette Sav.·.
L.·. Conforme-toi aux uns et aux autres. Tu serais un mauvais frère si tu méconnaissais la subordination nécessaire
dans toute société, et la nôtre serait obligée de t'exclure
de son sein.

Il est surtout une loi dont tu as promis à la face de Dieu
la scrupuleuse observance. C'est celle du secret le plus
rigoureux sur nos rituels, nos cérémonies, nos signes et
la forme de notre association. Libre en prononçant le serment solennel sous la foi duquel nous t'avons admis, tu ne
l'es plus aujourd'hui de le rompre; l'Eternel que tu invo-
quas comme témoin, l'a ratifié. Crains les peines attachées
au parjure. Tu n'échapperais jamais au supplice de ton
cœur, et tu perdrais l'estime et la confiance d'une société
nombreuse qui, en te rejetant, te déclarerait sans foi et
sans honneur.

Si ces leçons se gravent profondément dans ton âme
docile et ouverte aux impressions de la vertu, si les maxi-
mes salutaires qui marqueront, pour ainsi dire, chaque
pas que tu feras dans la carrière maçonnique, deviennent
tes propres principes et la règle invariable de tes actions,
ô mon frère, quelle sera notre joie! Tu accompliras ta
sublime destinée; tu retrouveras cette ressemblance divine
qui fut le partage de l'homme primitif, dans cet état d'innocence que les poètes ont célébré sous le nom d'âge d'or, et
dont l'initiation maçonnique fait son objet principal. Tu
deviendras la créature chérie du ciel, ses bénédictions fé-
condes s'arrêteront sur toi, et méritant le titre glorieux de
sage, toujours libre et heureux, tu marcheras sur cette
terre l'égal des rois, le bienfaiteur des hommes et le modèle
de tes frères!

*Après le discours de l'orateur, le Vénérable fait circuler le sac des
propositions, puis la tzedaka; ensuite il procède à l'instruction.*

## INSTRUCTION DU PREMIER DEGRÉ MAÇ.·.

D.·. Qu'est-ce que la Maçonnerie?

R.·. C'est un culte qui apprit aux premiers hommes à rendre hommage à la divinité.

D.·. Êtes-vous maçon?

R.·. Tous les FF me reconnaissent pour tel.

D.·. Qu'est-ce qu'un maçon?

R.·. Un homme libre et de bonnes mœurs, également ami du pauvre et du riche s'ils sont vertueux.

D.·. Quelles sont les dispositions nécessaires pour devenir maçon?

R.·. La première, c'est la pureté du cœur; la seconde, une soumission absolue aux formalités prescrites pour la réception.

D.·. Qu'entendez-vous par le mot maçon?

R.·. Lorsque les anciens poètes parlent de la fondation d'une ville, ils entendent l'établissement d'une doctrine, ainsi, un maçon est celui qui concourt par son intelligence à la formation d'une doctrine qui a la puissance matérielle pour base; c'est ainsi que Neptune, dieu du raisonnement, et Apollon, dieu des choses cachées, se présentent chez Laomédon, en qualité de maçons, pour l'aider à construire la ville de Troie; c'est-à-dire à former la grande religion Troyenne.

D.·. Quelle est la base de la Maçonnerie?

R.·. La Franc-Maçonnerie présente la plus noble carrière à celui qui est jaloux de s'instruire: elle réunit les deux caractères qui rapprochent le plus les mortels de la divinité, savoir: le culte de la vérité et la pratique de la bienfaisance; école de sagesse, la maçonnerie se nourrit d'exemples; lien sacré parmi les hommes, elle dédaigne les démarcations qui séparent les peuples.... Toute vertu est son domaine, toute action noble et généreuse trouve un écho dans ses temples: cette institution a pour base les lois de la nature; ces lois servent de boussole à celles de l'Etat: la Maçonnerie fait son étude des unes et des autres: elle tend donc au perfectionnement de la législation, des sciences et des arts, dont elle embrasse toutes les parties. L'on apprend à parler à son tour, à discourir avec sagesse, à remontrer avec aménité, à céder avec complaisance, à commander sans âpreté, à fléchir sans bassesse; l'étranger y trouve un frère, l'indigent un ami, et les vaincus des sauveurs.

D∴ Quelles ont été les formalités usitées dans votre réception?

R∴ Je fus d'abord présenté par un ami que j'ai depuis reconnu pour frère, puis conduit, par des inconnus, dans une salle contiguë à la Loge, où après m'avoir demandé si mon intention était bien d'être Maçon, on m'enferma dans un lieu secret.

D∴ Que représentait ce lieu?

R∴ Le centre de la terre et le séjour de la mort, afin de m'apprendre que tout vient de la terre et doit y retourner; que l'homme doit constamment se tenir prêt à paraître devant le Juge suprême; que le profane qui veut être reçu Maçon doit, avant tout, mourir au vice, afin de ne plus vivre que pour la vertu.

D∴ Que fîtes-vous dans ce lieu?

R∴ Ma profession de foi.

D∴ Dans quel état vous mit-on?

R∴ Un bandeau couvrait mes yeux, et j'étais privé de tous métaux, à la réserve d'une chaîne pesante qui m'accablait.

D∴ Pourquoi aviez-vous les yeux bandés, vous priva-t-on de tous métaux, et vous chargea-t-on d'une chaîne pesante?

R∴ J'avais les yeux bandés, pour marquer les ténèbres de l'ignorance, dans laquelle vit tout homme qui n'a pas vu la lumière. Les métaux étant l'emblème des vices, on m'apprit par là qu'il fallait y renoncer pour devenir maçon ( 1 ); la chaîne était le symbole des préjugés dont je vais me dépouiller, comme je le fis de ma chaîne, au premier point de ma purification.

D∴ Que fîtes-vous dans cet état?

R∴ On me fit entreprendre un long et pénible voyage.

D∴ Que signifie ce voyage?

R∴ Outre un sens propre, savoir: ma purification et ma préparation à recevoir les secrets importants qui devaient m'être confiés, il offrait encore un sens moral, et représentait toutes les viscissitudes de la vie humaine, depuis la naissance jusqu'à la mort; il avait en outre un sens mystérieux, il représentait l'image de la nature, et donnait aux sages la clé de tous les secrets et des hautes connaissances.

D∴ Où vous conduisit ce premier voyage?

R∴ A une piscine salutaire, d'où je sortis libre des entraves qui m'accablaient; alors un ami m'expliqua une partie des vérités cachées sous les emblêmes de ce premier voyage?

D∴ Que fit-on de vous alors?

R∴ Après s'être assuré que je persistais dans ma résolution, ce F∴ me fit continuer ma route.

D∴ Quels obstacles rencontrâtes-vous?

R∴ Un brasier ardent se trouva devant moi, et je fus contraint de le traverser.

_____

(1) Les prêtres égyptiens, pour sacrifier au soleil, déposaient leur bagues et autres ornements d'or et d'argent.

D∴ Que signifie ce brasier ?

R∴ La violence des passions, la fougue de la jeunesse, qui sont autant d'obstacles à la perfection morale de l'homme.

D∴ Que fîtes-vous au sortir de ce 3e élément ?

R∴ Un frère me présenta une liqueur amère, emblème des chagrins et des dégoûts que l'homme éprouve dans cette vie, et que le sage supporte sans se plaindre; ensuite il m'invita à continuer ma route.

D∴ Qu'éprouvâtes-vous dans ce 3e voyage ?

R∴ Je fus placé dans la région de l'air; la foudre, la grêle et tous les autres météores se déchaînèrent autour de moi; et, enfin, à cette tempête affreuse, succéda le plus grand calme.

D∴ Que signifiait cette tempête ?

R∴ Elle peignait les embarras qu'éprouve l'homme dans l'âge mûr, et jusqu'à la fin de sa carrière.

D∴ Que fîtes-vous ensuite ?

R∴ Mon guide me laissa continuer ma route, et je me trouvai à la porte du temple.

D∴ Qu'y trouvâtes-vous ?

R∴ Deux FF∴ qui m'arrêtèrent, et après s'être assurés que j'avais passé au milieu des éléments, me firent connaître les obligations que je devais contracter; après quoi, ils me firent frapper 3∴ coups.

D∴ Que signifient ces 3∴ coups ?

R∴ Demandez, et vous recevrez; cherchez, et vous trouverez; frappez, et l'on vous ouvrira.

D∴ Que fîtes-vous ensuite ?

R∴ Le Vénérable m'adressa diverses questions auxquelles je répondis; après quoi, du consentement de tous les FF∴, il me fit conduire à l'autel, afin d'y prêter serment.

D.·. Comment étiez-vous en le prêtant ?

R.·. Debout, sur la 3ᵉ marche de l'autel, la main droite sur le livre de la loi et sur le glaive symbole de l'honneur, et la main gauche tenant la pointe d'un compas sur le cœur.

D.·. Que fit ensuite le Vénérable ?

R.·. Il m'accorda la lumière.

D.·. Que vites-vous dans ce moment.

R.·. Trois sublimes lumières de la Maçonnerie : le Soleil, la Lune et le Maître de la Loge.

D.·. Quel rapport y a t-il entre ces 2.·. astres et le Maître de la Loge ?

R.·. De même que le soleil préside au jour, et la lune à la nuit, le maître préside à la loge pour l'éclairer. Le soleil éclaire l'univers, nous devons imiter cet astre bienfaisant ! La lune adoucit le deuil que les voiles de la nuit jettent sur la terre ; elle annonce qu'il n'est point de ténèbres assez épaisses pour dérober le crime à l'œil du Sublime Architecte des mondes.

D.·. Que vites-vous ensuite ?

R.·. Trois objets précieux, emblèmes de tous nos devoirs.

D.·. Quels sont ces objets ?

R.·. Le livre de la loi, qui contient nos devoirs envers Dieu, un tronc destiné à recevoir les secours que nous devons à nos FF.·. et un glaive pour rappeler la punition qui attend les parjures.

D.·. Qu'entendez-vous par la punition réservée aux parjures ?

R.·. Qu'ils meurent à la Maçonnerie, c'est-à-dire qu'après avoir été jugés légalement par un conseil de radiation, leurs noms sont rayés du grand livre d'or, brûlés dans tous les temples et les cendres jetées au vent, afin que leur mémoire, souillée par leur forfait, soit en exécration à toute la nature, en horreur aux gens de bien et aux Maçons des deux hémisphères.

D∴ Que fit alors le maître de la Loge ?

R∴ Il me fit avancer vers l'Orient, et me fit réitérer mon obligation ensuite de quoi, il me donna le signe, la parole et l'attouchement du grade d'apprenti maç∴

D∴ Donnez-moi le signe ?

R∴ (On le lui donne.) Il signifie que je préférerais avoir la gorge coupée plutôt que de révéler les secrets de Maçonnerie ; il me rappelle aussi que j'ai promis d'aimer mes frères, de les aider, de les secourir et de travailler constamment à perfectionner mon être et à vaincre mes passions, il se nomme *Guttural.*

D∴ Donnez l'attouchement au F∴ G∴ Expert.

R∴ L'expert le reçoit et dit, il est juste, Vénérable ; il signifie les trois paroles de l'évangile : cherchez, vous trouverez ; frappez il vous sera ouvert ; demandez et vous recevrez.

D∴ Que signifient le compas, l'équerre, le niveau, la perpendiculaire, la truelle, la pierre brute, la houpe dentelée.

R∴ Le compas, l'exactitude et la droiture de nos mœurs ; l'équerre, sert à mesurer la justice de nos actions ; le niveau, indique que tous les hommes sont égaux ; la perpendiculaire, la stabilité de l'Ordre élevé par toutes les vertus ; la truelle, que nous devons cacher les défauts de nos frères ; la pierre brute est l'emblème de l'âme susceptible de bonnes ou mauvaises impressions ; la houpe dentelée qui s'entrelace, désigne l'union qui doit exister parmi les frères.

D∴ Donnez moi la parole.

R∴ Je ne l'ai pas apprise ainsi, Vénérable ; donnez la première lettre, je vous donnerai la deuxième, (on la donne), elle signifie *force.*

D∴ Que fit ensuite le Vénérable.

R∴ Il me revêtit d'une tunique blanche, emblême de pureté et des devoirs de ma vie nouvelle ; il me donna des gants blancs, symbole de candeur, en me recommandant de ne jamais en souiller la pureté : enfin il me fit reconnaître par le Frère Expert, après quoi il me proclama apprenti maçon de l'ordre Mac∴ de Memphis, rit Oriental,

D∴ Qu'était-ce que Memphis.

R∴ Une ville d'Egypte.

D∴ Quel rapport y a-t-il entre la Maçonnerie et l'Egypte.

R∴ La Maçonnerie, c'est-à-dire la connaissance des vérités de la nature et de ses lois, fut conservée en Egypte par des sages qui la cachèrent au vulgaire en l'enveloppant d'emblêmes ingénieux ; ce fut ainsi qu'elle se perpétua, et fut portée des rivages du Nil chez tous les peuples du monde où elle a plus ou moins perdu de son caractère et de son but primitif, qui nous ont été transmis par les premiers maçons, sous le nom de mystères ou d'initiation.

D∴ Quel est le rit mac∴ le plus ancien.

R∴ Le rit de Memphis, car il est l'unique dépositaire de la haute Maçonnerie, le vrai rit primitif, le rit par excellence, celui qui nous est parvenu sans aucune altération et conséquemment le seul qui puisse justifier son origine, et un exercice, constant dans ses droits, par des constitutions dont il est impossible de révoquer en doute l'authenticité ; le rit de Memphis ou oriental est le véritable arbre maçonnique, et tous les systèmes quels qu'ils soient, ne sont que des branches détachées de cette institution respectable par sa haute antiquité, laquelle a pris naissance en Egypte.

D∴ Qu'est-ce qui compose une loge.

R∴ Trois la gouvernent, cinq la composent, sept la rendent juste et parfaite.

D∴ Quels sont ces trois?

R∴ Le Vénérable et les 2 Surveillants.

D∴ Pourquoi dites-vous que trois la gouvernent?

R∴ Parce que l'homme se compose du corps, de l'esprit, et de l'âme qui est l'intermédiaire ou le lien qui unit les deux autres.

D∴ Pourquoi cinq la composent-ils?

R∴ Parce que l'homme est doué de 5∴ sens, dont trois sont essentiellement nécessaires aux Maçons, savoir: la vue pour voir le signe, l'ouïe pour entendre la parole, et le toucher pour apprécier l'attouchement; au propre, ils représentent les 5∴ lumières de la Loge.

D∴ Pourquoi enfin 7∴ la rendent-ils juste et parfaite?

R∴ Parce qu'il y a 7∴ officiers principaux dans un at∴ et aussi parce que ce nombre renferme en lui de grands et sublimes mystères. Il rappelle les 7∴ jours que le Tout-Puissant employa à la création de l'univers, représentés figurativement par les 7∴ années que dura la construction du temple. Il indique les 7∴ sphères célestes, auxquelles correspondent les 7∴ jours de la semaine, les 7∴ couleurs primitives, et les 7∴ tons harmoniques; enfin les propriétés de ce nombre sont telles, que les sages prétendent qu'il régit l'univers.

D∴ Qu'entendez-vous par Loge?

R∴ Le monde: l'univers ne forme qu'une seule Loge, et les Maçons réunis en Loge ne sont que des portions de la Loge universelle: aussi tout Maçon, dans quelque Loge qu'il aille, se présente toujours à sa Loge, car la Maçonnerie est une, malgré ses rits divers, comme le genre humain est un, malgré la diversité des langues. L'autel de la tolérance doit s'élever dans le temple de la sagesse; nous sommes unis par la même pensée, nous marchons tous vers le même but, tous les Maçons doivent

donner et recevoir le baiser de paix et former le lien indissoluble que la philosophie a tissu.

D∴ Qu'est-ce qui tient votre Loge?

R∴ Trois grands piliers que l'on nomme Sagesse, Force et Beauté.

D∴ Qui représente la Sagesse?

R∴ Le maître de la Loge qui occupe l'orient, parce que de là il dirige les ouvriers et maintient l'harmonie dans la Loge.

D∴ Qui représente la Force?

R∴ Le 1er Surveillant, à l'occident.

D∴ Qui représente la Beauté?

R∴ Le 2e Surveillant, au nord.

D∴ Pourquoi les nommez-vous Force et Beauté?

R∴ Parce que la force et la Beauté sont la perfection de tout; la sagesse invente, la force et la beauté soutiennent.

D∴ Comment votre Loge est-elle couverte?

R∴ Par une voûte céleste, parsemée d'étoiles, et où brillent deux grandes lumières qui dissipent de loin les nuages.

D∴ Existe-t-il dans la Franc-Maçonnerie un secret, indépendamment des formules et des signes?

R∴ Les anciens mystères étaient, non seulement un cours théorique et pratique de philosophie morale et religieuse, mais encore une institution destinée à perpétuer les premières traditions du genre humain. Tout initié, parvenu au complément de l'initiation, connaîtra la haute sagesse que j'appellerai vertu; il jouira de la suprême félicité, car la connaissance du grand œuvre de la nature inspire à l'homme un sentiment de raison qui l'élève au-dessus de ses semblables..... Voilà quel était le but des grands mystères chez les Anciens; tel est encore de nos jours celui de la Franc-Maçonnerie.

Le dépôt réel des principes de la Maçonnerie, écrit en Chaldéen, se conserve dans l'arche vénérée du rit de Memphis ou Oriental, et en partie dans la G∴ L∴ d'Ecosse, à Edimbourg, et dans le caveau du couvent des Maronites, sur le mont Liban.

Le but moral n'est pas le but direct de la Maçonnerie; les Ecossais de Saint-André et chevaliers de la Palestine connaissent seuls le secret, mais le secret de la Maçonnerie est par sa nature même inviolable, car le Maçon dont il est connu le gardera à coup sûr pour lui-même, et ne le communiquera pas même à celui de ses frères en qui il aurait le plus de confiance; car dès que celui-ci n'a pas été capable d'arriver à cette connaissance, il est aussi incapable d'en tirer parti, s'il le recevait oralement: notre but n'a jamais été de livrer à la curiosité publique le secret de la doctrine sacrée; nous le connaissons, il a traversé les temps sans éprouver l'altération la plus légère; il existe tel qu'il était lorsque, renfermé dans les temples mystérieux de Thèbes et d'Eleusis, il excitait la vénération du monde.

Tandis que le Maçon vulgaire, satisfait d'une apparence mystérieuse, se contente de savoir prononcer quelques mots dont il ignore le sens, de répéter quelques signes inexacts, l'observateur philosophe s'élance dans les siècles passés, remonte aux causes premières, au but réel de nos institutions; si quelque succès a couronné ses pénibles recherches, si la lampe de l'étude a pu guider ses pas dans le dédale obscur des mystères antiques, avide d'instruction, il viendra frapper à la porte de nos temples, c'est parmi les successeurs des sages de Memphis qu'il viendra chercher des connaissances nouvelles.

D∴ Comment se fait-il que la Maçonnerie qui, dans les temps primitifs, ne comprenait que sept degrés, compte aujourd'hui 92 degrés?

R∴ Il est vrai que la Maçonnerie était comprise dans les sept grades; mais, dans l'état actuel de nos mœurs, il est impossible que les Loges soient constituées de telle façon que tous leurs membres, sans exception, puissent avoir une connaissance complète des travaux maçonniques telle qu'elle devrait leur être révélée au septième d∴; il faudrait pour cela rétablir le noviciat, mettre pour le passage d'un degré à un autre les mêmes délais et les mêmes précautions que dans les anciens mystères; l'état social actuel s'oppose à cette marche régulière et seule rationnelle; la Maçonnerie a donc dû se réfugier dans des grades supérieurs.

D∴ A quelle époque le rit de Memphis célèbre-t-il sa fête d'Ordre.

R∴ A l'équinoxe du printemps, sous le nom de *Réveil de la Nature.*

D∴ Comment se fait-il que la plupart des Maçons regardent saint Jean comme le patron de l'Ordre, et célèbrent cette fête?

R∴ C'est une erreur. Jean et agneau signifient également doux, et sont un symbole du soleil rentrant dans le signe du bélier et de la douce chaleur qui s'épand à cette époque dans les airs. Jean, accompagné d'un agneau, annonce donc la résurrection de la nature, du soleil.

D∴ Quel âge avez-vous comme apprenti maçon?

R∴ 3 ans, c'est le temps que les initiés d'Egypte mettaient pour faire leur noviciat, à l'expiration duquel ils étaient initiés au Ier degré.

*Après l'instruction le Vénérable frappe un coup et dit:*

D∴ FF∴ Ier et 2e Surv∴ annoncez sur vos colonnes respectives, que si quelques ff∴ ont des propositions à faire pour le bien de l'ordre en général, ou celui de cette say∴ L∴ en particulier, la parole leur sera accordée.

*Les Surveillants répètent l'annonce.*

*Ensuite le F∴ Secrétaire donne lecture de l'esquisse des travaux du jour.*

*Le Vénérable la fait applaudir, puis il procède à la suspension des travaux.*

---

### SUSPENSION DES TRAVAUX.

*Le Vénérable frappe un coup et dit :*

D∴ Debout et à l'ordre, mes FF∴, pour suspendre les travaux, F∴ Lévite, quelle est votre place en Loge?,

R∴ A votre droite, Vénérable.

D∴ Pourquoi ?

R∴ Pour porter vos ordres au f∴ 1er Surveillant et aux ff∴ Officiers dignitaires, afin que les travaux soient plus promptement exécutés.

D∴ Où se tient le f∴ 2e Surveillant ?

R∴ A l'angle de la colonne du Septentrion, à l'Occident.

D∴ Pourquoi? f∴ 2e∴ Surveillant.

R∴ Pour veiller au maintien de l'ordre et à la parfaite exécution des travaux.

D∴ Où se tient le f∴ 1er Surv∴ ?

R∴ A l'angle de la colonne du Midi, à l'occident.

D∴ Pourquoi? f∴ premier Surv∴

R∴ Pour donner le signal de la suspension des travaux.

D∴ Où se tient le Vénérable ?

R∴ A l'Orient.

D∴ Pourquoi? mon f∴

R∴ Le Vénérable se tient dans cette partie pour éclairer les travaux de cette Sav∴ Loge.

D∴ F∴ 2me Surveillant, combien de temps travaillent les apprentis maçons?

R∴. Depuis le milieu du jour jusqu'au milieu de la nuit.

D∴. Qu'elle heure est-il? f∴. 1er Surveillant.

R Il est minuit, Vénér∴., et le soleil est à son méridien inférieur.

*Le Vénérable dit :*

Puisque le soleil est à son méridien inférieur et que c'est l'heure de suspendre les travaux, joignez-vous à moi, ff∴. 1er et 2me Surveillants, pour y procéder.

Alors le Vén∴. donne le baiser de paix aux FF∴. lévites qui vont le porter aux 1er et 2e surveillants, ensuite le Vénérable descend de l'autel, et fait la prière suivante : tous les ff∴. se placent comme à l'ouverture.

## PRIÈRE.

Dieu souverain, qu'on invoque sous des noms divers et qui règne seul, tout puissant, immuable Jéhovah! père de la nature, source de la lumière, loi suprême de l'univers, nous te saluons.

Pleins de reconnaissance pour ta bonté infinie, nous te rendons mille actions de grâces, et au moment de suspendre nos travaux, qui n'ont pour but que la gloire de ton nom et le bien de l'humanité, nous te supplions de veiller sans cesse sur tes enfants.

Ecarte de leurs yeux le voile fatal de l'inexpérience, éclaire leur âme, laisse leur entrevoir quelques-uns des plans parfaits de cette sagesse avec laquelle tu gouvernes le monde, afin que, devenus dignes de toi, nous puissions chanter avec des hymmes sans fin tes ouvrages merveilleux, et célébrer, en un chœur éternel, l'universelle harmonie que ta présence imprime à la nature.

Gloire à toi, Seigneur, gloire à ton nom, gloire à tes œuvres.

*Le Vénérable remonte à l'autel, les Surveillants vont à leur place.*

*Le Vénérable frappe trois coups suivant la batterie du grade, les deux surveillants les répètent.*

*Le Vénérable dit :*

« A la gloire du sublime Architecte des mondes, au nom du grand Hiérophante, et sous les auspices du grand empire de l'Ordre mac.˙. de Memphis, les travaux de notre sav.˙. loge sont suspendus; retirons-nous en paix, mes FF.˙., mais avant de nous séparer jurons de ne rien révéler des travaux du jour.

*Les officiers dignitaires et tous les FF.˙. étendent la main, en disant:* Nous le jurons. *Le Vénérable alors dit :* A moi, mes FF.˙., *etc.*

---

## TRAVAUX

## DU BANQUET SYMBOLIQUE.

Les banquets se tiennent presque toujours au grade d'apprenti, afin que tous les Maçons puissent y être admis.

Il ne doit y avoir qu'une seule table, disposée en fer à cheval; les frères se placent en dehors, excepté le Maître des Cérémonies et le G.˙. Expert, qui se placent dans l'intérieur du fer à cheval.

Le Vénérable occupe le milieu de la table, ayant à ses côtés les officiers, suivant leur rang en Loge; aux deux extrémités sont les frères 1er et 2e Surveillants.

La Loge en banquet prend particulièrement le titre d'atelier. De même qu'en Loge, tout dans l'atelier est conduit et réglé par le Vénérable, qui fait passer ses ordres aux

Surveillants par le Lévite. C'est lui qui commande et ordonne les santés, excepté la sienne, qui est ordonnée, avec permission toutefois, par le 1er Surveillant. Le Vénérable délègue quelquefois, par honneur, le commandement des armes, dans les santés, à quelques-uns des officiers ou des frères.

Tout ce qui est posé sur la table doit être rangé sur des lignes parallèles. Il est des ateliers où l'on porte cette attention jusqu'à placer des cordons de couleur pour marquer les alignements. La première ligne, en partant de l'intérieur, est pour les plats; la seconde est pour les bouteilles; la troisième est celles des verres, et la quatrième enfin est celle des assiettes.

### MISE EN ACTIVITÉ DES TRAVAUX

*La mise en activité des Travaux est la même que celle de la Loge symbolique; elle est terminée ainsi :*

*Le Vénérable dit :*

Puisque le soleil est entré au méridien, et qu'il est l'heure de l'activité, mes FF∴, prenez place à ce banquet où notre Sav∴ L∴ vous convie pour célébrer la fête d'Ordre.

Puisse ce banquet resserrer les liens de la fraternité qui unit les vrais Maçons ! qu'une douce joie y règne. Il est permis à l'homme de chercher dans les plaisirs décents l'oubli des chagrins de la vie; mais pour que notre gaîté soit sans remords, souvenons-nous que plusieurs de nos FF∴ souffrent et gémissent, peut-être, au moment même où nous nous réjouissons; adoucissons leurs maux autant qu'il est en nous.

Que l'égalité, la concorde, la tempérance, la modération, président à ce festin, comme dans le temple même; car il doit être pour nous un symbole, comme nos autres trav∴ maç∴; il ne doit donc pas avoir pour but de satisfaire un appétit grossier et sensuel. La nourriture est nécessaire à l'homme, mais elle accuse son infirmité ; elle ne saurait donc être pour lui un sujet de plaisir. Ce n'est pas à vous, mes FF∴, que je recommanderai d'éviter surtout le scandale qui résulte de l'intempérance : l'intempérance ravale au-dessous de la brute l'homme doué d'intelligence.

Qu'un hymne de reconnaissance envers le Tout-Puissant sanctifie cette réunion fraternelle ! prions-le de jeter un regard favorable sur nous; prions-le de bénir ces mets, car c'est de lui que nous tenons tous les jours les biens de la vie et la santé qui sert à les apprécier. Nous devons tout rapporter au grand Jéhovah. En son nom je bénis ce festin.

*Le Vénérable fait cette bénédiction en la forme accoutumée. Il prend ensuite une coupe, la remplit de vin, boit quelques gouttes et dit :*

Cette coupe est le symbole de la vie; elle va circuler, et chacun de vous y boira; car nous devons partager en frères le vin généreux qu'elle renferme, comme nous devons partager les biens que la bonté divine nous dispense. Mais si, au lieu d'une boisson agréable, cette coupe était pleine de fiel, nous devrions encore l'accepter et y boire avec résignation, parce que nous serions indignes de partager les biens de nos frères si nous n'étions prêts à partager leurs maux. Que le Tout-Puissant éloigne de nous la coupe amère et l'adversité dont elle est l'emblème ! à moi, mes FF∴.

*Bat∴ et acc∴ d'usage.*

*Le F∴ Elémosinaire fait circuler !a Tzédaka, les travaux sont suspendus.*

*A la fin du festin, les travaux sont remis en activité, et le Vénérable fait porter les sept santés d'obligation, savoir :*

1. *Celle du souverain.*
2. *Celle du grand Hiérophante et du grand Empire.*
3. *Celle du vénérable de la Loge.*

4. *Celle des deux Surveillants.*

5. *Celle des visiteurs. lorsqu'il y en a.*

6. *Celle des Officiers de la Loge.*

7. *Enfin celle de tous les Maçons répandus sur la surface du globe.*

*Lorsqu'il y a des FF∴ visiteurs, le Vénérable fait précéder la dernière santé de l'allocution suivante :*

Il est doux, ce nom de frère que les Maçons se donnent entre eux ! A quoi serviraient, en effet, la sagesse, la science, la connaissance de la vérité, si le bonheur de l'humanité n'était le but de la Maçonnerie ? et comment ce bonheur serait-il atteint sans la bienveillance mutuelle des hommes? Que serait la société sans la fraternité? La loi de la Maçonnerie est une loi d'amour, et l'amour est le principe efficient de la morale. Puissent les liens de cette fraternité précieuse se resserrer de plus en plus, enlacer tous les hommes dans un seul faisceau! c'est le vœu le plus cher de nos cœurs.

Et vous, illustres visiteurs, votre présence nous comble de joie. Votre raison élevée vous a fait sentir que tous les Maçons étaient frères, que la Maçonnerie était une, malgré ses rits divers, comme le genre humain est un malgré la diversité des langues; vous avez senti que l'autel de la tolérance devait s'élever aussi dans le temple de la Sagesse.

Unis par la même pensée, marchant vers le même but, tous les Maçons doivent donner et recevoir le baiser de paix , et former le lien indissoluble que la philosophie a tissu.

Venez donc souvent encourager, illustrer par votre présence, les travaux du jeune at∴ de........ Le Grand Jéhovah écoute avec amour les hymnes religieux des enfants d'Hiram; et partout où son nom est béni, il fait sentir son souffle divin.

*La parole est successivement donnée aux FF∴ qui en font la demande, etc.*

### SUSPENSION DES TRAVAUX.

*La suspension des travaux se fait comme dans la Loge symbolique.*

### PRIÈRE.

Sublime Architecte des mondes, père bienveillant des humains, en nous levant de ce banquet où ta bonté nous a conviés, nous te rendons mille actions de grâce. Que ces symposies philosophiques, dont la tradition nous a été transmise par les anciens sages, resserrent les liens de la fraternité qui nous unissent, développent notre intelligence, et contribuent à étendre sur le monde entier les bienfaits de la Maçonnerie !

*Puis le Vénérable fait le signe et l'acclamation, ainsi que tous les FF∴ et il ajoute :*

« Gloire au Sublime Architecte des mondes ! »

*Fin des Travaux.*

Nota. *Lorsque le Vénérable fait la bénédiction du festin, le F∴, Maître des Cérémonies et les 2 Lévites placent au milieu de l'at∴ trois cassolettes: deux brûlent l'esprit de vin, et celle du milieu l'encens.*

*Il en est de même lors de la prière (suspension des travaux).*

*Le Maître des Cérémonies doit veiller, conjointement avec l'Ordonnateur des banquets et son adjoint, à la régularité du service.*

*Le Grand Expert est responsable de l'introduction des FF∴ de l'ordre et de la régularité des insignes maçonniques.*

## INSTRUCTION DU 2ᵉ DEGRÉ.

*Le Vénérable frappe un coup de maillet, qui est répété par les FF∴ 1er∴ et 2e∴ Surv∴, et il dit.*

D∴ T∴ C∴ F∴ 1er∴ Surveillant ; possédez-vous le 2e degré de l'Ordre ?

R∴ Oui, Vénérable.

D∴ Quel est votre nom maçonnique ?

R∴ Mysthe.

D∴ Que signifie ce nom ?

R∴ *Voilé ;* parce que, pendant toute la durée de ma réception, un voile emblématique enveloppait ma tête.

D∴ Que signifie ce voile ?

R∴ L'état d'ignorance où je me trouvais encore, même après avoir franchi le 1er degré de l'initiation.

D∴ Où avez-vous été reçu ?

R∴ Dans le Temple de la Vérité.

D∴ Comment y avez-vous pénétré ?

R∴ L'on me mit à la main un maillet, symbole de la force soumise à l'intelligence, et l'on me fit frapper trois coups d'apprenti à la porte du Temple.

D∴ Que vous demanda-t-on ?

R∴ « Qui frappe en apprenti ? »

D∴ Quelle fut votre réponse ?

R∴ « C'est un néophyte(apprenti) appartenant à la sav∴ Loge d… qui demande l'initiation du 2e degré. » Alors l'on me fit entrer.

D∴ Que fîtes-vous quand vous fûtes entré ?

R∴ Le Vén∴ me dit : « Néophyte, les réponses que vous avez faites aux cinq questions maçonniques qui vous ont été proposées par cette docte Loge, ont été reconnues satisfaisantes, et vous êtes admis à franchir le 2e degré de l'initiation. »

D∴ Que fit-on ensuite ?

R∴ Le grand Expert procéda alors à me faire accomplir les cinq voyages symboliques.

D∴ Comment furent faits ces voyages, et que signifiaient-ils ?

R∴ Je fis mon premier voyage le maillet à la main ;

arrivé devant l'autel, l'on me fit incliner devant le triangle lumineux, au milieu duquel se trouve la lettre G, initiale du mot géométrie. Le triangle lumineux est l'emblème du sublime Géomètre de l'univers.

Ce premier voyage représente le temps qu'un néophyte doit employer à l'étude de la cause première, dont l'existence est révélée dans la magnifique architecture de l'univers.

Je fis le second voyage tenant en main le compas, emblème de précision, dont le tracé décrit la circonférence et rappelle la route que les sphères célestes parcourent dans l'immensité; l'on me fit prosterner par deux fois devant le triangle lumineux.

J'ai accompli le troisième voyage portant un levier appuyé sur l'épaule droite; ce levier est l'emblème de la puissance que l'homme emprunte aux formules de la science, pour l'appliquer à des actes que sa force individuelle ne pourrait accomplir; arrivé devant le triangle lumineux, l'on me fit incliner par trois fois.

Je fis le quatrième voyage tenant en main l'équerre et le niveau; l'équerre emblème de justice, et le niveau emblème de l'égalité qui doit avoir pour compagne inséparable la justice. L'on me fit prosterner par quatre fois devant le triangle lumineux.

Je fis mon cinquième et dernier voyage avec la perpendiculaire, qui représente la stabilité de l'Ordre maçonnique établi sur les bases immuables de la vérité et de la science, et je me prosternai cinq fois devant le triangle lumineux.

D∴ Que fit-on de vous après ces voyages !

R∴ On me fit prêter le serment du degré.

D∴ Comment le prêtâtes vous ?

R∴ J'étais debout, la main droite sur le livre sacré de la loi; et après la prestation du serment, le Vénérable me proclama Mysthe, 2e.·. degré de l'Ordre maçonnique de Memphis, et me donna les signes, paroles et attouchement, et le baiser fraternel.

D.·. Mettez-vous à l'ordre.

*Il se met à l'ordre.*

D.·. Comment nommez-vous cet ordre ?

R.·. *Pectoral.*

D.·. Que signifie cet ordre ?

R.·. Il me rappelle mon serment.

D.·. Faites le signe.

*Il le fait.*

D.·. Que signifie ce signe ?

R.·. Que je préfère avoir le cœur arraché avant de révéler les secrets du 2e.·. degré.

D.·. Donnez l'attouchement au F.·. Maître des Cérémonies.

*Il le donne.*

*Le F.·. Maître des cérémonies dit :*

Vénérable, il est exact.

D.·. Donnez-moi le mot de passe.

*Il le donne.*

D.·. Que signifie ce mot ?

R.·. Epi, fruit de sagesse.

D.·. Donnez-moi le mot sacré.

R.·. Donnez-moi la première lettre, Vén.·., je vous donnerai la seconde.

*Le Vén.·. et le 1er.·. Surv.·. épèlent tour à tour le mot sacré.*

D.·. Que signifie ce mot ?

R.·. Préparation.

D.·. Qu'avez-vous aperçu dans le Temple de la Vérité ?

R.·. Le triangle lumineux et deux grandes colonnes.

D∴ Comment se nomment-elles ?

R∴ B∴ J∴

D∴ Où sont-elles placées ?

R∴ La colonne B∴ est placée à l'occident, à l'angle du nord, et la colonne J∴ à l'occident, à l'angle du midi.

D∴ De quoi sont-elles surmontées ?

R∴ De deux sphères.

D∴ De quoi sont-elles revêtues ?

R∴ D'hiéroglyphes.

D∴ Quels sont les ornements de la docte loge ?

R∴ Le pavé mosaïque, la houppe dentelée et l'étoile flamboyante.

D∴ Que signifient ces ornements ?

R∴ Le pavé mosaïque, formé de différentes pierres jointes ensemble par le ciment, marque l'union étroite qui règne entre les Maçons liés entre eux par la vertu; la houppe dentelée est l'emblème de l'ornement extérieur d'une Loge embellie par les mœurs des frères qui la composent, et l'étoile flamboyante est le symbole du soleil, œil de l'univers.

D∴ Avez-vous aussi des bijoux dans votre docte Loge ?

R∴ Oui, Vén∴, il y en a six.

D∴ Quels sont-ils ?

R∴ L'équerre, le niveau, la perpendiculaire, le maillet, le levier et le compas.

D∴ Quelle est la signification morale de ces outils ?

R∴ L'équerre nous indique que toutes nos actions doivent être réglées sur l'équité; le niveau, que tous les hommes étant égaux devant Dieu, doivent s'entr'aider; la perpendiculaire indique la permanence dans la vertu; le maillet indique les efforts que nous devons faire continuellement pour nous perfectionner; le levier, le secours mutuel que nous nous devons; et le compas, la régularité de nos actions. Enfin ces outils allégoriques apprennent au

Maçon qu'il doit sans cesse travailler à rendre sa vie juste et parfaite.

D∴ Comment voyagent les Mysthes (Compagnons)?

R∴ De l'occident au midi, du midi au nord, et du nord à l'occident : cette marche signifie qu'un Maçon doit voler au secours de ses FF∴, fussent-ils aux extrémités de la terre.

D∴ Pourquoi une Loge n'est juste et parfaite qu'autant qu'elle renferme le nombre 7 ?

R∴ C'est que le nombre septenaire est celui de l'harmonie, et que l'harmonie naît de la justice.

D∴ Quel âge avez-vous ?

R∴ 5 ans.

D∴ Pourquoi 5 ans ?

R∴ C'est le temps que le Mysthe emploie à se préparer à l'époptisme, ou maîtrise.

D∴ Que venez-vous faire ici ?

R∴ Travailler, obéir et faire de nouveaux progrès dans la Maçonnerie.

---

## INSTRUCTION DU 3e∴ DEGRÉ.

*Le Vénérable M∴ frappe un coup de maillet, et dit :*

D∴ Vén∴ 1er∴ Surv∴ êtes-vous maître 3e∴ degré ?

R∴ Le rameau d'or m'est connu.

D∴ Quel est votre nom mystique ?

R∴ Epopte ; ce nom signifie *parfait voyant*.

D∴ Pourquoi le nom d'Epopte est-il donné au maître ?

R∴ Parce que le maître, après avoir parcouru les deux premiers degrés de l'initiation, après avoir subi toutes les épreuves physiques et morales et avoir travaillé à purifier son âme, éclairer son esprit et perfectionner son être, est admis à pénétrer dans les hauts mystères de l'Ordre.

D∴ Qu'entendez-vous par ces mots : *le rameau d'or m'est connu ?*

R∴ Le rameau d'or est le symbole de l'initiation : toutes les traditions antiques et les ingénieuses allégories de la poésie attestent ce fait. Cette locution signifie que je suis parvenu au degré qui marque la perfection de l'initiation.

D∴ Comment se fit votre réception ?

R∴ Je fus d'abord conduit dans une sale immense qu'éclairait à peine une faible lueur ; tous mes sens furent saisis à la fois d'épouvante. Des cris lugubres, des voix plaintives, de longs gémissements arrivèrent à mes oreilles ; une musique solennelle et lugubre faisait arriver, de temps en temps, quelques sons plaintifs à mon oreille. Quand mes yeux se furent un peu accoutumés à l'obscurité, j'aperçus une estrade élevée, trois juges revêtus de longues tuniques noires ; l'un d'eux m'adressant la parole, me dit :

Qui es-tu ? et que veux-tu ?

Je répondis : un Mysthe faible et ignorant, qui demande le complément de l'initiation.

Il me dit alors : Sais-tu ce que tu demandes, et à quel prix tu peux l'obtenir ? Je répondis : Nul sacrifice ne me coûtera. Il ajouta : Trois grands secrets vont t'être révélés.

Le 1er∴ est l'art de prolonger ta vie.

Le 2e∴ est le secret de faire de l'or.

Le 3e∴ est le génie créateur qui excite l'admiration des hommes.

L'art de prolonger la vie, lui répondis je, est de bien employer chacun des instants dont elle se compose.

Le secret de faire de l'or est de vivre exempt de besoins, et au dessus du génie qui excite l'admiration des hommes,

8

le sage place la vertu qui les encourage à pratiquer le bien.

J'entendis alors une voix me dire : Jeune élève de la sagesse, ton âme est au-dessus des basses convoitises ; courage! continue ta route, et l'entrée du sanctuaire de la vérité ne te sera pas interdite.

D∴ Où fûtes-vous ensuite conduit?

R∴ Au parvis du temple, où je trouvai trois ministres impassibles, armés de glaives, qui me demandèrent ce que je voulais.

Je répondis : la parfaite lumière.

D∴ Que vous dit-on ensuite?

R∴ Tu ne peux l'acquérir que par la mort.

D∴ Que répondites-vous ?

R∴ « Je ne refuse aucun genre d'épreuves. » Alors s'ouvrirent devant moi les deux portes du temple.

D∴ Comment êtes-vous entré dans le temple?

R∴ En montant trois marches allégoriques : la 1re signifie *Justice*, la 2e *Méditation*, la 3e *Intelligence*.

D∴ Qu'avez-vous remarqué dans l'enceinte du temple?

R∴ Des tentures lugubres, et tout l'appareil du deuil et de la désolation.

D∴ Pourquoi cet appareil ?

R∴ Les maîtres célébraient la commémoration d'une mort tragique et emblématique.

D∴ Quelle était cette mort?

R∴ Les légendes maçonniques racontent que cette mort est celle d'Hiram, architecte du temple de Salomon.

D∴ Racontez-nous cette légende.

R∴ Hiram est désigné dans la Maç∴ moderne comme l'architecte qui a présidé à la construction du temple de Salomon. Les travaux de ce grand et magnifique édifice ayant nécessité l'emploi d'un très grand nombre d'ouvriers (183,600), l'ordre à suivre pour le paiement de ce personnél considérable nécessita le classement de ces ouvriers en apprentis, compagnons et maîtres ; à chacune de ces classes était assigné un endroit dans le temple pour y recevoir le salaire. Il était donné aux ouvriers un mot d'ordre selon leur classe. Trois compagnons, impatients de ne pas être encore maîtres, et voulant néanmoins en recevoir le salaire, résolurent de forcer Hiram à leur révéler la parole de maître, et, sur son refus, le mirent à mort et enfouirent son corps en terre. Salomon envoya à sa recherche 7 maîtres qui trouvèrent le cadavre en terre, par l'indication d'une branche d'acacia enfoncée dans la terre nouvellement remuée.

D.·. Quelle est l'opinion des Maç.·. éclairés sur cette légende?

R.·. Que l'histoire de la mort d'Hiram est controuvée, quoique ce personnage ait réellement existé. Les premiers Maçons mirent sur son compte toute l'histoire du soleil, à l'exemple des Anciens, qui avaient attribué à Hercule, à Apollon, etc, des aventures qui avaient pour objet de peindre des révolutions solaires. Quant à ceux qui prétendent que la Maçonnerie est tout à fait moderne, ils disent qu'Hiram n'est autre que le Grand-Maitre des Templiers, Jacques de Molay.

D.·. Que faut-il penser de cette légende?

R.·. Qu'elle est purement allégorique, et que, sous cette allégorie, se trouve cachée l'expression de la grande et profonde loi palyngénésique qui exige la mort violente de l'initiateur comme complément nécessaire de toute initiation. Cette loi a sa réalisation dans le Mysthe antique de Prométhée, qui, pour avoir révélé le feu sacré aux hommes, est enchaîné sur le sommet du Caucase, et foudroyé par Jupiter.

Q.·. Que signifie le mot Adomhiram?

D∴ Ce nom se compose de deux mots hébreux, *adon*, qui signifie *maître*, et Hiram, *vie vivante*, *élévation*.

D∴ Que fit-on de vous dans le temple ?

R∴ Je fus placé dans un cercueil, pour m'apprendre que je devais mourir au vice pour mériter de recevoir les lumières parfaites.

D∴ Que fîtes-vous ensuite ?

R∴ Le Vén∴ M∴, après m'avoir donné l'explication de cet ensevelissement symbolique, m'adressa trois questions sur la nature de l'homme, son origine et sa destinée. Mes réponses ayant satisfait l'assemblée, je fus conduit au pied de l'autel où je prêtai mon serment du 3∴ degré; le Vén∴ M∴, après m'avoir proclamé, me donna le baiser fraternel, le signe, la parole et l'attouchement.

D∴ Vén∴ 1er∴ Surveillant, mettez-vous à l'ordre.

*Il s'y met.*

D∴ Que signifie cet ordre ?

R∴ Il me rappelle mon serment.

D∴ Faites le signe.

*Il le fait.*

D∴ Que signifie ce signe?

R∴ Que je préférerais avoir le ventre coupé, plutôt que de révéler le secret des maîtres.

D∴ Faites le signe d'horreur.

*Il le fait.*

D∴ Que signifie ce signe?

R∴ Il marque l'horreur que tout maçon doit avoir pour le vice.

D∴ Faites le signe de secours ?

*Il le fait.*

D∴ Quelle est la vertu de ce signe ?

R∴ C'est d'obliger tout F∴ qui l'aperçoit à voler au secours de celui qui l'a fait.

P∴ Donnez l'attouchement au Vén∴ F∴ Maître des Cérémonies.

*Il le donne. Le F∴ Maître des Cérémonies dit:*

Il est juste et parfait, Vén∴ M∴.

Donnez-moi le mot de passe.

*Il le donne (voyez l'instruction générale)*

D∴ Donnez-moi le mot sacré.

*Il le donne.*

D∴ Faites la batterie.

*Il la fait*

D∴ Faites l'acclamation.

*Il la fait.*

D∴ Quel âge avez-vous comme maître?

R∴ 7 ans?

D∴ Pourquoi 7 ans?

R∴ C'était la durée des épreuves exigées avant d'arriver à l'époptisme.

---

## DISCOURS

### SUR LA TOMBE D'UN FRERE.

La cloche tinte
En lourds accords
La marche sainte
Du chant des Morts.     ( *Schiller* ).

S'il est un devoir pénible à remplir pour un cœur sensible aux vicissitudes des mortels, c'est, certes, celui qui nous appelle à accompagner jusqu'aux portes mystérieuses de l'éternité les restes d'un voyageur dont l'âme affranchie de son enveloppe périssable, est entrée dans des sphères que la faulx implacable des temps n'atteint plus. Le silence qui règne en ce champ parsemé de débris humains nous glace d'effroi, comme si la proie que dévore sans cesse la bouche bâillante de la tombe était condamnée à la destruction et à l'anéantissement ; et pourtant tel n'est pas, non tel ne peut pas être la fin du drame triste et solennel au dénouement duquel nous assistons en ce jour. La semence que nous confions aux sillons profonds de cette terre fleurira pour les cieux, et le sublime Architecte des mondes en fera la récolte !

· C'est en ce lieu morne et solitaire que la morale devrait établir son siége, convoquer les humains, et leur crier du haut de sa chaire, élevée sur des monceaux de crânes : O vous, qui marchez la tête orgueilleusement levée au-dessus de vos semblables, vous qui, dans votre aveugle présomption, prétendez appartenir à une race privilégiée, dont la mission est de jouir et de torturer vos frères comme des esclaves ! approchez, et promenez vos regards habitués aux splendeurs du luxe, au sourire acheté ou forcé de ceux qui vous entourent, et si votre cœur n'est pas ému, attendri à cet aspect, s'il ne vous dit pas : Voilà d'où je suis sorti, voilà où je dois retourner un jour ; tous les hommes sont mes frères, désormais je les traiterai comme tels : alors, hommes au cœur de marbre, retirez-vous, retournez dans vos demeures de plaisance, étouffez la voix de la conscience dans les délices que répandent autour de vous la sueur et les angoisses du pauvre, de la veuve, de l'orphelin et de l'esclave ; mais redoutez le moment fatal où la balance de la justice se lèvera pour peser vos actions. Et vous, créatures opprimées, auxquelles la Parque aveugle

semble avoir imprimé au front, en traits indélébiles, ce mot
barbare : souffre, souffre, souffre toujours ! venez puiser à
cette source commune de l'éternelle délivrance la force de
supporter les tortures passagères que vous réserve encore
la vie ; votre portion de bonheur et de félicité, lorsque le
jour du départ sera arrivé, ne sera pas la moindre ; que la
tête de l'opulence repose ici sur des coussins à franges d'or,
qu'un marbre froid, aux lettres rayonnantes et menson-
gères, défende sa dépouille contre les rayons du soleil et
les glaces de l'hiver. Pauvre, tu dormiras également bien
sur ton oreiller de bois et sous le modeste tertre, qu'après
la neige et la glace, chaque printemps viendra couronner
de fleurs nouvelles. Arrière donc d'ici la présomption de la
supériorité ! arrière la parole despotique du maître : ici il
n'y a plus d'esclaves à commander, plus de chaînes à river
aux membres de l'indigence engourdie par la misère, plus
de larmes à faire couler des yeux creusés par la veille et les
angoisses ; les habitans de cette république sont libres, ils
sont égaux devant notre maître à tous, qui est Dieu ; sou-
mettons-nous à ses immuables décrets et adorons-les en
silence.

Maçons qui m'entourez, vous dont le morne silence
exprime la douleur, pleurez..... notre f∴ qui, par une vie
longue, active, pure et sans tache, a mérité le repos dont
il vient jouir dans cet enclos sacré... S'il ne peut nous
quitter sans faire couler des larmes et provoquer des accents plaintifs, c'est que les sentiments de l'amitié, les liens
de famille et la sympathie fraternelle, sont ébranlés dans
tout ce qu'il y a de sublime ici bas, c'est que l'adieu qu'on
se dit sur le bord de la tombe s'appelle éternel dans la
langue bornée des humains, c'est que pour se revoir il
faut franchir les barrières qui séparent la vie terrestre de
la vie éternelle ! Pleurez donc, vous qui fûtes les amis de

notre f.·.; conservez précieusement son souvenir, vous le reverrez.

Permettez-moi, compagnons attristés, de déposer, avec mes larmes d'adieu sur la tombe de notre cher f.·., une modeste fleur....

La tombe est bien profonde ;
Effrayant est le bord,
Qui cache un autre monde
De son voile de mort.

Le chant de philomèle
N'y pénètre jamais,
L'amitié tendre y mêle
Ses fleurs au tertre frais.

En vain la fiancée
Se tord ici les mains.
Et la tombe glacée
Est sourde aux orphelins !

Pas ailleurs ne réside
Le repos désiré ;
La noire porte guide
Seule au foyer sacré.

Les pauvres cœurs, d'orage
Tant ici bas émus,
N'ont la paix en partage
Que s'ils ne battent plus.

Repose donc en paix jusqu'au grand jour où tous les hommes ne feront plus qu'un troupeau sous le même pasteur qui est le sublime Architecte des mondes; séchons nos larmes, et mêlons nos voix au sublime chœur de Schiller.

Terre entière sois rassemblée ;
Au monde ce baiser d'amour !

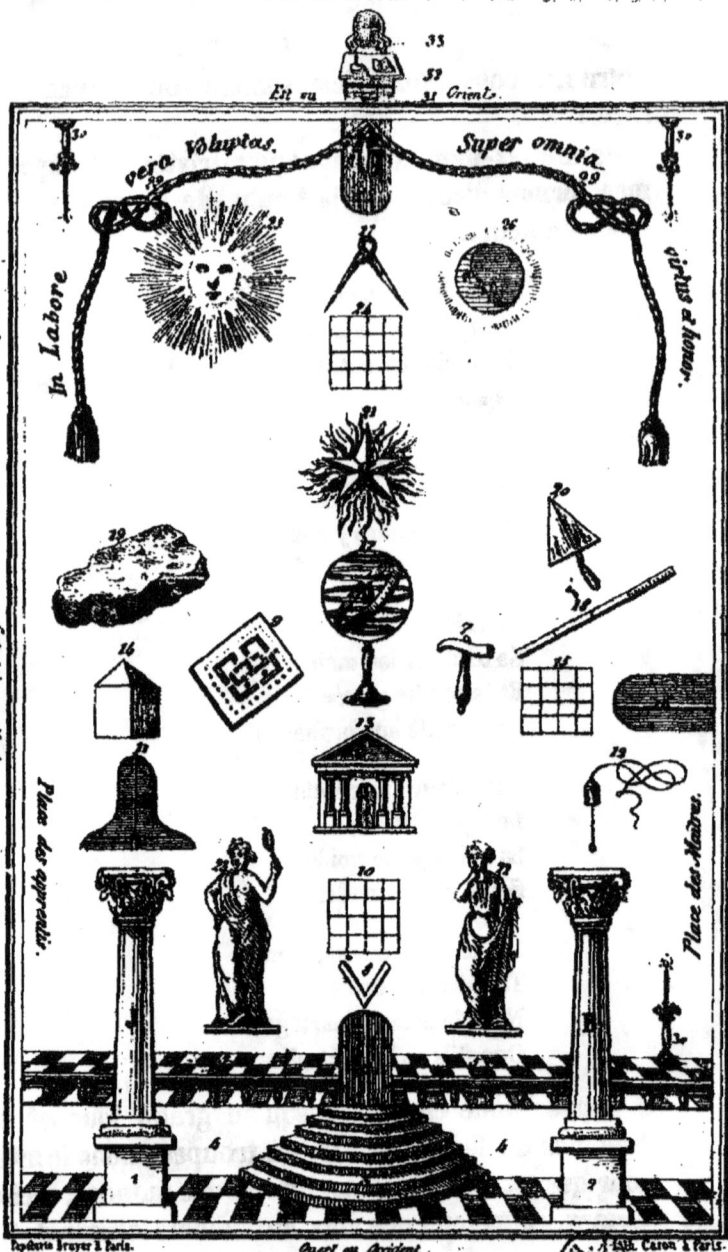

Est ou Orients

vera Voluptas. Super omnia

In Labore virtus et honor

Occident ou Nord Midi ou Sud

Place des apprentis Place des Maîtres

Ouest ou Occident

Papeterie Bruyer à Paris. J. Lith. Caron à Paris.

# INDICATION DES OBJETS
## qui composent ce Tableau.

| | | |
|---|---|---|
| 1 La Colonne Jakin. | 12 L'aplomb. | 23 La Vérité. |
| 2 La Colonne Boaz. | 13 Le portail de la chambre intér.e | 24 La fenêtre d'Orient. |
| 3 Les 7 marches mystérieuses. | 14 La pierre cubique. | 25 Le Soleil. |
| 4 Les murailles du Temple. | 15 La fenêtre du midi. | 26 La Lune. |
| 5 Le pavé mosaïque. | 16 La porte du midi. | 27 Le compas. |
| 6 La porte d'occident. | 17 La sphère. | 28 La porte d'Orient. |
| 7 Le marteau. | 18 La règle. | 29 La houppe dentelée. |
| 8 L'équerre. | 19 La pierre brute. | 30 Les 3 lumières. |
| 9 La planche à tracer. | 20 La truelle. | 31 Le Tabouret. |
| 10 La fenêtre d'occident. | 21 L'étoile flamboyante. | 32 La Table. |
| 11 Le niveau. | 22 Le Silence. | 33 Le Fauteuil du G.d Maître. |

Frères, sur la voûte étoilée
Un père béni a son séjour.

# DÉCORATION DE LA LOGE.

## 1er.·. DEGRÉ.

Tenture bleue, un candélabre à trois branches, trois bougies allumées sur l'autel.

A l'occident, sont deux obélisques sur lesquel sont tracés en caractères hiéroglibiques les enseignements des trois séries de l'Ordre; sur le fût de l'obélisque de droite est la lettre B, et sur celui de l'autre la lettre J: à l'orient, un dais d'étoffe rouge avec frange en or, et, au dessous du dais, se trouve un trône où se place le Vénérable, sur le devant est un autel sur lequel sont posés un livre d'or renfermant les lois sacrées de l'Ordre, un glaive, une équerre, un compas et un maillet; le trône et l'autel doivent être élevés sur une estrade de trois marches.

A droite du Vénérable, au-dessous de l'estrade, sont les tables du secrétaire et du maître de la Tzédaka (élémosinaire); vis-à-vis de ces deux tables et à la gauche du Vénérable, sont celles de l'orateur et ensuite celle du trésorier.

A l'occident, à côté de l'obélisque B, est une table et un fauteuil pour le 1er Surveillant; à côté de celle J est également une table et un fauteuil pour le 2e.·. Surveillant.

Il y a aussi, en avant de l'autel, un petit autel triangulaire nommé autel des serments.

On nomme *étoiles* les lumières, et les épées *glaives*; au

lieu de dire écrire, l'on dit *tracer une planche*; on nomme le papier *planche à tracer*, et la plume *burin* ou *crayon*.

Les banquettes sur les côtés où se placent les frères sont des *colonnes*.

## 2ᵉ∴ DEGRÉ.

La tenture est absolument comme au premier degré, seulement au lieu de 3 lumières, il y en a 5 sur l'autel.

## 3ᵉ∴ DEGRÉ.

Une tenture noire, parsemée d'étoiles en argent, de larmes, de têtes de morts, d'os en sautoir groupés par 3, 5, et 7.

L'autel est à l'orient, au fond duquel on aperçoit le triangle lumineux; la lettre *iod* est au milieu du triangle. A côté est une lampe qui brûle continuellement, et sur l'autel est le livre de la loi, le livre des traditions, le glaive et le candélabre à 7 branches.

La Loge de Maître s'appelle *Chambre du Centre*.

Trois cassolettes, disposées en triangle au pied de l'autel, brûlent les parfums; la bannière de l'Ordre est incliné sur l'autel.

Le T∴ Vén∴ M∴ occupe l'orient, les 2 Vén∴ Surv∴ sont placés à leur poste accoutumé.

Tous les Maîtres sont sur les colonnes, portant un crêpe au bras; ils sont armés d'un glaive.

———

## CALENDRIERS MAÇONNIQUES.

Les Francs-Maçons sont dans l'usage de dater leurs actes de l'an de la création du monde, qui est supposée être de 4000 ans avant l'ère chrétienne. La plupart des Rits maconniques ont adopté l'année hébraïque, qui commence avec la lune de Nisan. Le Rit Français, pour simplifier son calendrier, commence invariablement son année au premier mars de l'année vulg.·. Le Rit de Memphis suit le calendrier égyptien, qui commence l'année, ainsi qu'on verra ci-après, à l'entrée du soleil dans le signe du Lion. Voici la nomenclature des mois hébreux.

1er mois Nisan.
2e — Jiar.
3e — Sivan.
4e — Thamouz.
5e — Ab.
6e — Eloul.
7e — Thischri.
8e — Marhkeschvan.
9e — Chislev.
10e — Teveth.
11e — Schebat.
12e — Adar.
13e — Veadar.

Nota. Le mois de l'année 5849 commence le 5 mars 1849 année vulg.·. — Le treizième mois, nécessité par l'usage du cycle lunaire, se présente tous les dix-neuf ans.

## CALENDRIER EGYPTIEN.

L'année égyptienne commençait au lever de la canicule (20-22 juillet, à 11 heures), les mois étaient de 30 jours, et à la fin de l'année prenaient place 5 jours, qu'ils appelaient épagonémes, c'était leur année isiaque ou vague; ils avaient aussi une année lunaire. Voici le nom et la série des mois égyptiens :

1ᵉʳ.˙. mois. Thoth.
2.      Paophi.
3.      Athir.
4.      Chocac.
5.      Tybi.
6.      Mechir.
7.      Phamenoth.
8.      Pharmuthi.
9.      Pachon.
10.     Pagni.
11.     Epephi.
12.     Mésori.

Nota. L'année 5849, d'après le système égyptien, commence le 21 juillet 1849 ère vulgaire, et se continue de la manière suivante : Thoth 21 juillet, 20 aout. — Paophi, 21 aout, 19 septembre, Athyr, 20 Septembre, 19 Octobre, et ainsi de suite.

---

## DISCOURS

### SUR LA JUSTICE, — 7ᵉ DEGRÉ.

La justice est la grande divinité des empires, la seule providence des nations; elle est le diapason des vertus, elle les suppose toutes. (Pyt....)

Les temps primitifs la connurent sous le nom d'Astrée, les hommes l'ont appelée Thémis, mais les êtres divins la nomment simplement Vérité.

Les Anciens, dans leur langage allégorique, disaient la justice fille de la vérité, et lui donnaient pour sœur la vertu; suivant eux, la vérité elle-même était fille de Saturne, c'est-à-dire du temps.

Pourquoi firent-ils deux êtres distincts de la justice et de la vertu? ou plutôt pourquoi ne firent-ils pas naître la vertu de la justice? Conçoit-on un homme vertueux et injuste à la fois?

Ne nous hâtons pas de blâmer nos pères; cette contradiction renferme une leçon de grand sens.

La vertu, être collectif, comprend tous les devoirs de l'homme, Piété filiale, Amour conjugal, Tempérance, Charité, Modestie, Amour de la patrie, Courage civique, etc.

Mais il n'est aucu  de ces devoirs qui ne présuppose la justice; à tous, la justice est antérieure, elle était donc trop importante pour en faire simplement une partie de la vertu.

Tel homme est sobre, tel autre est charitable, celui-là bon époux; Décius et d'Assas se dévouent pour la patrie; Caton et l'Hôpital sont de rigides magistrats; Fénélon est dévoré de l'amour du prochain; Vincent de Paul est l'apôtre de la charité, Aod et Brutus immolent les tyrans; Léonidas meurt pour son pays; Lycurgue en est le législateur. Chacun possède quelques vertus; mais qui sera complètement vertueux?

On a donc, avec raison, fait de la justice un être à part, une divinité, pour me servir du langage de la Mythologie, ayant son culte et ses autels séparés.

C'est que sans la justice il n'y a que des actes de vertu, il n'y a point de vertu complète.

C'est que la justice, bien comprise, peut tenir lieu de toutes les vertus; elle les prescrit toutes.

Pour suivre sa loi, l'homme sera tempérant, parce que l'intempérance ôte la faculté de juger sainement; il sera charitable, parce qu'il dira: Il n'est pas juste que je me réjouisse lorsque mon frère est affligé, et de garder pour moi seul le bien que la nature a créé pour tous.

Il sera tolérant, parce qu'il comprendra qu'il n'est pas juste d'imposer son opinion à des hommes doués, comme lui, de la faculté de raisonner.

Il sera bon citoyen, car il saura que c'est un devoir social; bon père, bon époux, bon fils, bon frère, car il saura que ce sont des devoirs naturels.

Et il dira : La justice veut qu'on accomplisse les devoirs de la nature et de la société, parce que l'homme est soumis à la loi du devoir.

Ainsi de toutes les obligations que le mot vertu renferme.

La sagesse est l'apogée de la vertu. Si vous voulez devenir sages, commencez par entrer dans le chemin de la vertu, la justice sera votre guide, et il ne dépend que de vous d'être justes.

La justice est innée dans le cœur de l'homme; elle a pour trucheman la conscience.

La conscience, qui ne faillit jamais, témoin qui parle haut, et n'attend pas qu'on l'interroge; juge intègre et sévère qui n'a pas besoin qu'on le sollicite pour rendre sa sentence; bourreau impitoyable qui torture jour et nuit sa victime, et ne se lasse pas.

La conscience, accusateur importun qui se manifeste par la rougeur sur le front du coupable, ôte à ses paroles le ton de vérité qui persuade, à son maintien la dignité qui commande le respect; la conscience qui empêche de dormir, ou éveille en sursaut lorsqu'une certaine heure est sonnée, qui vient chercher l'homme dans la solitude, comme au milieu des divertissements publics, et le trouble d'une angoisse mortelle.

La conscience enfin, cruelle Némésis, mère des remords qui rongent l'âme, et qui parfois se tait sous l'étreinte du crime, mais bientôt se relève plus terrible.

Oui, tu es innée dans le cœur de l'homme, ô Justice! jamais on n'étouffe ta voix.

La vérité et l'erreur se disputent la terre, tel est le sort de l'infirme humanité; mais partout tu es la même, et, quel que soit le culte, quelles que soient les lois, les usages, toi seule ne changes pas.

La justice est le fondement de toute société, sans elle deux hommes ne peuvent habiter ensemble.

La paix de la société dépend de la justice.

Placez le repos dans tous les cœurs, et vous aurez tout fait pour la Liberté; c'est la justice, la vraie justice qui produit le repos, la vertu consiste dans l'amour des effets intellectuels de la justice.

Que le monde profane s'agite dans des discordes sans fin! que l'ambition et toutes les passions mauvaises se livrent une guerre incessante !

Que le riche dédaigne le pauvre, que le fort opprime le faible! la justice a prononcé anathème à l'égoïsme du riche, à la violence du puissant.

Pour vous, Maçons, élus entre tant d'autres, soyez dignes de cette haute faveur; que la justice toujours soit votre règle.

Pourriez-vous l'oublier un instant, tout dans ce temple vous l'enseigne par de nombreux emblèmes.

Ici c'est le compas, là le niveau, à côté se trouve l'équerre : ces outils allégoriques apprennent au maçon qu'il doit s'en servir pour rendre justes et parfaits ses travaux, c'est-à-dire sa vie.

Une loge n'est juste et parfaite qu'autant qu'elle renferme le nombre de sept, pourquoi? c'est que le nombre septenaire est celui de l'harmonie, et que l'harmonie naît de la justice; faites donc en sorte que la justice règne toujours parmi vous, et dans chacun de vous, car sans elle votre Loge ne saurait être juste et parfaite.

La justice, mes FF.·., c'est la première lettre du nom de Jéhovah; pour épeler ce nom divin, il faut connaître le sens de chacune des lettres qui le composent; aussi Pythagore a-t-il dit : Dieu est Dieu parce qu'il est juste, de même qu'un homme n'est appelé que lorsqu'on prononce son nom, et parce que, dans la lange primitive, chaque nom rendait raison de l'être auquel il s'appliquait.

La justice, c'est la Tzedaka, premier échelon de l'échelle mystérieuse que l'initié de Memphis devait monter ; elle en est encore le septième et dernier, sous le nom de Thebounah ; ainsi, les sages l'ont considérée comme le commencement et la fin.

Vos ancêtres, les initiés d'Egypte, lisaient sur la pierre sacrée de Saïs : « Vous, pour qui la vie commence ou finit, « souvenez-vous que la lumière éternelle condamne l'injus « tice. » L'Hiérophante disait aux premiers époptes: Marchez « dans les voies de la justice. »

A Hermopolis, la première des muses s'appelait Isis et Justice tout ensemble.

Je vous ai dit, mes FF.·., que la justice était la base de toute société. On ne bâtit pas sur un sable mouvant; le cœur de l'homme injuste est plus mouvant que le sable du désert.

Rien n'échappe à cette loi : hommes, empires, institutions, tout vit par la justice; sans elle, tout dépérit et meurt. c'est que le monde moral, comme le monde physique, est soumis à des lois éternelles qui s'appellent Providence. Quand le grand principe a créé des milliers de mondes et des milliers de créatures pour ces mondes, il n'a rien fait que pour elles ; il a imprimé des lois à tous ses ouvrages, ces lois sont dans un jeu continuel, et rien ne s'opère que par l'action et la réaction qui résultent du jeu des lois dont la chaîne remonte jusqu'à lui.

Newton est grand pour avoir découvert la loi qui régit le monde physique; le sage qui connaît celle qui régit le monde moral est encore plus grand que Newton; c'est cette connaissance qui le soutiendra dans l'adversité, et lui dira : souffre, espère et poursuis; la loi du monde moral est la justice qui conserve; de l'injustice naît la violence qui détruit.

En effet, examinez, comparez les annales de tous les peuples, vous les verrez s'élever, briller d'un éclat fastueux, tomber ensuite pour ne plus se relever. Revenez alors sur vos pas, et cherchez si une grande injustice n'a pas été commise, si quelque droit n'a pas été enfreint, si la force ne s'est pas substituée à la justice, c'est là, et non ailleurs qu'il faut chercher le secret des révolutions des empires.

Scrutons la fortune des hommes heureux selon le monde, cette fortune qui éblouit le vulgaire, assise sur l'injustice, elle n'a jamais eu, elle n'aura jamais qu'une existence éphémère.

C'est que la Providence veille pour l'opprimé, et châtie l'oppresseur sans lui dire pourquoi.

C'est que la terre, imbibée de sang ou de larmes, élève dans le silence des nuits, aux pieds du Dieu vivant, une clameur incomprise des mortels inattentifs.

C'est qu'on est puni de l'injustice qu'on a commise comme de celle qu'on n'a pas empêchée; car il y a solidarité entre tous les hommes, et ce n'est pas en vain qu'il a été dit: Aimez-vous les uns les autres.

Non content d'être juste, ne permets pas l'injustice, dit Phocydide.

Tâche, dit encore Marc-Aurèle, de persuader les hommes, et si cela ne se peut, fais malgré eux ce que la justice demande de toi.

9

C'est que la conscience ne dort jamais ; bourreau et vic time entendent chacun la voix qui punit ou console.

C'est que la vue de l'homme envers qui on a été injuste est un reproche vivant qui trouble les facultés de l'âme et fait mourir.

Dans la justice seule se trouve le bonheur. On demandait à Socrate si Archelüs était heureux, oui, s'il est juste, répondit le sage.

Suivons donc toujours les saintes lois de la justice ; elle comprend toutes les vertus de la société, qui ne sont que des formes variées et des applications diverses de cet axiôme : ne fais à autrui que ce que tu veux qu'il te fasse. C'est peut-être par cette maxime que j'aurais dû commencer ; car elle est le critérium du juste et de l'injuste ; tous les peuples l'ont inscrite en tête de leurs codes divers ; c'est elle qui institua la peine du talion, et si les législateurs humains ont cessé de l'appliquer, Dieu n'y a pas renoncé.

Oh ! si je pouvais, rassemblant tous les hommes, leur faire entendre ma voix, je leur dirais :

Avez-vous été injustes envers un enfant, hâtez-vous de le reconnaître, de crainte que, dans sa jeune âme, le scandale y dépose un ver rongeur qui la ferait mourir.

Avez-vous été injuste envers la bête de somme compagne de vos travaux, faites en sorte de l'apaiser par de bons traitements, car son instinct lui a révélé votre injustice, et sa nature brute s'est soulevée contre vous.

Si en douant l'homme d'intelligence, Dieu a fait de lui le roi de la nature, il n'a pas voulu qu'il en fût le tyran ; son œil, à qui rien n'échappe, a aussi un regard de père pour le pauvre passereau qui palpite sous votre main.

Enfin, avez-vous été injuste envers un autre homme, serait-ce votre plus grand ennemi, ne prenez pas un instant de repos avant d'avoir réparé votre faute.

Cet homme vous dira merci, je vous pardonne,

Et moi je vous dirai :

Merci pour vous-même, car le souvenir de cette réparation vous rendra la paix du cœur que vous aviez perdue.

Gloire à vous, car l'aveu d'une faute commise n'humilie point, et la justice rend l'homme vraiment grand.

Ne dites donc pas non plus : Cet homme m'a été utile; mais il ne l'est plus, je puis le négliger: ce serait parler le langage de l'ingratitude, monstre hideux qu'enfanta l'égoïsme.

Le peuple athénien fut grand le jour où, dans les plaines de Marathon, il vainquit Xercès; il fut grand le jour où, par la victoire de Salamine, il sauva la Grèce de l'invasion des barbares; mais le jour où, sur la parole d'un homme de bien, il sacrifia à la justice ce qui pouvait lui être utile, ce jour là, il mérita l'immortalité. Peuples, rois, princes, suivez tous et toujours ce noble exemple..... Eh ! croyez-vous que la Providence n'estime pas autant la vie de l'homme le plus obscur que celle de tout un peuple? Votre erreur serait grande, et vous n'auriez qu'une idée incomplète de la justice. Toute l'antiquité est pleine, au contraire, de leçons de ce genre, tant l'idée de la justice était encore vivante.

FF∴ voulez-vous enfin être complétement justes ?

Ne soyez jamais prompts à juger vos FF∴ quels que soient leurs torts apparents.

Si vous êtes appelés à remplir ce pénible devoir, qu'une sage lenteur soit votre règle constante ! qu'aucune prévention ne vous anime : écoutez avec indulgence, avec faveur même, l'accusé lors même que tous l'accuseraient.

Soyez donc toujours justes, mes FF∴, justes envers vos amis comme envers vos ennemis, envers tous les hommes, envers tout ce qui respire.

Pardonnez-moi de vous avoir si long-temps distrait

de vos travaux, et permettez-moi ces derniers mots:

Un profane, interrogé sur le sens des lettres qui décorent nos colonnes symboliques, répondit : justice et bonté. Une acclamation générale l'admit sans autre épreuve à nos mystères ; n'était-il pas digne de l'initiation maç.∴.

---

# TRAVAUX DU SOUVERAIN CHAPITRE.

## DE

# ROSE-CROIX.

---

### DÉCORATION DU SOUVERAIN CHAPITRE.

Il est divisé en trois temples : le premier est celui où se fait l'ouverture des travaux ; il est tendu d'une draperie noire parsemée d'étoiles en argent ; il y a trente-trois bougies rouges allumées, et disposées en trois groupes de onze chacun, ces groupes sont masqués jusqu'au moment indiqué par le rituel.

Il y a trois colonnes : l'une à l'orient, l'autre au midi, et la troisième au septentrion, sur le fût desquelles on lit : *science, aspiration, amour.*

Le trône et l'autel sont également tendus en noir avec frange en argent ; au fond de la salle est un tableau transparent sur lequel est peint une sphère armillaire ; à la droite un aigle planant dans les airs, à la gauche un pélican avec ses petits, dans le fond on voit un arbre dont les racines sont en l'air et les branches en bas.

Ce tableau, ainsi que l'autel, est caché par une draperie noire que l'on fait disparaître dans le cours de la réception.

Devant l'autel est une table triangulaire couverte d'un tapis noir, sur laquelle est posé le livre de la sagesse, une équerre, un compas, un triangle, et un habit de chevalier Rose-Croix, avec un cordon noir pour le récipiendaire.

Pour la réception, le président se place entre cette table et l'autel; tous les chevaliers sont assis sur les banquettes couvertes d'une étoffe bleu de ciel.

Le second temple représente un lieu de réprobation; le troisième, tendu en rouge, et resplendissant de lumières; trente-trois bougies allumées, et groupées par onze, sont placées sur l'autel; au fond, sous le dais, est brodée en or et argent une gloire éclatante, au milieu de laquelle est une étoile flamboyante qui, dans son centre, a un *iod*, initiale du nom de Dieu.

La Loge prend le titre de *souverain chapitre de Rose-Croix;* le président est nommé *très sage Athersatha* (gouverneur des prêtres.)

Les Surveillants sont nommés *très parfaits Chevaliers*; on nomme de même tous les dignitaires et tous les FF∴ *très éclairés Chevaliers;* l'on nomme les pièces d'écritures, des *colonnes gravées*; les colonnes du midi et du septentrion des *vallées*, et l'orient le *sanctuaire*.

Les *colonnes gravées* en chapitre portent en titre: *au nom de la sainte et indivisible Trinité.* Pour suscription: *soit salut en Dieu éternel;* et pour finale: *nous avons la faveur d'être, dans l'unité paisible des nombres sacrés, vos, etc.*

L'on date tous les actes de la vallée d'Hérédon, au point correspondant du zénith, etc.

Les chevaliers princes de Rose-Croix font, à leur réception, le choix d'un titre caractéristique sous lequel ils sont toujours désignés, tels que valeur, loyauté, etc. On écrit seulement les consonnes du nom civil au devant du titre caractéristique, que l'on réduit ou l'on augmente, de manière à former toujours un nombre inégal.

### OUVERTURE DES TRAVAUX.

*Le Très Sage frappe 7 coups de maillet sur l'autel, suivant la batterie, et dit:*

Debout, Chevaliers, pour célébrer le mystère lugubre de la parole perdue?

D∴ Très parfait 1er ∴ Chevalier, à quelle heure les travaux des Chevaliers Rose-Croix sont-ils mis en activité?

R∴ Très Sage, les travaux des Chevaliers Rose Croix sont toujours en permanence?

D∴ Pourquoi, très parfait 2e ∴ Chevalier, nos travaux sont-ils toujours en permanence?

R∴ Parce que l'œuvre à laquelle est voué le Rose-Croix exige le déploiement perpétuel de toutes les puissances de l'homme, et ne souffre d'interruption que pendant les moments réclamés par l'infirmité de la nature créée.

D∴ Très écl∴ et très docte 1er ∴ Interprète, quels sont les instants que nos traditions concèdent au repos du Rose-Croix.

R∴ Le moment des parfaites ténèbres.

D∴ A quelle heure les travaux sont-ils repris, T∴ écl∴ et très docte 2e ∴ Interprète?

R∴ A la première apparition de la lumière.

D∴ Qu'elle heure est-il, très parfait 1er ∴ Chevalier?

R∴ L'orient blanchit, Très Sage, c'est l'heure de nos travaux.

*Le Très Sage dit:*

A l'ordre, Chevaliers! le mystère qui nous réunit est un mystère de deuil et de tristesse. Débris échappés au grand naufrage et au cataclysme universel, le dépôt sacré des traditions a péri; la science s'est envolée vers les cieux, la parole est perdue. Très parfaits 1er.˙. et 2ᵉ.˙. Chevaliers, parcourez les vallées qui s'étendent devant vos regards; interrogez les échos qui les remplissent, et si la parole frappe vos oreilles, apportez-la dans ce sanctuaire où elle retentira et portera la joie dans le cœur de tous nos Chevaliers.

*Les deux parfaits 1er.˙. et 2ᵉ.˙. Chevaliers demandent le mot à chaque Chev.˙., l'un parcourt la colonne du nord, l'autre celle du midi, ils commencent par l'occident et finissent à l'orient. Ils donnent la parole au Très Sage, et retournent à leur place: le Très sage dit:*

Très éclairés Chevaliers, que vos cœurs s'ouvrent à l'allégresse, que l'hymne de reconnaissance s'élance de nos lèvres; la parole est retrouvée ; offrons à l'Éternel l'holocauste de reconnaissance.

*Tous les Chevaliers se rangent en triangle devant l'autel, de telle sorte que le Très Sage forme le sommet du triangle, et les deux parfaits Chevaliers, les deux angles de la base.*

*L'encens brûle sur l'autel, tous les Chevaliers sont à l'ordre, et levant les yeux au ciel, le Très Sage prononce la prière.*

### PRIÈRE.

Seigneur, père de lumière et de vérité, nos pensées et nos cœurs s'élèvent jusqu'au pied de ton trône céleste, pour rendre hommage à ta majesté suprême! Nous te remercions d'avoir rendu à nos vœux ardents ta parole vivifiante et régénératrice: gloire à toi! Elle a fait luire la lumière au milieu des ténèbres de notre intelligence: gloire à toi. Accumule encore tes dons sur nous, et que par la science et par l'amour nous devenions aux yeux de l'univers tes parfaites images.

*Tous les Chevaliers reprennent leur place. le Très Sage frappe 7 coups, suivant la batterie, qui sont répétés par les très parfaits 1er.·. et 2e.·. Chevaliers; et dit:*

A la gloire du Sublime Architecte des mondes, au nom du Grand Hiérophante, et sous les auspices du Grand Empire de l'Ordre maçonnique de Memphis, les travaux sont en activité.

. A moi, Chevaliers.

*L'on fait la batterie, et l'on dit trois fois :*

Emmanuel (Dieu avéc nous)!

*Le Très Sage ajoute:*

Chevaliers, le souverain chapitre est ouvert.

### SUSPENSION DES TRAVAUX.

*Le Très sage frappe un coup de maillet et dit :*

Debout et à l'ordre, Chevaliers, pour suspendre les travaux.

D.·. Très parfait 1er Chev.·., à quelle heure les travaux du souv.·. chapitre sont-ils suspendus?

R.·. Très sage, à l'heure des parfaites ténèbres.

D.·. Quelle heure est-il? très parfait 2e .·. Chev.·.

R.·. Très sage, les parfaites ténèbres règnent à l'orient et à l'occident.

*Le très Sage dit:*

Puisque c'est l'heure de suspendre nos travaux, joignez-vous à moi, très éclairés chev.·., pour remercier le Très Haut des faveurs qu'il a daigné répandre sur nous pendant cette journée.

Dieu souverain, ta bonté paternelle nous appelle au repos; reçois l'hommage de notre reconnaissance et de notre amour ! et pendant que le sommeil fermera nos paupières, que l'œil de l'âme, éclairé de tes splendeurs, plonge de plus en plus dans les profondeurs de tes divins mystères.

*Le très sage frappe 7 coups, qui sont répétés par les très parf.·. 1er et 2e Chev.·., et dit:*

A la gloire du Sublime Architecte des mondes, au nom du G.·. Hiérophante, et sous les auspices du G.·. empire de l'Ordre maçonnique de Memphis, les travaux du souverain chapitre sont suspendus.

Allez en paix, Chevaliers, et que l'esprit de Dieu veille à jamais sur vous.

A moi, Chevaliers.

*L'on fait la batterie, etc., etc.*

---

## INSTRUCTION DU SOUV.·. CHAPITRE.

*Le très Sage frappe un coup de maillet et dit :*

D.·. Très parfait 1.·. Chevalier, êtes-vous Rose-Croix ?

R.·. Très Sage, tous les Chevaliers me reconnaissent comme tel.

D.·. Qu'est-ce qu'un Rose-Croix ?

R.·. C'est un Maçon qui, après avoir travaillé tous les degrés inférieurs de l'initiation, se livre à l'étude des forces primitives de la nature et à la recherche des causes secondes.

D.·. D'où vient le nom de Rose-Croix?

R.·. Ce nom a deux origines; l'une historique, l'autre philosophique.

Les Rose-Croix sont connus en Europe depuis le 12ᶜ siècle ; c'étaient des philosophes hermétiques venus d'Orient pour propager en Europe les sciences secrètes. Trois d'entre eux fondèrent en Ecosse un athénée philosophique dit des Maçons d'Orient. Leurs travaux ne se bornaient pas à des recherches philosophiques ; plusieurs d'entre eux s'étaient joints aux croisés pour combattre en Palestine ; et de là leur vient le nom de Chevaliers. Mais, antérieurement au 12 siècle, les Rose-Croix existaient ; leur origine se perd dans les temps les plus reculés, et la philosophie naturelle, qui était l'objet de leurs recherches, est incontestablement la plus primitive des philosophies.

R∴ Quel est l'emblême des Rose-Croix ?

D∴ C'est une croix au pied de laquelle est un pélican, et au milieu une rose.

D∴ Que signifie cet emblême ?

R∴ La croix représente l'arbre de la science ; la rose représente les produits brillants de l'imagination et de la poésie ; le pélican est l'emblême de la mort et de la renaissance perpétuelle de la nature.

Les légendes, qui veulent que ces emblêmes soient empruntés uniquement au Christianisme, ne sont pas dans le vrai, car le Christianisme, lui-même, n'est qu'une réalisation de ce mythe primitif.

D∴ Quel est le mot sacré ?

R∴ Ce mot ne se donne pas, il s'épèle.

D∴ Pourquoi cela ?

R∴ Parce que ce n'est pas un mot significatif par lui-même : ce n'est qu'une réunion d'initiales.

*Le Très Sage et le très parfait 1ᵉʳ∴ Chev∴ épèlent alternativement le mot sacré ; le Très Sage continue :*

D∴ Que signifie ce mot sacré ?

R∴ Ce sont les initiales, en langue hébraïque, du nom

des quatre éléments primitifs connus dans l'ancienne physique. C'est à tort que quelques rituels veulent y retrouver l'inscription mise sur la croix de Jésus-Christ.

D∴ Donnez moi le mot de passe.

*On le donne.*

R∴ Ce mot signifie : *Dieu avec vous.*

D∴ Donnez-moi le signe.

*On le donne.*

R∴ Il rappelle, ainsi que l'attouchement, l'emblème du grade.

Donnez l'attouchement.

*On le donne.*

D∴ Quel âge avez-vous comme Rose-Croix ?

R∴ 23 ans : c'est l'âge de perfection de la vie humaine.

D∴ Faites la batterie ?

*On la fait.*

R∴ Elle signifie les sept périodes cycliques de la création de l'univers.

D∴ Pourquoi, dans la réception du Rose-Croix, le temple est-il tendu en noir ?

R∴ C'est le deuil de la parole perdue, et en outre pour rappeler que l'homme n'arrive aux dernières initiations qu'après être passé par la mort.

D∴ Que signifie l'arbre renversé ?

R∴ Il signifie le monde qui, dans les traditions de l'antiquité, est ainsi représenté, conformément à ce passage des Vedas : « Le monde, figuier éternel, élance ses racines dans les cieux, étend ses branches sur l'abîme. »

D∴ Que signifie la sphère armillaire ?

R∴ Elle est l'emblème des sciences exactes, objet des études des Rose-Croix.

D∴ Que signifie l'aigle ?

R∴ La recherche audacieuse, et le génie qui contemple fixement la vérité ainsi que l'aigle regarde le soleil.

# BANQUET

## DES CHEV.·. PRINCES ROSE-CROIX.

Ils ne faut pas confondre le banquet ou agape avec la
cène mystique décrite dans les rituels. Je donne ici les banquets ordinaires. La table doit former une croix grecque,
les verres sont nommés calices, et la table porte le nom
d'autel. Au commandement: debout, Chevaliers! le drapeau
en sautoir, la main au calice! haut le calice (on l'élève à la
hauteur du front). Vidons le calice en trois temps: le calice
à l'épaule gauche, le calice à l'épaule droite! haut le calice,
posons le calice, à moi pour la batterie.

---

# DISCOURS

## SUR L'ESOTÉRISME MAÇONNIQUE.

Un grand poète, l'une des gloires du siècle d'Auguste, et
qui, par son génie, fut jugé digne des faveurs de l'initiation,
Virgile, voulant consacrer, dans le sixième livre de son im-
mortel poëme quelques uns des rits des mystères égyptiens,
au moment d'aborder ces révélations redoutables, pour
détourner de sa tête les malédictions fulminées contre les
divulgateurs des secrets de l'iniatition, s'écrie : « O dieux!
« dont l'empire s'étend sur les âmes, ombres silencieuses,
« impénétrable Chaos, Phlégéton aux ondes dévorantes,
« lieux sur lesquels plane au loin le silence de la nuit, qu'il
« me soit permis de raconter ce que j'ai entendu sous votre
« puissante protection, qu'il me soit pardonné de révéler

« des choses plongées dans les profondeurs de l'abîme, et
« environnées de nuages mystérieux. »

Je n'ai point à former de pareils vœux, mes Frères, je
n'ai point à solliciter un pareil pardon. L'auditoire éminent
au milieu duquel ma voix se fait entendre, me dispense de
ces ombrageuses précautions. Environné des lumières les
plus éclatantes de l'Ordre, en présence de ce sénat auguste,
si un sentiment de regret se fait jour dans mon âme, c'est
d'être, moi-même, si peu à la hauteur du sublime sujet que
je suis appelé à traiter, du savant auditoire qui daigne
m'honorer de son attention.

Un philosophe grec, après avoir parcouru l'Egypte, et
visité les principaux sanctuaires de la science, rapporte
(fait confirmé au reste par les annales de l'Ordre, et consigné dans le préambule des statuts généraux) qu'un des
points principaux de la doctrine des prêtres de l'Egypte
était la division de la science sacrée en EXOTÉRISME ou
*science extérieure*, et ÉSOTÉRISME ou *science intérieure*. C'est
par ces deux mots grecs qu'il traduisait les deux mots
hiératiques dont, comme on sait, il était interdit de se servir
hors du temple.

« Les prêtres, ajoute-t-il, ne sont prodigues d'aucune
partie de leur science : de longs travaux, de profondes
études, de rudes épreuves sont imposés au néophyte pour
arriver au moindre degré de l'*exotérisme*. Quant à l'*ésotérisme*, ils sont plus sévères encore : nul secours, nul conseil, nul encouragement n'est donné à celui qui veut y
pénétrer. C'est par la force seule de son esprit et l'inspiration divine qu'il doit y parvenir. Ce sont des mystères
dans les mystères, et il arrive fréquemment que les prêtres
les plus haut placés en dignité ont à peine fait un pas dans
la partie mystique de la science sacrée. »

La statue d'Isis, toujours voilée, même pour les prêtres,

le Sphinx accroupi à la porte du temple, dans l'attitude du repos et du silence, étaient les deux emblèmes de ces derniers secrets; et cette conduite des dépositaires des mystères était dictée par la plus haute sagesse. Le despotisme des hommes forts, des violents, s'étendait sur toute la terre. Partout l'inexorable *væ victis !* était le seul droit international et politique; partout les fronts devaient se baisser ou être écrasés. Qui ne comprend dès lors que les dépositaires des titres primitifs de la grandeur humaine, de sa dignité sublime, de son égalité devant le Créateur, de son inaliénable liberté, devaient cacher ce trésor, et ne le communiquer qu'à ceux que de longues épreuves en avaient fait reconnaître dignes; car avant que de le communiquer, il fallait être sûr que le nouvel adepte n'irait pas en vendre la révélation à ses ennemis.

Le christianisme fit faire un pas immense à l'humanité; exaltateur des mystères, il en popularisa la partie morale. La tâche de la philosophie fut moins difficile dès lors; ses voies étaient aplanies, elle put être plus explicite dans ses enseignements, car le christianisme avait forcé les puissances à reconnaître le fait comme le droit de la discussion religieuse, de l'enseignement des intelligences. L'esprit humain, par la force d'expension qui lui est naturelle, fit le reste, et la liberté de la pensée fut proclamée.

C'est grâce à ce progrès, qui, dans un sens bien réel, nous place dans une position bien meilleure que celle des philosophes de l'antiquité, qu'il nous est permis, sans nous mettre en opposition avec nos augustes traditions, de soulever en partie le voile redoutable de la Maçonnerie, sans toutefois le déchirer entièrement; car si nous n'avons plus à craindre des irruptions de la force brutale dans les domaines sacrés de la pensée, nous ne pourrions sans crime exposer aux légèretés de l'irréflexion, aux mépris de l'ignorance, aux fausses interprétations de la mauvaise foi, aux préventions du fanatisme, un ensemble de connaissances qui demande, pour être apprécié, un esprit attentif, préparé, un cœur pur et indépendant, ne cherchant que la vérité et la justice.

Montrons donc le but, montrons-le sans crainte, proclamons-le dans nos loges comme au milieu du monde ; annonçons-le à nos frères aussi bien qu'aux profanes, car il est noble, il est sublime. Faire de l'humanité un peuple de frères, réunir dans la charité ceux que l'intérêt divise, et faire voir un ami à serrer sur son cœur dans l'ennemi sur qui se dirigeait le glaive homicide.

Quant à la science, qui est le moyen pour arriver à ce but magnifique, procédons avec sagesse. « Nul n'est digne de la science, disent nos traditions, qui ne l'a conquise par ses propres efforts. » Sur ce point, mes frères, soyons un peu plus condescendants que nos maîtres sévères ; montrons de loin cette science, et s'il nous est interdit d'y introduire celui qui n'a pas, comme Josué, ceint l'épée des forts pour entrer dans la Terre promise, transportons au moins le néophyte sur la montagne d'où on peut la découvrir. Peut-être, enflammé d'ardeur à cette vue, il travaillera à mériter de faire partie de l'armée élue.

L'Ésotérisme maçonnique embrasse le cercle entier de l'activité de l'âme humaine : toute science, tout art, toute pensée y trouve son cadre, son poste, son rang ; seulement, négligeant la partie élémentaire et pratique, l'Ésotérisme n'embrasse que la partie transcendante et métaphysique. Laissant à l'Exotérisme l'esprit qui dispose, le talent qui exécute, il ne se réserve que le génie qui crée.

Trois cycles, unis dans un ordre mystérieux, se correspondant par une chaîne indivisible, et s'engendrant réciproquement d'une manière ineffable, forment le Temple mystique.

Le premier peut s'appeler, pour les profanes, le *cycle historique* : il se compose de trois degrés dont la série philosophique embrasse le développement social de l'humanité tout entière, et de chaque peuple en particulier, dans trois périodes symboliques, qui sont toute l'histoire : la *sociabilité*, la *famille*, la *liberté*.

Le second cycle est le *cycle poétique*. Les neuf Muses, gracieuses filles de l'imagination, soutiennent la guirlande sacrée qui le couronne. Les colonnes de son temple, du plus éclatant marbre de Paros, portent d'ingénieux emblêmes consacrés à la gloire des enfants de l'Harmonie et de la Fantaisie aux ailes d'or. Les trois Grâces, Aglaia, Thalie et Euphrosine, au maintien noble et décent, veillent à l'intérieur du temple. Artistes inspirés dont la toile ou le bloc nous transmettent les sublimes inspirations, savants profonds qui lisez dans les cieux la puissance de Dieu, ou dans les entrailles de la terre les ressources infinies de l'architecte des mondes ; poètes aux rêves inspirés, génies tragiques dont la scène reproduit les sombres et pathétiques impressions, votre place est marquée dans le temple ! Le cygne aux ailes argentées traverse le fleuve d'Oubli, et à travers mille obstacles, il va attacher vos noms au fronton du temple de l'immortalité !

Et vous aussi, ne viendrez-vous pas, vous, ingénieux interprètes des conceptions du génie, vous, dont les pas tracés par les Grâces, dont la voix modulée par la déesse de l'Harmonie, portent dans nos âmes des émotions inconnues, et qui nous faites vivre dans un monde plein de poésie ! pourquoi vous repousserions-nous du temple de l'art ? Euterpe aux doux accents, Terpsichore à la démarche divine vous appellent !

Tous, vous y apprendrez qu'au-dessus de l'art terrestre il y a un art céleste ; vous vous expliquerez alors, peut-être pour la première fois, ces éclairs qui sillonnent vos nobles âmes, et illuminent des régions lointaines. La voix intérieure qui vibre au-dedans de vous vous sera intelligible; vous comprendrez le Dieu qui vous agite!

Mais recueillons-nous! chassons ces trop séduisantes images. Grèce poétique, éloigne-toi; loin de nous tes gracieuses théories, tes chœurs de danse, le pinceau d'Apelles et le ciseau de Phidias! Nous allons demander aux sanctuaires de Brahma, à l'Inde mystérieuse, rêveuse, philosophique, à l'Inde institutrice de l'Égypte, comme l'Égypte fut l'institutrice du monde, ses grands secrets, les secrets par excellence, la science divine de Brahma. Nous entrons dans le *cycle philosophique*. Sur l'autel trois feux mystérieux et emblématiques sont allumés: trois sacrifices vont être accomplis. « Sage Brahmane, dont les cheveux ont blanchi à l'étude de la vérité, explique-nous ces trois feux et les trois sciences qu'ils représentent; nous voyons le *feu des cérémonies journalières*, le *feu du foyer domestique*, le *feu des sacrifices*; mais leur signification nous reste inconnue. — Homme infirme et courbé vers la terre, » dit le sage Brahmane, « pourquoi m'interroger sur les sciences les plus sublimes? Au trois mystères, je répondrai par trois mystères: l'homme est corps, âme et intellect: réfléchis; et pourtant, si ces recherches profondes t'effraient, neuf cieux sont décrits sur la voûte symbolique du temple, tu peux les parcourir. Neuf puissances célestes y président, et tu pourras prendre place au milieu d'elles, si tu sais t'en rendre digne. La volonté intelligente habite le premier, la parole sympathique le second, l'esprit organisateur le troisième, la puissance qui crée la soumission le quatrième, l'énergie sociale le cinquième, le gouvernement des peuples le sixième, la domination des intelligences le septième, le génie qui découvre la vérité le huitième, le sage qui pense et vit en Dieu occupe le neuvième et se repose éternellement au pied du trône de Brahma. »

Telles sont, mes Frères, autant qu'il m'a été permis d'être clair, les grandes masses de la science ésotérique. En dire davantage serait prévarication ; en avoir autant dit est peut-être imprudence. Mais cette imprudence nous sera pardonnée, car c'est le pur amour de la propagation de la vérité et des sublimes lumières qui l'a provoquée. C'est pour répondre, autant qu'il peut être permis de le faire, aux imprudents et aux insensés qui, à peine sur le seuil du temple de la Maçonnerie, croyant que tout est dans les symboles extérieurs qui frappent leurs yeux, se retirent avec dédain, et disent : Nous avons regardé au fond de l'abîme de la science, et nous n'y avons trouvé que le vide. Imprudents et insensés ! vous n'avez pas seulement soulevé le premier voile de la statue mystérieuse d'Isis ; la courtine du temple d'Apollon est restée silencieuse pour vous : allez, mais ne blasphêmez pas ce que vous ignorez !

Pour nous, mes Frères, pénétrés de la hauteur de notre mission, forts du témoignage de notre conscience, appuyés de l'autorité et de la sagesse de tant de beaux génies qui nous ont légué leur science par le moyen de la tradition maçonnique, marchons à notre but, marchons-y avec persévérance ; l'œuvre du progrès, cette œuvre dont le travail fait gémir dans les douleurs toutes les nations européennes, est entre nos mains. Encore une fois Memphis, si nous avons foi en notre mission, Memphis aura civilisé le monde !

# NOTE

## SUR

# L'ORDRE DU TEMPLE.

Les Templiers sont un ordre de chevalerie chrétienne institué en 1118, par neuf gentilshommes, parmi lesquels on cite Hugues de Payans et Geoffroi de St.-Omer, dans le but de reconquérir et de défendre la Palestine contre les insultes des Musulmans. Baudoin, roi de Jérusalem, leur accorda une maison près de l'emplacement où avait été le temple de Salomon : de là leur est venu le nom de Templiers. Dix ans après leur institution, le Concile de Troyes approuva cet ordre naissant, et saint Bernard rédigea ses statuts. L'Ordre du Temple fit rapidement des progrès, et compta dans son sein des membres des plus illustres familles de l'Europe. Ses richesses s'accrurent en proportion, au point d'exciter l'avidité de plusieurs souverains. Philippe-le-Bel fut le premier qui exécuta le projet de mettre la main sur les immenses richesses du temple, en faisant prononcer par le pape Clément V, sa créature, l'abolition de l'ordre. « La procédure fut atroce, dit M. Miche-«let; les juges ecclésiastiques arrachèrent des aveux par la «torture, et brûlèrent, comme relaps, ceux qui osèrent «ensuite les rétracter. Le grand Maître, Jacques Molay, «brûlé à Paris avec plus de soixante Chevaliers, protesta «jusqu'au bout de son innocence, et ajourna le roi et le

«pape à comparaître devant Dieu avant une année; la
«prédiction s'accomplit (1314).»

Quelques débris, échappés à la hache et aux bûchers,
continuèrent l'Ordre du Temple après le martyre de Jacques Molay et de ses compagnons; et par une tradition
non interrompue, l'Ordre du Temple s'est perpétué jusqu'à nos jours, a conservé le dépôt des traditions confiées
aux premiers Templiers et aux exploits d'une bravoure
chevaleresque qui ont signalé glorieusement sa carrière
publique; il a substitué les nobles travaux de l'intelligence,
qui honorent, de nos jours, sa vie philosophique et secrète.

Quoique, à proprement parler, l'Ordre du Temple ne soit
pas un rit maçonnique, il a, de tout temps, fraternisé avec
les Francs-Maçons, et donné l'exemple d'une tolérance
éclairée que l'on serait heureux de voir imitée par les
divers rits maçonniques.

### INSTRUCTION DU KADOSCH TEMPLIER.

(*Rit de Memphis, Chevalier du Temple*, 34e.·. *degré.*)

PAROLE. Habamah (*sanctuaire élevé*)

MOT DE PASSE. Eliel (*force de Dieu*); réponse, Menah-
hem (*consolation de Dieu*), Nekam-maqqhah (*vengeance du
meurtre.*)

MOT DE L'ATTOUCHEMENT. Kyrie (*seigneur.*)

PAROLES DES CROISÉS. Evar, qah eth Adonaï be-
chol-ngeth thamid thehillatho bephi (*Je bénirai Dieu
en tout temps; sa louange sera toujours dans ma bouche.*)

AUTRES PAROLES. Bahabah ahhalek im heani (*je par-
tagerai avec le pauvre avec amour.*

AUTRES PAROLES. Si l'on demande à un Templier quels
sont ses droits, il répond: Mischtar (*ministère.*)

Les banquets fraternels se nomment *agapes* (*amitié*); ils

sont de la plus haute antiquité ; leur but était de resserrer les liens de l'amour fraternel entre les initiés.

---

# INSTRUCTIONS UNIVERSELLES

## DE TOUS

# LES RITS MAÇONNIQUES

## CONNUS.

---

La Franc-Maçonnerie est une dans ses dogmes et dans ses principes, et toutefois il existe différents Rits Maç.·. Cette différence, qui ne porte que sur des points de détail et peu importants, a sa cause dans l'introduction simultanée de la Maçonnerie dans les différents états de l'Europe.

Une instruction maçonnique complète exige la connaissance de tous ces détails ; et c'est pour donner cette connaissance à nos FF.·. que nous avons entrepris ce travail.

Les Rits les plus universellement suivis en Europe sont : le Rit de Memphis ou Oriental, le Rit Ecossais et le Rit Français ou Moderne. Ce sont les seuls dont nous donnerons les instructions détaillées. Quant aux autres Rits, nous n'avons pas cru devoir grossir notre volume de leurs instructions : ce qui serait sans utilité pour nos lecteurs, attendu que ces Rits ne sont pas pratiqués. Si toutefois quelques frères désiraient posséder ces instructions, nous nous empresserions de les leur adresser en manuscrit.

Il nous reste à faire une dernière observation, relativement aux mots sacrés et aux mots de passe. C'est avec un profond regret que nous nous sommes vu réduit à la nécessité de les mettre en toutes lettres, dans les instructions; Rit mais cette insertion était indispensable. Le G∴ O∴ et le Ecossais ont fait imprimer des *Tuileurs*, qui se vendent publiquement, et qui contiennent tous les mots sacrés. Ce funeste précédent, cette sorte de profanation, nous a imposé l'obligation, pour ne pas laisser notre ouvrage incomplet, de suivre leur exemple, mais seulement jusqu'au 33ᵉ degré, dernier terme où arrive l'Ecossisme. A partir du 35, ou commencent les degrés propres à Memphis, nous nous sommes abstenus de donner les instructions; elles ne seront communiquées verbalement et en manuscrit qu'aux FF∴ qui justifieront la possession des degrés dont ils demanderont l'instruction, et comme c'est dans les degrés supérieurs que s'est réfugiée la haute science maçonnique, il s'ensuit que l'inconvénient grave que nous avons signalé est cependant moindre qu'on ne pourrait le croire au premier abord.

---

Le Rit Ecossais possédait primitivement 25 degrés. Frédéric II, roi de Prusse, augmenta le rit aucien de 8 degrés, ce qui porte le Rit ecossais, dit ancien et accepté, à 33 degrés, dont voici la nomenclature:

### SÉRIE DE TRENTE-TROIS DEGRÉS

COMPOSANT LE RIT ÉCOSSAIS ANCIEN ET ACCEPTÉ.

1ᵉʳ degré. Apprenti.
2ᵉ — Compagnon.
3ᵉ — Maître.  } 1ʳᵉ classe.

4e — Maître secret.
5e — Maître parfait.
6e — Secrétaire intime.                } 2ᵉ classe.
7e — Prevôt et Juge.
8e — Intendant des bâtiments.

9e — Maître élu des neuf.
10e — Maître élu des quinze.           } 3ᵉ classe.
11e — Sublime Chevalier élu.

12e — Grand-Maître Architecte.
13e — Royal Arche.                     } 4ᵉ classe.
14e — Grand Ecossais de la voûte sacrée
        de Jacques VI.

15e — Chevalier de l'Orient ou de l'Epée.
16e — Prince de Jérusalem.             } 5ᵉ classe.
17e — Chevalier d'Orient et d'Occident.
18e — Souverain Prince de Rose-Croix.

19e — Grand Pontife ou sublime Ecossais.
20e — Vénérable Grand Maître de toutes
        les Loges.
21e — Noachite ou chevalier Prussien.
22e — Royale hache ou Prince du Liban. } 6ᵉ classe.
23e — Chef du Tabernacle.
24e — Prince du Tabernacle.
25e — Chevalier du Serpent d'airain.
26e — Prince de Merci.
27e — Souverain Commandeur du Temple.

| | | | |
|---|---|---|---|
| 28° | — | Chevalier du Soleil, prince adepte. | |
| 29° | — | Grand Ecossais de Saint-André d'Ecosse. | |
| 30° | — | Grand Elu chevalier Kadosch. | 7° classe. |
| 31° | — | Grand Inquisiteur, souverain commandeur. | |
| 32° | — | Souverain prince du royal secret. | |
| 33° | — | Souverain Grand Inspecteur général. | |

Le rit français (Grand Orient) embrasse les 18 premiers degrés du rit écossais ancien et accepté ; mais passé les 3 premiers degrés formant la maçonnerie symbolique, il ne compte les autres que par le premier degré de chaque ordre : voici la nomenclature.

### SÉRIE DES DEGRÉS DU RIT FRANÇAIS.

| | | | |
|---|---|---|---|
| 1er Grade. | Apprenti. . . . . | Maçonnerie Bleue | |
| 2° | — | Compagnon . . . | ou Symbolique. |
| 3° | — | Maître . . . . . . | |
| 4° | — | Elu. . . . . . . . . | 1er Ordre. |
| 5° | — | Ecossais. . . . . . | 2° Ordre. |
| 6° | — | Chevalier d'Orient. | 3° Ordre. |
| 7° | — | Rose-Croix. , . . . | 4° Ordre. |

# TUILEUR UNIVERSEL.

## PREMIER DEGRÉ. — APPRENTI.

**SIGNE.** — Rit de Memphis ; porter à la gorge la main droite, les doigts réunis, le pouce écarté, formant l'équerre ; en cette position, on est à l'ordre. Retirer la main horizontalement vers l'épaule droite, la laisser retomber le long du corps, le bras allongé : c'est le signe formé de l'équerre, du niveau et de la perpendiculaire ; il se nomme *guttural*, et rappelle le serment. — Rit Ecossais, le même. — Rit Français, le même.

**ATTOUCHEMENT.** — Rit de Memphis. Prendre la main droite du F∴ dont on veut se faire connaître ( que nous nommerons désormais le *tuileur*), frapper avec le pouce trois coups égaux sur la première phalange de l'index (1) ; ensuite presser légèrement avec l'ongle du pouce cette phalange, c'est la demande du mot sacré à laquelle on satisfait ; il signifie les trois paroles de l'écriture sainte, *frappez, cherchez, demandez*. — Rit Ecossais, le même.— Rit Français. Prendre également la main droite du F∴ dont on veut se faire connaître, frapper légèrement trois coups, suivant la batterie, avec le pouce, sur la première

(1) Cette indication, consacrée dans tous les rituels, est susceptible d'induire en erreur ; il serait plus exact de dire que l'attouchement se donne sur le nœud qui unit l'index au métacarpe.

phalange de l'index ; le F∴ répond par le même signe ; ensuite il fait glisser le pouce entre les deux phalanges de l'index et du médius, c'est la demande du mot de passe.

BATTERIE. — RIT DE MEMPHIS, trois coups égaux 1—1 —1. — RIT ECOSSAIS, la même. — RIT FRANÇAIS, trois coups par deux et un 11—1. On ne doit jamais frapper que trois coups, c'est une faute de tripler cette batterie.

ACCLAMATION. — RIT DE MEMPHIS. Après avoir frappé trois fois dans la main, dire : *Gloire au sublime Architecte des mondes !* — RIT ECOSSAIS, dire par trois fois *huzza !* ( on prononce *houzé.*) C'est une exclamation de joie empruntée à la langue arabe ; en même temps on frappe la terre avec la pointe du pied droit. — RIT FRANÇAIS. Après avoir frappé trois coups selon la batterie, s'écrier, en faisant un bruit léger avec les deux premiers doigts de la main droite : *Vivat, vivat, in æternum vivat !* exclamation de joie empruntée à la langue latine.

MARCHE. — RIT DE MEMPHIS, trois pas en avant, en partant du pied gauche et en assemblant à chaque pas. — RIT ECOSSAIS, la même. — RIT FRANÇAIS, de même ; seulement partir du pied droit.

AGE. — RIT DE MEMPHIS, trois ans. — RIT ECOSSAIS et RIT FRANÇAIS le même.

INSIGNES, DÉCORS. — RIT DE MEMPHIS, une tunique bleu de ciel, un tablier de peau blanche, bavette relevée ; il est le symbole du travail, sa blancheur rappelle la candeur du vrai Maçon, etc. — RIT ECOSSAIS et RIT FRANÇAIS, le tablier seulement.

MOT SACRÉ. — RIT DE MEMPHIS. Booz. (*forcé*). — RIT ECOSSAIS, le même. — RIT FRANÇAIS : MOT DE PASSE. THUBALKAIN ( c'est le nom du fils de Lamech ). MOT SACRÉ. JAKIN (c'est le nom d'une colonne du temple ; il est aussi le nom du 3ᵉ fils de Siméon, qui fût père des Jakinites.)

Les rits de Memphis et écossais n'ont pas de mot de passe, c'est le mot sacré qui en tient lieu.

## DEUXIÈME DEGRÉ. — COMPAGNON.

SIGNE. — RIT DE MEMPHIS. Porter la main droite sur le cœur, les doigts arrondis comme pour saisir un objet ; élever la main gauche ouverte, la paume en avant, le coude rapproché du corps : c'est le signe d'ordre. Retirer la main droite vers le flanc droit, la laisser retomber le long du corps, le bras allongé, et abaisser la main gauche le long du corps : c'est le signe entier. — RIT ECOSSAIS et RIT FRANÇAIS les mêmes. Il se nomme *pectoral*, et signifie que l'on préférerait avoir le cœur arraché plutôt que de révéler les secrets de l'ordre.

ATTOUCHEMENT. — RIT DE MEMPHIS ; il faut prendre la main droite du tuileur, frapper avec le pouce cinq coups, suivant la batterie, sur la première phalange du médius, ensuite poser le pouce entre cette phalange et celle du doigt annulaire : dans cette position, l'on donne le mot de passe. Le tuileur passe ensuite le pouce sur la première phalange du doigt médius, et la presse légèrement avec l'ongle ; c'est la demande du mot sacré. — RIT ECOSSAIS, le même. — RIT FRANÇAIS, Prendre la main droite du tuileur, frapper légèrement trois coups d'apprenti avec le pouce, sur la première phalange de l'index, et deux coups sur la première phalange du médius ; le tuileur répond par le même signe, et fait passer le pouce entre les deux premières phalanges du médius et du doigt annulaire ; c'est la demande du mot sacré.

BATTERIE. — RIT DE MEMPHIS, cinq coups par trois et deux, 111—11. — RIT ECOSSAIS, la même. — RIT FRANÇAIS, cinq coups, par deux un et deux 11—1—11.

MARCHE. — Rit de Memphis, trois pas d'apprenti et deux autres pas obliques, l'un à droite, en partant du pied droit et assemblé, l'autre à gauche, en partant du pied gauche et assemblé. — Rit Ecossais, la même. — Rit Français, la même, mais en partant du pied droit pour les trois premiers pas.

AGE. — Rit de Memphis, cinq ans. — Rit Ecossais et Rit Français, le même.

INSIGNES, DÉCORS. — Rit de Memphis. Tunique bleue, tablier de peau blanche, ayant la bavette rabattue. — Rit Ecossais et Rit Français, de même, moins la tunique.

MOT DE PASSE. — Rit de Memphis. Schibboleth (*épis nombreux*). — Rit Ecossais et Rit Français, le même.

MOT SACRÉ. — Rit de Memphis. Jakin. — Rit Ecossais, le même. — Rit Français. Booz.

## TROISIÈME DEGRÉ — MAITRE.

SIGNE D'HORREUR. — Rit de Memphis, porter la main droite ouverte, les doigts étendus et rapprochés, le pouce séparé et appuyé contre le flanc gauche: c'est le signe d'ordre; élever les deux mains vers les cieux, les doigts étendus et séparés en disant: *Adonaï!* Après cette exclamation laisser retomber les deux mains sur le tablier, comme pour marquer une surprise: c'est le signe entier. — Rit Ecossais le même. — Rit Français le signe d'ordre, le même; signe d'horreur: retirer la jambe droite en arrière, comme pour reculer d'un pas; détourner la tête à droite comme voulant éviter la vue d'un objet pénible, et avancer les deux mains vers la gauche.

SIGNE DE SECOURS. — Rit de Memphis. Lorsqu'un maître est en danger, et qu'il veut appeler un F∴ à son secours, il élève ses deux mains jointes au-dessus de sa tête, la paume en dehors, en disant: *A moi, les enfants de la veu-ve* (1). — Rit Ecossais et Rit Français le même. Lors-qu'un maître est interrogé sur sa qualité maçonnique, il répond: *l'acacia m'est connu.* Voici l'origine de cette lo-cution: Lorsque les Chevaliers Maçons se présentaient à une assemblée de haute science, le Grand Maître leur donnait une branche d'acacia; elle remplaçait la branche de myrthe que portaient les initiés de Memphis. *Le rameau d'or*, que Virgile donne à Énée, a la même origine.

**ATTOUCHEMENT.** — Rit de Memphis. Pied droit contre pied droit, genoux contre genoux, s'approcher le haut du corps, se poser réciproquement la main gauche sur l'é-paule droite pour se tenir étroitement, et s'attirer l'un à l'autre; se prendre mutuellement la main droite en for-mant la griffe, comme pour embrasser la paume: voilà les cinq points parfaits de la maîtrise. On prononce l'un et l'autre alternativement les trois syllabes du mot sacré, et l'on se donne le baiser de paix; ces cinq points signifient: 1° le pédestre, que tout maçon doit voler au secours de ses FF.·.; 2° l'inflexion des genoux, qu'on doit sans cesse s'humilier devant le Tout-Puissant; 3° la jonction des deux mains droites, que l'on doit assister ses FF.·. dans leurs besoins; 4° le bras que l'on passe sur l'épaule, qu'on leur doit des conseils dictés par la sagesse; 5° le baiser de paix annonce cette douceur, cette union inaltérable qui fait la base de l'Ordre. — Rit Écossais et Rit Français, le même.

**BATTERIE.** — Rit de Memphis. Neuf coups par trois fois trois 111 — 111 — 111. — Rit Écossais la même. — Rit Français, neuf coups dans cet ordre 11 — 1 — 11 — 1 — 11 — 1.

(1) Pour l'explication de cet appel voir page 5 de cet ouvrage.

MARCHE. — Rit de Memphis. Trois pas élevés, comme si l'on passait au-dessus de quelque objet placé à terre, en obliquant; le premier pas à droite, en partant du pied droit et assemblé; le second pas à gauche en partant du pied gauche et assemblé; le troisième pas à droite en partant du pied droit et assemblé. — Rit Ecossais et Rit Français, de même.

AGE. — Rit de Memphis. Sept ans et plus. — Rit Ecossais et Rit Français, le même. — Les Anciens n'admettaient un aspirant à la maîtrise qu'au bout de 7 ans, employés à s'instruire dans les sciences utiles au genre humain, et à pénétrer autant que possible les secrets de la nature.

INSIGNES ET DÉCORS. — Rit de Memphis. Tunique bleue, tablier blanc doublé et bordé de rouge, avec une poche au-dessous de la bavette, au milieu du tablier sont brodées les lettres M∴ B∴; plus un cordon bleu moiré, porté en écharpe de droite à gauche; au bas est suspendu, avec une rosette rouge, le bijou, qui est une équerre sur laquelle se croise un compas ouvert à 45 degrés. — Rit Ecossais et Rit Français de même, moins la tunique.

MOT DE PASSE.—Rit de Memphis. Thubalkain.— Rit Ecossais, le même. — Rit Français. Ghiblim, qui signifie *terme, complément.*

MOT SACRÉ. — Rit de Memphis. Moabon, qui signifie *engendré du père.* — Rit Ecossais, le même. — Rit Français. Mak-Benah, qui signifie : *la chair quitte les os.* — Le Maître porte le nom de Gabaon, emprunté des Gabaonites, qui étaient les gardiens de l'arche d'alliance, emblème des traditions et de la science.

Un Maître perdu se retrouve entre l'équerre et le compas: l'équerre et le compas sont les symboles de la sagesse et de la justice ; un bon Maçon ne doit jamais s'en écarter.

## QUATRIÈME DEGRÉ. — MAITRE DISCRET.

SIGNE. — Rit de Memphis. L'index et le doigt médius de la main droite réunis, les mettre sur la bouche ; en réponse on fait le même signe de la main gauche. — Rit Ecossais, le même.

ATTOUCHEMENT.—Rit de Memphis. Se prendre, comme au grade de Maître, la main droite, avancer ensuite la main jusqu'au coude que l'on empoigne en se balançant par sept fois le bras, pendant que l'on s'approche de la jambe droite en se touchant par l'intérieur. — Rit Ecossais, le même.

BATTERIE. — Rit de Memphis. Sept coups, dont un séparé : 111111—1.— Rit Ecossais, la même.

MARCHE. — Rit de Memphis, celle du 3e.'. degré, Maitre. — Rit Ecossais, la même.

AGE.—Rit de Memphis, 3 fois 27 ans accomplis (81 ans). — Rit Ecossais, le même.

INSIGNES ET DÉCORS. — Rit de Memphis, une tunique bleue, tablier blanc attaché avec des cordons noirs, la bavette bleue, avec un œil brodé ; au milieu du tablier sont deux branches, l'une de laurier, l'autre d'olivier, formant une couronne non fermée, et au milieu la lettre Z ; cordon bleu, liséré de noir, porté en sautoir, au bas duquel pend une clef d'ivoire sur laquelle est la lettre Z. — Rit Ecossais, les mêmes, moins la tunique.

MOT DE PASSE. — Rit de Memphis. Zisa ( resplendissant ), c'est le nom du fils de Jonathan. — Rit Ecossais, le même.

MOT SACRÉ. — Rit de Memphis. 1er mot, I o d ; cette

lettre, prise cabalistiquement, signifie : *Dieu*, *principe*, *unité*. 2e mot. ADONAÏ (*Dieu*). 3e mot. IVAH. Ces mots sont tirés de la décomposition cabalistique du mot JEHOVAH, qui étant combiné de plusieurs manières, donne toujours un des noms de Dieu ; ce nom ineffable était un des mystères de l'intérieur du Temple. — RIT ECOSSAIS, le même.

## CINQUIÈME DEGRÉ. — PARFAIT MAITRE.

SIGNES D'ADMIRATION. — RIT DE MEMPHIS. Lever les mains et les yeux vers le ciel, laisser tomber les bras en les croisant sur le devant, et en portant la vue à terre. — DE RECONNAISSANCE, en s'approchant par degré les pieds l'un de l'autre par la pointe, les genoux se touchant ; se porter soi-même la main droite sur le cœur et la main gauche sur la poitrine du tuileur. — RIT ECOSSAIS, les mêmes.

ATTOUCHEMENT. — RIT DE MEMPHIS. Se prendre mutuellement la main droite, en tenant le pouce écarté, et se porter la main gauche sur l'épaule droite. — RIT ECOSSAIS le même.

BATTERIE. — RIT DE MEMPHIS. Quatre coups égaux, 1111. — RIT ECOSSAIS, la même.

MARCHE. — RIT DE MEMPHIS. Former un carré par quatre pas assemblés. — RIT ECOSSAIS, la même.

AGE. — RIT DE MEMPHIS, un an à l'ouverture des travaux, et sept à la suspension, ensemble huit ans. — RIT ECOSSAIS, le même.

INSIGNES ET DÉCORS. — RIT DE MEMPHIS. Tunique bleue, écharpe verte, frange en argent. — RIT ECOSSAIS, tablier blanc, bavette verte, au milieu du tablier sont trois cercles concentriques, au centre desquels est une pierre carrée sur laquelle est gravée la lettre J ; cordon vert moiré, porté en sautoir, auquel pend pour bijou un compas ouvert sur un segment de cercle égal à 60 degrés ; le cercle est gradué.

MOT DE PASSE. — RIT DE MEMPHIS. ACACIA. — RIT ECOSSAIS, le même.

MOT SACRÉ. — RIT DE MEMPHIS. JEHOVAH (*je suis celui qui est*). — RIT ECOSSAIS, le même.

## SIXIÈME DEGRÉ. — SECRÉTAIRE INTIME,

### OU SUBLIME MAITRE.

SIGNE. — RIT DE MEMPHIS. Porter la main droite à l'épaule gauche, et la faire descendre ensuite vers la hanche droite, en dessinant le baudrier ; on répond en croisant les bras horizontalement à la hauteur de la poitrine ; on les abaisse ensuite vers la garde de l'épée, en levant les yeux au ciel. — RIT ECOSSAIS, le même.

ATTOUCHEMENT. — RIT DE MEMPHIS. L'on se prend mutuellement la main droite ; le premier dit, en le retournant : BERITH (*alliance*) ; le second, tournant la main de l'autre côté, dit : NEDER (*vœu*) ; enfin le premier, revenant à la première position, dit : SCHELEMOTH (*pur*). — RIT ECOSSAIS, le même.

BATTERIE. — RIT DE MEMPHIS, vingt-sept coups par trois fois neuf 11111111 — 1. — RIT ECOSSAIS la même.

INSIGNES ET DÉCORS. — RIT DE MEMPHIS. Tunique bleue, écharpe bleue, frange argent, — RIT ECOSSAIS, un cordon cramoisi en sautoir, au bas duquel est suspendu un bijou composé de trois triangles entrelacés. Tablier blanc, doublé et bordé de rouge ; sur la bavette est un triangle brodé en or.

MOT DE PASSE. — RIT DE MEMPHIS, 1er mot, JOHABEN

(*fils de Dieu*); ce nom est donné au récipiendaire. **2ᵉ mot:**
ZERBEL. — RIT ECOSSAIS, le même.

MOT SACRÉ. — RIT DE MEMPHIS, JVAN, pour JEHOVAH.
— RIT ECOSSAIS, le même.

## SEPTIÈME DEGRÉ. — PRÉVOT ET JUGE,

### OU PRÉVOT JUSTE.

SIGNE. — RIT DE MEMPHIS. Porter la main droite à
plat sur la poitrine. — RIT ECOSSAIS, porter les deux premiers doigts de la main droite à côté du nez; et en réponse
porter l'index sur le bout du nez et le pouce sous le menton.

ATTOUCHEMENT. — RIT DE MEMPHIS. Se donner les
deux mains, puis s'entrelacer réciproquement le petit doigt
de la main droite avec l'index; se donner 7 coups légers
dans la paume de la main. — RIT ECOSSAIS, le même, seulement de la main droite.

BATTERIE. — RIT DE MEMPHIS. Cinq coups par quatre
et un, 1111 —1. — RIT ECOSSAIS, la même.

INSIGNES ET DÉCORS. — RIT DE MEMPHIS. Tunique
bleue, écharpe bleue, frange argent, cordon ponceau porté
en sautoir, auquel est suspendu un triple triangle — RIT
ECOSSAIS. Cordon cramoisi porté en sautoir, au bas duquel
est une clef d'or; tablier blanc bordé de rouge, une poche
au milieu, avec une rosette rouge et blanche; sur la bavette
est une clef brodée en or.

MOT DE PASSE. — RIT DE MEMPHIS. TITO. — RIT ECOS-
SAIS, le même.

MOT SACRÉ. — RIT DE MEMPHIS. JAKINAÏ. — RIT ECOS-
SAIS, le même; plus une grande parole, IZRACH-IAH, JEHO-
VAH, HIRAM, STOLKIN, GÉOMÈTRES-ARCHITECTES.

## HUITIÈME DEGRÉ. — CHEV∴ INTENDANT
## DES BATIMENS.

**SIGNES** de Surprise. — Rit de Memphis. Ayant les mains étendues en équerre, porter les deux pouces aux tempes, reculer de deux pas, avancer d'autant, en disant : Ben-chorim (*fils des nobles*), porter les deux mains sur les yeux pour les couvrir. — D'Admiration. Ayant entrelassé les deux mains, les tourner de manière que la paume soit en haut, les laisser aussitôt retomber sur la ceinture, en regardant le ciel, et en prononçant Achar (*troublant*), c'est un des noms de Dieu. — De Douleur. Ayant porté la main droite sur le cœur, placer la main gauche sur la bouche, et se balancer par trois fois sur les genoux, en disant le premier, Hhaï (*vivant*); le second, Jah (*Dieu*). — Rit Ecossais, les mêmes.

**ATTOUCHEMENT.** — Rit de Memphis. L'on se frappe avec la main droite mutuellement sur le cœur, et ensuite on la passe sous le bras gauche, et l'on prend l'épaule droite avec l'autre main, en disant : le premier, Jachevaï; le second répond, Juda (*louange*). — Rit Ecossais, le même.

**BATTERIE.** — Rit de Memphis. Cinq coups égaux, 11111. — Rit Ecossais, la même.

**MARCHE.** — Rit de Memphis. Cinq pas égaux (monter les 7 marches d'exactitude, et connaître les 5 points de fidélité). — Rit Ecossais, la même.

**AGE.** — Rit de Memphis. Trois fois neuf ans. — Rit Ecossais, le même.

**INSIGNES ET DÉCORS.** — Rit de Memphis, Tunique bleue, écharpe rouge cerise, frange or. — Rit Ecossais.

un tablier blanc bordé en vert et doublé en rouge ; au milieu du tablier est brodé une étoile à neuf pointes sur une balance, et sur la bavette, un triangle contenant les lettres B∴ A∴ J∴ ; un cordon rouge moiré, que l'on porte en écharpe, passant de droite à gauche ; le bijou est un triangle, et sur l'un des côtés sont gravés les mots de passe et sacré. Ben-chorim. — Achar. — Jachinaï (*Franc-Maçon, ô Dieu ! tu es éternel !* Trad. de Loge). Sur le tour du triangle sont gravés ces mots : Juda, Jah (*louange au Seigneur*).

Les mots de passe et sacré sont les mêmes que ceux de l'attouchement.

## NEUVIÈME DEGRÉ. — CHEVALIER ÉLU
## DES NEUF,
### OU MAITRE ÉLU DES NEUF.

Signe. — Rit de Memphis. 1° Étant en face du tuileur, faire le mouvement de lui frapper au front avec un poignard ; et, pour réponse, le tuileur porte la main au front, comme pour s'assurer s'il ne serait point ensanglanté ; 2° frapper au cœur le tuileur, comme si l'on tenait un poignard, en disant : Nekam (*vengeance*), et en réponse, on porte la main sur le cœur, en disant : Nekam ! — Rit Ecossais, le même. — Rit Français (Élu). — Signe d'Ordre. Présenter en avant la main droite fermée, le pouce levé. — Signe de Reconnaissance. De la main droite faire le mouvement de saisir le poignard pour en frapper ; pour réponse, la main droite fermée, le pouce levé, étant ainsi, élever la main en la renversant, le pouce tourné vers le bas.

ATTOUCHEMENT. — R<small>IT</small> <small>DE</small> M<small>EMPHIS</small>. Présenter au tuileur la main droite fermée, le pouce levé; en réponse, le tuileur saisit le pouce qu'on lui présente avec la main droite, en tenant également le pouce levé. — R<small>IT</small> E<small>COSSAIS</small>, le même. — R<small>IT</small> F<small>RANÇAIS</small>. Présenter au tuileur le poing fermé le pouce levé; il prend aussitôt le pouce à pleine main, de la main droite, et le laisse glisser en retirant la main; ces mouvements se font par trois fois, alternativement.

BATTERIE. — R<small>IT</small> <small>DE</small> M<small>EMPHIS</small>. Neuf coups par huit et un 11111111—1. — R<small>IT</small> E<small>COSSAIS</small>, la même. R<small>IT</small> F<small>RANÇAIS</small>, la même.

MARCHE. — R<small>IT</small> <small>DE</small> M<small>EMPHIS</small>, trois pas d'apprenti, trois de compagnon et trois de maître.— R<small>IT</small> E<small>COSSAIS</small> la même. — R<small>IT</small> F<small>RANÇAIS</small>, trois pas d'apprenti, trois de compagnon et trois de maître, en avant et en arrière; ensemble dix-huit pas.

AGE. — R<small>IT</small> <small>DE</small> M<small>EMPHIS</small>, huit et un ans accomplis. — R<small>IT</small> E<small>COSSAIS</small>, le même. — R<small>IT</small> F<small>RANÇAIS</small>, il n'y en a pas.

INSIGNES ET DÉCORS. — R<small>IT</small> <small>DE</small> M<small>EMPHIS</small>. Tunique bleue, écharpe rouge-cerise, franges en or; ruban noir porté en sautoir, au bas duquel il y a un poignard pour bijou. — R<small>IT</small> E<small>COSSAIS</small>, un tablier blanc tacheté de rouge, doublé et bordé en noir; sur la bavette est brodé un bras ensanglanté tenant à la main un poignard. Un cordon (ruban) noir passant de gauche à droite; au bas sont placées neuf rosettes rouges, quatre par devant, quatre pas derrière, et la neuvième sert d'attache au bijou qui est un poignard d'or lame argent. — R<small>IT</small> F<small>RANÇAIS</small>, un tablier blanc doublé et bordé de noir, au milieu duquel est brodé un poignard entouré de neufs flammes rouges; un cordon noir sur lequel sont brodées trois têtes de mort, avec la devise : *vincere aut mori*; au bas du cordon est suspendu un poignard en or, à lame d'argent, attaché par une rosette blanche tenant à un petit ruban rouge ; ce cordon se porte en écharpe passant de la gauche à la droite.

Tous les élus en Loge ont le poignard à la main.

MOT DE PASSE. — RIT DE MEMPHIS. BEGONGAL-CHOL ( *en abomination à tous* ). — RIT ECOSSAIS, BAGULKAL (ce mot est fautif); dans l'ancienne série dite adon-hiramite, le mot de passe est STERKIN. Ce nom, ainsi que celui de STOLKIN, que l'on va retrouver, devrait être remplacé par SCHOULKAIN ( *franche de possession.*) RIT FRANÇAIS, ABIBALANG ( *détruisant son père* ).

MOT SACRÉ. — RIT DE MEMPHIS, NEKAM; réponse, NECHAM ! — RIT ECOSSAIS , le même. — RIT FRANÇAIS, le même.

### DIXIÈME DEGRÉ. — IL∴ ÉLU DES QUINZE.

SIGNE. — RIT DE MEMPHIS, se porter le poignard sous le menton, et comme si l'on voulait s'ouvrir le ventre, le faire descendre le long du corps : en réponse, ayant le point fermé et le pouce levé, l'on fait le signe d'apprenti. — RIT ECOSSAIS, le même.

ATTOUCHEMENT. — RIT DE MEMPHIS. S'entrelacer réciproquement avec le tuileur les doigts de la main droite. — RIT ECOSSAIS, le même.

BATTERIE. — RIT DE MEMPHIS, cinq coups égaux 11111. — RIT ECOSSAIS, la même.

MARCHE. — RIT DE MEMPHIS, quinze pas triangulaires. — RIT ECOSSAIS, la même.

INSIGNES ET DÉCORS. — RIT DE MEMPHIS, tunique bleue, écharpe rouge, frange en or, cordon noir porté en sautoir; trois têtes sont brodées sur le devant. — RIT ECOSSAIS, un tablier blanc bordé et doublé de noir, au milieu duquel est peinte la ville de Jérusalem, dont on voit trois portes en perspective; sur chacune d'elles est une tête plantée sur un pal. Le cordon est noir, passant de gauche à droite, trois têtes sont brodées sur le devant; le bijou est un poignard suspendu au bas du cordon.

MOT DE PASSE. — Rit de Memphis. Eliam (*peuple de Dieu*). — Rit Ecossais, le même.

MOTS SACRÉS. — Rit de Memphis, Zerbel, c'était le fils de Jaïada, général de l'armée de Salomon. Réponse, Ben-iah (*fils de Dieu*).

Les trois têtes sur le cordon signifient les trois assassins d'Hiram.

### ONZIÈME DEGRÉ. — SUBLIME CHEV.·. ÉLU.

SIGNE. — Rit de Memphis. Se croiser les bras sur la poitrine, ayant les mains fermées et le pouce écarté. — Rit Ecossais, le même.

ATTOUCHEMENT. La main droite étant fermée le pouce levé, on se le présente mutuellement; le tuilé prend le pouce du tuileur, et lui renverse le poignet par trois fois en disant alternativement ces trois mots : Berith, neder, Schelemoth. On prend la main droite du tuileur, et l'on frappe avec le pouce trois coups sur la première phalange du médius.

BATTERIE. — Rit de Memphis., douze coups égaux. — Rit Ecossais, la même.

INSIGNES ET DÉCORS. — Rit de Memphis. Tunique bleue, écharpe rouge avec frange en or, cordon noir porté en sautoir, sur lequel sont brodés trois cœurs enflammés. — Rit Ecossais, cordon noir, porté de gauche à droite, sur lequel est brodée la devise : *vincere aut mori*, et au bas du cordon est suspendu un poignard (nous ferons observer que tous ces poignards, toutes ces vengeances ne sont que des allégories). Un tablier blanc, bordure noire; au milieu du tablier est une poche sur laquelle est brodé un poignard environné de neuf flammes.

MOT DE PASSE. — RIT DE MEMPHIS. STOLKIN (*eau courante*) AMAR-IAH (*parole de Dieu*). — RIT ÉCOSSAIS., le même.

MOT SACRÉ. — RIT DE MEMPHIS, ADONAÏ. — RIT ÉCOSSAIS, le même.

## DOUZIÈME DEGRÉ — CHEVALIER GRAND MAITRE ARCHITECTE.

SIGNE. — RIT DE MEMPHIS, l'on pose la main droite sur la gauche, l'une est supposée tenir un crayon, et l'autre une planche à tracer, et l'on fait le simulacre d'y tracer un plan; l'on fixe le Grand Maître, qui est censé en indiquer le sujet. — RIT ÉCOSSAIS, le même.

ATTOUCHEMENT. — RIT DE MEMPHIS, mettre chacun la main sur la hanche, et entrelacer les doigts de la main droite avec ceux de la main gauche du tuileur. — RIT ÉCOSSAIS, le même.

MARCHE. Trois pas en équerre, le premier fait lentement et les deux autres vivement. — RIT ÉCOSSAIS, la même.

INSIGNES ET DÉCORS. — RIT DE MEMPHIS. Tunique bleue, écharpe rouge frange en or, cordon bleu porté en sautoir, avec le bijou, qui est une plaque carrée dont les côtés sont égaux ; sur l'une des faces sont gravés quatre demi-cercles devant sept étoiles, au centre est un triangle contenant la lettre A; sur l'autre face sont les cinq ordres d'architecture, au-dessus est un niveau; au-dessous sont une équerre, un compas; au-dessous des colonnes des cinq ordres, sont les lettres initiales de leurs noms C∴ D∴ T∴ I∴ C∴ (*chevend*), GRANDEUR (*devek*), UNION (*thokath*), FORCE (*jophi*), BEAUTÉ, (*chillah*), PERFECTION (1). RIT ECCOSSAIS, (le grand Maître a une robe blanche), un cordon bleu, passant de droite à gauche, un tablier blanc bordure bleue, une poche au milieu du tablier. Le bijou est suspendu au cordon, et il est le même que celui du rit de Memphis, seulement, après le compas est gravée une croix au milieu de laquelle sont les lettres R∴ N∴.

MOT DE PASSE. — RIT DE MEMPHIS, BADBANAIN (*maître des architectes*). — RIT ECOSSAIS, le même.

MOT SACRÉ. — RIT DE MEMPHIS, ADONAÏ. — RIT ECOSSAIS, le même.

## TREIZIÈME DEGRÉ. — ROYAL ARCHE.

Cette dénomination est purement anglaise; on dirait beaucoup mieux *voûte royale*.

SIGNES D'ADMIRATION. — RIT DE MEMPHIS, un genou en terre, la tête penchée vers la gauche, lever les mains vers le ciel. — D'ADORATION, tomber sur les deux genoux. — RIT ECOSSAIS, les mêmes.

ATTOUCHEMENT. — RIT DE MEMPHIS. Placer les mains sous les bras du tuileur, comme pour l'aider à se relever, en disant TOUB, BAANI, AMAL, RAB (*il est vraiment bon de récompenser le travail*); en réponse, le tuileur fait le même attouchement, et dit : JABULUM (*c'est un bon maçon*). — RIT ECOSSAIS, le même.

BATTERIE. — RIT DE MEMPHIS, cinq coups par deux et trois ††—†††, — RIT ECOSSAIS, la même.

(1) Ne serait-ce pas plutôt le nom des cinq ordres d'architecture? — Corinthien, Dorien, Toscan, Ionien, Composite.

INSIGNES ET DÉCORS. — Rit de Memphis. Tunique bleue, écharpe rouge, frange en or, un cordon pourpre porté en sautoir, sur lequel sont brodées les lettres I∴ V∴ I∴ O∴ L∴ (*inveni verbum in ore leonis*); le bijou est un triangle en or.—Rit Ecossais, un cordon pourpre, mis en sautoir, auquel pend pour bijou une médaille; sur un des côtés est gravé un triangle, et sur l'autre une trappe formant une voûte.

MOT SACRÉ. — Rit de Memphis, Jehovah. — Rit Ecossais, le même.

## QUATORZIÈME DEGRÉ. — CHEVALIER DE LA VOUTE SACRÉE.

(R∴ E∴ Grand Ecossais de la Voûte sacrée de Jacques VI.)

SIGNES, ATTOUCHEMENTS ET MOTS.—Rit de Memphis. — Signe du Serment. Porter la main droite vers le flanc gauche, la retirer horizontalement avec vivacité vers la droite.—1er Attouchement.—Se donner mutuellement la main droite, la retourner alternativement trois fois en disant : l'un Berith, l'autre neder, et le premier réplique : Schelmoth.

1er Mot couvert—Jabulum.

2e Mot de passe—Schibboleth.

Signe du Feu.—Placer sur la joue gauche la main droite ouverte, la paume en dehors, et se tenir avec la main gauche le coude. — 2e Attouchement, s'empoigner la main droite comme au 3e∴ degré, en disant : *Allez-vous plus loin?* La réponse est d'avancer la main le long de l'avant-bras jusqu'au coude; ensuite se poser réciproquement la main gauche sur l'épaule droite, et se balancer trois fois ayant les jambes avancées les unes entres les autres par la droite; le

2ᵉ mot couvert est MACHOBIM (*douleurs*); 2ᵉ mot de passe, ELHHANAN (*grâce de Dieu, Dieu miséricordieux*). SIGNE D'ADMIRATION ET DE SILENCE. Après avoir incliné la tête, les yeux élevés, lever les deux mains ouvertes vers le ciel, et porter ensuite les deux premiers doigts de la main droite sur les lèvres. 3ᵉ ATTOUCHEMENT, l'on se saisit mutuellement la main droite, on se cramponne avec la gauche à l'épaule droite en avançant la main sur le dos pour s'attirer à soi. 3ᵉ MOT COUVERT, ADONAÏ.—RIT ECOSSAIS, les mêmes. — RIT FRANÇAIS (ÉCOSSAIS). SIGNE D'EXTASE. Elever les mains ouvertes, la paume en avant, les doigts rapprochés et le pouce formant l'équerre, jusqu'à la hauteur de l'épaule, et pencher en même temps la tête sur l'épaule gauche, en retirant le pied gauche en arrière.—DE RECONNAISSANCE. La main droite étendue, le pouce en équerre, la porter vers l'épaule gauche, et la ramener diagonalement vers la hanche droite: Ce signe se nomme de l'écharpe. Pour réponse, le tuileur porte la main droite ouverte, la paume en dessus, vers le flanc gauche, et la ramène horizontalement vers la droite. — ATTOUCHEMENT. Se prendre mutuellement la main droite, et la retourner alternativement jusqu'à 3 fois; l'un dit: BERITH, l'autre, NEDER; le premier réplique, SCHELMOTH.

BATTERIE. — RIT DE MEMPHIS, vingt-quatre coups, par 3—5—7—et 9—111—11111—1111111—11111111—RIT Ecossais, la même.—RIT FRANÇAIS, la même.

MARCHE.—RIT DE MEMPHIS, neuf pas, huit précipités et un lent, en se prenant le coude droit et en se portant la main droite sur la joue, la paume en dehors. RIT ECOSSAIS, la même. (Il est dit dans le Rit Ec.·. que c'est ainsi que fit Hiram pour parer les coups de ses meurtriers.)—RIT FRANÇAIS. Vingt-quatre pas, trois pas d'apprenti, en partant du pied gauche, cinq autres en partant du pied droit, sept autres en partant du pied gauche ; enfin neuf autres, par trois du pied droit, trois du pied gauche et trois du pied droit.

AGE.—Rit de Memphis, sept fois sept ans.—Rit Esossais, le même.—Rit Français, il n'y en a pas.

INSIGNES ET DÉCORS.—Rit de Memphis. Tunique bleue, écharpe rouge, frange en or, cordon cramoisi, porté en sautoir, avec le bijou qui est un compas en or.—Rit Ecossais. Le tablier est blanc avec bordure cramoisie, dont un ruban bleu est achevalé sur la bordure ; au milieu du tablier est brodée une pierre plate carrée, au centre de laquelle se trouve un anneau de fer qui y est scellé ; le cordon est cramoisi, porté en sautoir avec le bijou qui est un compas en or, surmonté d'une couronne à pointe, ouvert sur un quart de cercle ; entre les jambes du compas est une médaille où se trouve gravés d'un côté le soleil, et de l'autre l'étoile flamboyante avec la lette G. Sur le quart de cercle sont des chiffres 3, 5, 7 et 9. Tous les Ecossais portent un anneau en forme d'alliance, sur lequel sont gravés, d'un côté le nom du F∴ et la date de sa réception, et de l'autre ces mots : *virtu unites what death cannot separate* (la mort ne peut séparer ce qui est uni par la vertu).—Rit Français, un cordon couleur ponceau, au bas duquel est suspendu un compas couronné ouvert sur un quart de cercle, passant de gauche à droite, et une écharpe rouge à frange en or passant de droite à gauche ; un tablier blanc, doublé et bordé ponceau.

GRAND MOT DE PASSE. Beamacheu. Bamearah (*Dieu soit loué! nous avons trouvé*).—Rit Français. El-Hhanan (*Dieu miséricordieux.*)

MOT SACRÉ. Jehovah.—Rit Ecossais, le même.—Rit Français. Schemham'phoras (*nom expliqué*).

## QUINZIÈME DEGRÉ. — CHEV∴ DE L'ÉPÉE
## ( OU D'ORIENT ).

SIGNE. — Rit de Memphis. Porter la main droite à l'é-paule gauche, et comme pour imiter les ondes d'un fleuve, la descendre en serpentant vers la hanche droite, tirer ensuite le glaive du fourreau et le présenter comme pour le combat. — Rit Ecossais, le même. — Rit Français. Signes — d'ordre. Tenir à la main droite le glaive le long du corps, la pointe en haut. — De Reconnaissance, porter la main droite à l'épaule gauche, et la ramener en serpentant vers la hanche droite. En réponse, l'on porte la main droite sur le flanc gauche, et on la ramène en serpentant.

ATTOUCHEMENT. — Rit de Memphis. Se prendre réciproquement la main gauche, le bras levé, comme pour repousser une attaque, et de la droite faire le simulacre de vouloir se frayer un passage; se porter ensuite la pointe de l'épée sur le cœur, le premier dit Juda, le second : Benjamin ( *Benjamin fils de la droite ou fils des âges* ). — Rit Ecossais, le même. — Rit Français. La main droite au glaive, faire un mouvement comme pour le tirer du fourreau, et porter ensuite le corps en avant vers la droite, en passant le pied droit derrière le gauche, la main gauche élevée et étendue, comme pour repousser une attaque; les deux frères se rencontrent, se prennent réciproquement la main gauche, dont ils entrelacent les doigts, et se donnent le baiser de paix en disant, l'un Juda, l'autre répond Benjamin.

BATTERIE. — Rit de Memphis, sept coups par cinq et deux. — Rit Ecossais, la même. — Rit Français, la même.

MARCHE. — Rit de Memphis, par cinq grands pas, avancer fièrement, l'épée haute. — Rit Ecossais, la même.

AGE. — Rit de Memphis, soixante-dix ans. — Rit Ecossais, le même.

INSIGNES ET DÉCORS. — Rit de Memphis. Tunique bleue, écharpe rouge, frange en or, cordon vert d'eau porté en sautoir, sur lequel sont brodés des ossements, des couronnes, des épées entières et d'autres brisées ; au milieu est un pont sur le cintre duquel sont les lettres L∴ D∴ P∴ (sig. *liberté du passage*). — Rit Ecossais, le tablier est blanc avec bordure verte, et sur la bavette est bordée une tête ensanglantée et deux épées en sautoir ; au milieu du tablier sont brodées trois mailles de chaîne d'une forme triangulaire. Le cordon est vert d'eau ; on le porte de droite à gauche ; sur ce cordon sont brodés des ossements et des membres épars, des têtes, des couronnes, des épées dont quelques-unes sont brisées, et au milieu est un pont sur le cintre duquel sont les lettres L∴ D∴ P∴ ; le bijou est un glaive en forme de sabre. — Rit Français, un cordon vert moiré, sur le devant du cordon sont brodés une épée et un sceptre placés en sautoir, et surmontés d'un soleil ; ce cordon se porte en écharpe passant de gauche à droite. Tablier blanc, doublure et bordure verte, la bavette basse ; sur la bavette est brodé en or le nœud de Salomon mal enlacé ; et au milieu du tablier deux glaives en sautoir. — Les Chevaliers portent en outre une autre écharpe en ceinture, couleur vert d'eau, avec frange en or.

CRI D'ACCLAMATION. — Rit de Memphis, gloire à Dieu et au souverain ! — Rit Ecossais, le même.

MOT DE PASSE. — Rit de Memphis. Jaaborouhammaïm (*les eaux passeront*). — Rit Ecossais, le même. — Rit Français, Jangaborou hammaïm, ou J'aavorou hammaïm.

GRANDE PAROLE. — Rit de Memphis. Schalal Schalon abi (*il a enlevé la paix à son père*). — Rit Ecossais, la même.

MOT SACRÉ.—Rit de Memphis. Raphodon (*lieu de repos*). Rit Ecossais, le même. — Rit Français. Juda. Réponse, Benjamin.

## SEIZIÈME DEGRÉ. —PRINCE DE JÉRUSALEM.

SIGNE. — Rit de Memphis, la main gauche appuyée sur la hanche, l'épée haute, se présenter fièrement. Tendre le bras comme pour commencer le combat, ayant le pied droit en équerre, le talon à la pointe du pied gauche.—Rit Ecossais. le même.

ATTOUCHEMENT. — Rit de Memphis. Se frapper réciproquement avec le pouce droit cinq coups par un, deux et deux sur la jointure du petit doigt. L'on se joint en même temps le pied droit par la pointe, ce qui forme une ligne droite; se toucher les genoux, et se porter la main gauche ouverte sur l'épaule; le premier dit vingt, le second vingt-trois. (Le 20e.·. jour de tebeth, dixième mois de l'année, les Anciens firent leur rentrée à Jérusalem, après leur ambassade à Babylone. Le 23e.·. jour d'adar, douzième mois de la sixième année du règne de Darius, il fut rendu des actions de grâces par le peuple, après la réédification du temple.) Rit Ecossais, le même.

BATTERIE.—Rit de Memphis, vingt-cinq coups par cinq fois cinq.—Rit Ecossais, la même.

MARCHE. — Rit de Memphis, un pas sur la pointe des pieds. — Rit Ecossais, la même.

MOT DE PASSE. — Rit de Memphis, Tebeth (nom du 10e.·. mois lunaire) on répond : Esrim (*vingt*).

MOT SACRÉ. — Rit de Memphis, Adar (nom du 12e.·. mois), on répond : Schalash esrim (*vingt-trois.*)

INSIGNES ET DÉCORS. — Rit de Memphis. Tunique bleue, écharpe rouge, frange en or, cordon couleur aurore, porté en sautoir, avec un bijou qui est une médaille en or; d'un côté est gravée une main tenant une balance, sur l'autre, une épée à deux tranchants et deux étoiles. — Rit Ecossais. Un cordon couleur aurore avec un liseré d'or sur lequel est brodé une balance, une main de justice, un poignard, deux couronnes, cinq étoiles. Les princes de Jérusalem portent des gants blancs; le bijou est attachée au cordon; il est le même qu'au Rit de Memphis. — Le tablier est rouge, bordé de jaune aurore.

## DIX-SEPTIÈME DEGRÉ. — CHEV.·. PRINCE D'ORIENT ET D'OCCIDENT.

### (Rit Ec.·. Chev.·. d'Or.·. et d'Occ.·.).

Les rituels du Rit Ecossais portent que ce degré a été institué en 1118, lorsque les Croisés s'unirent aux Chevaliers d'orient, sous la conduite de Garimont, pour former un corps armé destiné à protéger les pélerins.

SIGNES. — Rit de Memphis, signe général. Fixer son épaule droite et en réponse se regarder l'épaule en prononçant alternativement ces mots : abadon (*exterminateur*) et Jabulum. — Signe pour l'entrée : l'on se met mutuellement la main droite sur le front. — Rit Ecossais. les mêmes.

1er.·. ATTOUCHEMENT. — Rit de Memphis, placer la main gauche dans la main droite de l'examinateur, les doigts allongés; celui-ci la couvre de son autre main; chacun se regarde l'épaule droite. — 2e.·. Attouchement. Placer la main gauche sur l'épaule gauche de l'examinateur, et celui-ci touche l'épaule droite du premier avec la main droite. — Rit Ecossais, les mêmes.

BATTERIE. — Rit de Memphis. Sept coups par 6 et 1. 111111—1. — Rit Ecossais, la même.

MARCHE. — Rit de Memphis. Sept pas en équerre marquant un heptagone. — Rit Ecossais, la même.

INSIGNES ET DÉCORS. — Rit de Memphis. Tunique bleue, écharpe rouge frange en or, cordon noir liseré de rouge, avec le bijou qui est une médaille partie en or, partie en argent, formant un heptagone; d'un côté, dans chacun des angles sont gravées les lettres B∴ D∴ S∴ P∴ H∴ G∴ F∴; au-dessus de chaque lettre est une étoile (ces lettres sont les initiales des mots *beauté*, *divinité*, *sagesse*, *puissance*, *honneur*, *gloire*, *force*). Au centre est un agneau en argent, couché sur le livre des sept sceaux; chaque sceau porte l'une des lettres ci-dessus. Sur l'autre face sont deux épées en croix, la pointe en haut, et posées sur une balance en équilibre. — Rit Ecossais, un cordon blanc passant de droite à gauche, et un noir mis en sautoir, où le bijou est suspendu; le même bijou qu'au Rit de Memphis; un tablier jaune bordé rouge.

MOT DE PASSE. — Rit de Memphis. Jabulum. — Rit Ecossais, le même.

MOT SACRÉ. — Rit de Memphis, Abaddon. Rit Ecossais, le même.

## DIX-HUITIEME DEGRÉ. — CHEVALIER PRINCE DE ROSE-CROIX.

SIGNES. Rit de Memphis. — D'Ordre. Les yeux élevés vers le ciel, les bras croisés sur la poitrine, les mains étendues; il se nomme signe du *Bon Pasteur*.—De Reconnaissance, la main droite levée, et de l'index levé montrer le ciel, et en réponse montrer la terre du même doigt. Faire alternativement ces deux mouvements. —De Secours. Croiser les jambes en passant la droite derrière la gauche; on répond en faisant le même mouvement de la

12

jambe gauche. — Rit Ecossais, les mêmes. — Rit Français, les mêmes.

ATTOUCHEMENT. — Rit de Memphis. Ayant les bras toujours croisés sur la poitrine, se placer en face l'un de l'autre, s'incliner pour le salut, et aussitôt après, se poser réciproquement les deux mains sur la poitrine, sans décroiser les bras; dans cette position, se donner le baiser fraternel et le mot de passe. — Rit Ecossais, le même. — Rit Français, le même

BATTERIE. Rit de Memphis. Sept coups par six et un, 111111—1. — Rit Ecossais, la même. — Rit Français, la même.

AGE. — Rit de Memphis. 33 ans. — Rit Ecossais, le même.

INSIGNES ET DÉCORS. — Rit de Memphis. Tunique rouge, écharpe blanche avec frange en or; crachat or et argent, étoile rouge feu au milieu; cordon rouge porté en sautoir, avec le bijou qui est un compas couronné ouvert sur un quart de cercle; entre les branches, sont d'un côté un aigle, et de l'autre un pélican. — Rit Ecossais. Vêtement noir; par dessus, une dalmatique blanche, bordée en noir, ayant une croix latine rouge devant et derrière; le tablier est en satin blanc doublé et bordé de rouge, sûr la doublure est une croix rouge et sur le devant est brodé l'un des côtés du bijou; le cordon est rouge d'un côté et noir de l'autre; du côté noir est brodée une croix rouge, et du côté rouge une croix noire; le bijou est comme au Rit de Memphis, seulement entre les deux figures une croix sur laquelle est une rose. — Le bijou est voilé, le cordon et le tablier sont tournés du côté noir, au premier point de la réception. — Rit Français les mêmes qu'au Rit Ecossais.

MOT DE PASSE.—Rit de Memphis. Emmanuel(*Dieu avec*

*nous*); la réponse est: Pax vobis (*paix avec vous*). — Rit Ecossais, le même. — Rit Français, le même.

MOT SACRÉ. — Rit de Memphis. I,n,b,i. Il ne se prononce pas en entier; on nomme alternativement les lettres qui le forment.—Rit Ecossais, le même. — Rit Français, le même. — Les anciens Rose-Croix, les philosophes hermétiques formèrent, de ces quatre lettres, les aphorismes suivants:

*Ignem natura regerando integrat.*
*Igne natura renovatur integra.*
*Igne nitrum roris invenitur.*

D'autres les interprètent comme étant les initiales du nom Hébreu des quatre éléments de l'ancienne physique : — *Iammim-eau.* — *Nour-feu.* — *Rouahh-air.*— *Iabescheh-terre.*

L'acclamation, après avoir fait la batterie est: Hoschea (*Sauveur*). Les Chev.·. portent à la jambe gauche une jarretière sur laquelle est brodée la devise: *virtute et silentio.* Le titre caractéristique de chaque Chevalier doit être gravé sur son bijou, au revers du quart de cercle.

Nota. Le Souverain Prince des Rose-Croix, du Rit de Kilwining, est le même, sauf les variantes qui suivent: — Batterie, trois coups égaux.—Signe de la loi, les mains jointes l'une contre l'autre, les doigts allongés, ouvrir les mains comme on ferait un livre; ce signe est censé figurer les tables de la loi. — Signe de la Tour, porter la main gauche à plat sur le côté gauche du F.·. tuileur, et la main droite sur l'épaule gauche. — Signe du Piédestal, regarder la paume de la main droite et la porter ensuite sur le front.—Signe du Chapeau, étendre ses deux mains contre le front, la paume étant en dehors. — Signe d'Hérédom, ayant la main droite fermée, le pouce levé, la porter à la hauteur du front, la descendre jusqu'à l'estomac, la porter vers la gauche, la ramener à droite, enfin figurer une croix. — SIGNE GÉNÉRAL, les bras étant croisés, lever les mains vers le ciel et les laisser retomber devant soi; en réponse, de la main droite montrer avec l'index, le ciel. — ATTOUCHEMENT D'HÉRÉDOM, se placer en face du gardien et se mettre réciproquement les mains sur les anches. — MOT DE PASSE, 1er∴ mot, EMMANUEL. 2e∴ mot, ZOROBABEL. — PAROLE PARTICULIÈRE, I—N—R—I. — PAROLE GÉNÉRALE, RAPHODON. — AUTRES PAROLES. SALATHIEL (*demandé de Dieu*). — MOABON—HIRAM—JEHOVAH.

MARCHE. Trois pas précipités (pour les trois rits).

## DIX-NEUVIÈME DEGRÉ. — CHEV∴ G∴ PONTIFE DE JÉRUSALEM.

(*Rit Ec∴ G∴ P∴ ou sublime Ecossais, dit de la Jérusalem céleste*).

SIGNE. RIT DE MEMPHIS. Etendre le bras droit, la main étendue, et baisser perpendiculairement les trois derniers doigts. — RIT ECOSSAIS, le même.

ATTOUCHEMENT. — RIT DE MEMPHIS, après s'être mis réciproquement la paume de la main droite sur le front, dire, le premier — *alleluia;* le second, *louez le Seigneur;* réplique, *Emmanuel;* réponse, *Dieu vous assiste;* ensemble *amen.* — RIT ECOSSAIS, le même.

BATTERIE. — RIT DE MEMPHIS, douze coups 11—1—11 —1—11—1—11—1. — RIT ECOSSAIS, la même.

INSIGNE ET DÉCORS. — RIT DE MEMPHIS. Tunique rouge, écharpe blanche frangé en or, un crachat or et argent ayant au milieu une étoile en or; un ruban blanc liseré violet; le bijou est une colombe. — RIT ECOSSAIS, une robe blanche, le front ceint d'un bandeau bleu céleste, sur lequel sont brodées douze étoiles en or. Cordon cramoisi liseré de blanc, douze étoiles sont brodées en or sur le devant, et vers le haut un alpha, et au bas un oméga; l'on porte de gauche à droite ce cordon, auquel est suspendu le bijou qui est une plaque en or en forme de carré long. L'alpha est gravé d'un côté et l'oméga de l'autre.

MOT DE PASSE. — RIT DE MEMPHIS. EMMANUEL. — RIT Écossais, le même.

MOT SACRÉ. — RIT DE MEMPHIS, ALLELUA (*louez Dieu*).

## VINGTIÈME DEGRÉ. — CH∴ G∴ MAITRE DU TEMPLE DE LA SAGESSE,

### CHEF DE LA 1re∴ SÉRIE.

(*Rit Ec∴ Vénérable Grand Maître de toutes les Loges*).

SIGNES. — RIT DE MEMPHIS, 1° l'on forme quatre équerres, savoir: la main droite sur le cœur, le pouce écarté (deux équerres). Joindre les deux talons, les pieds ouverts (un équerre); enfin placer la main gauche sur les lèvres le pouce écarté (encore un équerre); 2° la tête un peu penchée vers la gauche, se mettre à genoux, et poser les coudes à terre; 3° en croisant les bras sur la poitrine, placer le droit par-dessus le gauche, les doigts allongés, le pouce en équerre, les pieds placés en équerre (ce qui en forme cinq); 4° D'INTRODUCTON, le bras droit élevé comme pour porter un coup : en se rencontrant, les bras des deux FF∴ se croisent. — RIT ÉCOSSAS, le même.

ATTOUCHEMENT. — RIT DE MEMPHIS, se presser par quatre fois le coude du bras droit avec la main droite qu'on se prend réciproquement, et laisser glisser ensuite la main.

le long de l'avant-bras jusqu'au poignet et sur la ligature du poignet, appuyer avec l'index. INTRODUCTION. Se prendre par la main en plaçant le pouce sur la ligature du poignet, et la laisser glisser le long de la main en se retirant jusqu'au bout des doigts. — RIT ECOSSAIS, le même.

BATTERIE. RIT DE MEMPHIS, trois coups par un et deux 1—11. — RIT ECOSSAIS, la même.

MARCHE. — RIT DE MEMPHIS, neuf pas en équerre. — RIT ECOSSAIS, la même.

INSIGNES ET DÉCORS. RIT DE MEMPHIS. Tunique rouge, écharpe blanche frange en or, crachat, cordon jaune et bleu porté en sautoir; pour bijou, un triangle. — RIT ECOSSAIS, un cordon jaune et un bleu céleste, les croiser sur la poitrine; le bijou est un triangle en or avec la lettre R.

MOT DE PASSE. RIT DE MEMPHIS. JEKSAN, réponse. ZABULON, réplique, NABUZARDAN (prince de ( l'armée). — RIT ECOSSAIS, le même.

MOT SACRÉ. RAZAH-BETSIJAH (branche de la solitude).

## VINGT-UNIEME DEGRÉ. — CH∴ NOACHITE
## ou DE LA TOUR.

(Rit Ec∴ Noachite, ou Ch∴ Prussien).

SIGNES. — RIT DE MEMPHIS. — D'ORDRE, le visage tourné vers le côté où se lève la lune, les bras levés vers le ciel. — D'INTRODUCTION. Présenter au tuileur les doigts de la main droite; celui-ci en les prenant dit Frédéric II, et présente à son tour les trois doigts; on les saisit en disant NOÉ (repos). — RIT ECOSSAIS, les mêmes.

ATTOUCHEMENT. — Après avoir pris l'index de la main

droite de l'examinateur, le presser avec l'index et le pouce en disant : Sem (*renommée*) ; l'examinateur fait aussitôt après le même signe en disant : Cham (*chaud ou noir*), et en répétant l'attouchement, dire Japheth (*beau*). — Rit Ecossais, le même

BATTERIE. Rit de Memphis. Trois coups lents, 1 1-1. — Rit Ecossais, la même.

MARCHE. — Rit de Memphis. Trois pas de Maître. — Rit Ecossais, la même.

INSIGNES ET DECORS. — Rit de Memphis. Tunique rouge, écharpe blanche, frange en or, crachat or et argent ; un cordon noir porté en sautoir ; le bijou est un triangle équilatéral en or, traversé d'une flèche ; le bijou de l'Ordre est une lune d'argent. — Rit Ecossais. Tablier et gants jaunes ; cordon noir, porté de droite à gauche ; les bijoux sont les mêmes.

MOTS SACRÉS. — Rit de Memphis. — Sem, Cham, Japheth. — Rit Ecossais, les mêmes.

MOT DE PASSE. — Rit de Memphis. Phalegh (*division*), répété par trois fois. — Rit Ecossais, le même.

## VINGT-DEUXIEME DEGRÉ — CHEV∴ DU LIBAN.

*(Rit Ec∴ Ch∴ Royale Hache)*

SIGNES. Rit de Memphis. Faire le signe comme pour élever une hache avec les deux mains, pour couper un arbre par le pied. — Réponse, lever les deux mains, les doigts étendus à la hauteur du front, et les laisser retomber. Rit Ecossais, les mêmes.

ATTOUCHEMENT. — Rit de Memphis. L'on se prend

réciproquement les mains en croisant les doigts. — Rɪᴛ Ecossais, le même.

BATTERIE. — Rɪᴛ ᴅᴇ Mᴇᴍᴘʜɪs. Deux coups égaux, 1-1. — Rɪᴛ Ecossais, la même.

MARCHE. — Rɪᴛ ᴅᴇ Mᴇᴍᴘʜɪs. Trois pas croisés. — Rɪᴛ Ecossais, la même.

INSIGNES ET DÉCORS. — Rɪᴛ ᴅᴇ Mᴇᴍᴘʜɪs. Tunique rouge, écharpe blanche frange en or, crachat, cordon porté en sautoir aux couleurs de l'arc-en-ciel; pour bijou une hache d'or surmontée d'une couronne. — Rɪᴛ Ecossais même cordon, même hache, seulement sur un côté du manche sont les lettres L∴ S∴, et au sommet, du même côté A∴ A∴ C∴ D∴ X∴ Z∴ A∴ ; sur l'autre côté est la lettre S∴ et au sommet N∴ S∴ C∴ J∴ M∴ B∴ O∴; ce sont les initiales des noms *Liban, Salomon, Abda, Adoniram, Cyrus, Darius, Xercès. Zorobabel, Ananias, Sidonius, Noé, Sem, Cham, Japheth, Moïse, Beseleel, Ooliab*. Un tablier au milieu duquel est brodé un œil.

MOT DE PASSE. Rɪᴛ ᴅᴇ Mᴇᴍᴘʜɪs. Jᴀᴘʜᴇᴛʜ, Oᴏʟɪᴀʙ, *tabernacle du Père*). Rɪᴛ Ecossais, le même.

MOT SACRÉ. — Rɪᴛ ᴅᴇ Mᴇᴍᴘʜɪs. Nᴏé. Bᴇsᴇʟᴇᴇʟ (*ombre de Dieu*) et Sɪᴅᴏɴɪᴜs (*chasseur*).

## VINGT-TROISIÈME DEGRÉ. — CHEVALIER DU TABERNACLE.

*(Rit Ec∴, Chef du Tabernacle)*

SIGNE. — Rɪᴛ ᴅᴇ Mᴇᴍᴘʜɪs. L'on est censé tenir un encensoir à la main gauche, et l'on fait le mouvement de le saisir avec la main droite en avançant du pied gauche. — Rɪᴛ Ecossais, le même.

ATTOUCHEMENT. — Rɪᴛ ᴅᴇ Mᴇᴍᴘʜɪs, se prendre réciproquement avec la main droite le coude gauche, en arrondissant le bras. — Rit Ecossais, le même.

BATTERIE. — Rit de Memphis, trois coups égaux |||. — Rit Ecossais, la même.

MARCHE. — Rit de Memphis, cinq pas égaux. — Rit Ecossais, la même.

INSIGNES ET DÉCORS. — Rit de Memphis. Tunique rouge; écharpe blanche, frange en or; un crachat. Bijou, un delta. Rit Ecossais, robe rouge avec un par-dessus jaune plus court et sans manches; pour coiffure une mître fermée en étoffe d'or; sur le devant est brodé un delta avec le nom ineffable. Echarpe noire, franges en argent; au nœud de l'écharpe est attaché, avec une rosette rouge, un poignard; l'écharpe se porte de gauche à droite.

MOT DE PASSE. — Rit de Memphis, Hahtzield (volonté de Dieu), En réponse : Darakiel (direction de Dieu.)

MOT SACRÉ. — Iram.

## VINGT-QUATRIÈME DEGRÉ. — CHEVALIER DE L'AIGLE ROUGE.

*(Ec∴ Prince du Tabernacle)*

SIGNES. — Rit de Memphis. — de Reconnaissance, comme pour se garantir d'une vive lumière, placer la main droite sur les yeux et la main gauche ouverte sur la poitrine ; porter ensuite la main droite vers l'épaule gauche, et la ramener diagonalement sur le côté droit; on le nomme signe du cordon. — Grand Signe. — Placer les deux mains ouvertes sur la tête, joindre les deux pouces et les deux index par les extrémités pour former un triangle. — Rit Ecossais, les mêmes.

ATTOUCHEMENT. — Le même qu'au degré précédent.

SIGNE D'ADMIRATION. — Rit de Memphis et Rit Ecossais, la tête inclinée en avant, la main droite sur la poitrine, les yeux élevés vers le ciel, les couvrir de la main gauche.

MARCHE. — Rit de Memphis. Six pas égaux et un plus grand, ensemble sept pas. — Rit Ecossais, la même.

BATTERIE. — Rit de Memphis. Sept coups 11111 1—1. — — Rit Ecossais, la même.

MOT DE PASSE. — Rit de Memphis. Uriel (*feu du seigneur*); en réponse on dit : *Tabernacle des vérités révélées.* — Rit Ecossais, le même.

MOT SACRÉ. — Rit de Memphis. Jehovah (on l'épèle). — Rit Ecossais, le même.

INSIGNES ET DÉCORS. — Rit de Memphis. Tunique rouge, écharpe blanche, frange en or ; crachat, cordon ponceau moiré porté en sautoir. — Rit Ecossais, robe en soie bleue, avec un collet garni de rayons en gaze d'or, imitant l'auréole ; la robe est parsemée d'étoiles d'or ; sur la tête est une couronne fermée, environnée d'étoiles, et surmontée d'un delta ; cordon ponceau moiré, porté en sautoir ; tablier blanc avec doublure ponceau.

## VINGT-CINQIÈME DEGRÉ.—CHEVALIER DU SERPENT D'AIRAIN.

SIGNE. — Rit de Memphis, Indiquer un objet à terre avec l'index de la main droite ; incliner la tête. — Rit Ecossais, le même, de plus, faire le signe de la croix sur soi-même.

ATTOUCHEMENT. — Rit de Memphis. Prendre avec la main gauche le poignet gauche de l'examinateur ; en réponse, le tuileur prend le poignet droit du premier avec la main droite. — Rit Ecossais, le même.

BATTERIE. — Rit de Memphis, neufs coups, cinq lents, trois précipités et un séparé 11111—111—1. — Rit Ecossais, la même.

MARCHE. — Rit de Memphis, neuf pas en serpentant. — Rit Ecossais, la même.

INSIGNES ET DÉCORS — Rit de Memphis. Tunique rouge, écharpe blanche, frange en or, crachat, cordon violet porté en sautoir, sur lequel est brodé en or, *vertu* et *courage*. — Rit Ecossais. Le bijou est un serpent entortillé autour d'une baguette terminé en T ( c'est l'image du serpent que Moïse fit élever dans le camp des Israélites ); le cordon est rouge, on le porte en sautoir; sur ce cordon est brodée la devise : *vertu* et *courage*.

MOT DE PASSE. — Rit de Memphis, I. N. R. I. — Rit Ecossais, le même.

MOT COUVERT. — Rit de Memphis, Johan Raph (*soleil, guérir*), Rit Ecossais — Johannes Ralp. (*Fondateur de l'ordre*).

MOT SACRÉ — Rit de Memphis. Moïse; il s'épèle (*enlevé*). Moïse fut le chef et le législateur des Hébreux; il termina sa carrière sur la montagne *Nébo*, au dernier jour de la lune d'Adar, dernier de l'an du monde 2553; mais l'on n'a jamais pu découvrir le lieu de sa sépulture. — Rit Ecossais, le même.

## VINGT-SIXIÈME DEGRÉ. — CHEV.˙. DE LA CITÉ SAINTE.

*(Rit Ec.˙. Ecossais Trinitaire, ou Prince de Merci).*

SIGNES. — Rit de Memphis. — D'entrée, comme pour se garantir d'une vive lumière, porter la main droite en triangle au-dessus des yeux. — De caractère, avec les deux pouces et les deux index réunis par les extrémités, ayant les mains devant soi touchant au corps, former un triangle ; — DE SECOURS, les mains ouvertes, la paume en avant, croiser les deux bras au-dessus de sa tête, en disant : *A moi les enfants de la veuve* ; — D'ORDRE, la main droite appuyée sur la hanche. — RIT ECOSSAIS, les mêmes.

ATTOUCHEMENT. — RIT DE MEMPHIS, placer les deux mains sur les épaules du tuileur, les lui presser légèrement par trois fois en disant : *Gomel.* — RIT ECOSSAIS, le même.

BATTERIE. — RIT DE MEMPHIS. Quinze coups par trois, cinq et sept, 111—11111—1111111. — RIT ECOSSAIS, la même.

MARCHE. — RIT DE MEMPHIS et RIT ECOSSAIS, trois pas égaux en partant du pied gauche.

AGE. — RIT DE MEMPHIS et ECOSSAIS, quatre-vingt-un an.

INSIGNES ET DECORS — RIT DE MEMPHIS. Tunique rouge, écharpe blanche frange en or ; cordon blanc, rouge et chamois, porté en sautoir. — RIT ECOSSAIS. Tablier rouge, au milieu est brodé un triangle blanc et vert ; un cordon aux trois couleurs de l'ordre porté en sautoir ; le bijou est un triangle équilatéral en or.

MOT DE PASSE — RIT DE MEMPHIS. GOMEL ( *récompensant* ). — RIT ECOSSAIS, le même.

MOTS VULGAIRES. — RIT DE MEMPHIS. GHIBLIN et GABAON (*colline*). — RIT ECOSSAIS, les mêmes.

MOTS SACRÉS. — RIT DE MEMPHIS; JEHOVAH, JACHIN,

MOT SUBLIME. — RIT DE MEMPHIS. EDUL-PEN CAGU: *fais ce que tu voudrais qui te fût fait.*

# VINGT-SEPTIÈME DEGRÉ. — SOUVERAIN GRAND COMMANDEUR DU TEMPLE.

*(Rit Ec∴. de Jérusalem).*

**SIGNES.**—Rit de Memphis;—de Reconnaissance. Porter la main droite sur le front, et marquer avec le pouce, les doigts étant fermés, le signe de la croix ; en réponse le tuileur baise le front à la place où le signe a été fait. Mais hors de la cour, au lieu de baiser le front, il porte sur la bouche les deux premiers doigts de la main droite en fermant les autres et tournant en dehors le dedans de la main. — Rit Ecossais, le même. De plus : signe d'Ordre ; *dans la cour*, ayant la main droite étendue sur la table ronde , former, avec le pouce écarté, un équerre ; debout, placer la main droite sur le corps, au dessous de la poitrine.

**ATTOUCHEMENT**. — Rit de Memphis. Frapper trois coups de la main droite sur l'épaule gauche de l'examinateur, lequel répond en prenant la main droite et lui faisant sentir trois légères secousses. — Rit Ecossais, le même.

**BATTERIES**. — Rit de Memphis, ving-sept coups avec le plat de l'épée, par douze, douze et trois 111111111111 — 111111111111 — 111. — Rit Ecossais , la même.

**MARCHE**. — Rit de Memphis, trois pas ordinaires. — Rit Ecossais, il n'y en a pas.

**INSIGNES ET DÉCORS.**—Rit de Memphis. Tunique rouge, écharpe blanche, frange en or ; crachat : cordon bleu céleste, liseré d'or ; bijou, un triangle en or. — Rit Ecossais, cordon blanc, liseré de rouge, porté en camail. Sur les deux côtés sont brodées en rouge quatre croix de commandeur ; le bijou est un triangle en or , sur lequel est gravé le mot sacré ; écharpe rouge brodée en noir, passant de droite à gauche; la croix de commandeur est suspendue à cette écharpe. Tablier rouge avec bordure noire ; sur la bavette est une croix teutonique, entourée d'une couronne de laurier et au-dessus de la bavette une clef.

MOT DE PASSE. — RIT DE MEMPHIS, SALOMON (*Pacifique*).

MOT SACRÉ. — RIT DE MEMPHIS et RIT ECOSSAIS I. N. R. I.

## VINGT-HUITIÈME DEGRÉ. — CHEVALIER DE JOHAN ou DU SOLEIL.

SIGNES. — RIT DE MEMPHIS, ayant le pouce de la main droite écarté , la mettre à plat sur le cœur, ce qui forme un équerre ; en réponse, montrer le ciel avec l'index de la main droite. — RIT ECOSSAIS, le même.

ATTOUCHEMENT. Prendre les mains de l'examinateur, et les lui presser légèrement. — RIT ECOSSAIS le même.

BATTERIES. — RIT DE MEMPHIS, — six coups égaux. RIT ECOSSAIS, la même.

INSIGNES ET DÉCORS. — RIT DE MEMPHIS , Tunique rouge; manteau couleur aurore ; écharpe blanche parsemée d'étoiles brodées en or avec franges à petits bouillons; crachat au milieu duquel est un soleil; ils portent un bâton bleu de ciel à l'extrémité duquel est un globe en or. — RIT ECOSSAIS, le grand maître porte une robe rouge, un manteau couleur aurore, et tient à la main un sceptre bleu à l'extrémité duquel est un globe en or; les FF∴ de la vérité ont le bâton blanc avec un œil en or à l'extrémité ; les chérubins portent un cordon blanc moiré en sautoir, sur la pointe duquel est brodé un œil; le bijou est un triangle radieux avec un œil au milieu; les chérubins n'ont point de tablier; les sylphes portent une tunique , un tablier brun, un bonnet bleu serré par un ruban aurore. (Le récipiendaire est voilé lorsqu'il entre en Loge.)

MOT DE PASSE.— RIT DE MEMPHIS. HÉLIOS , MÉNÈ TÉTRAGRAMMATION (*le soleil*, *la lune*, *Dieu*).-- RIT ECOSSAIS. STIBIUM (*antimoine.*)

MOT SACRÉ.-- RIT DE MEMPHIS. ADONAÏ, réponse, ABRA (*roi sans tache*). —RIT ECOSSAIS, le même.

Nous avons plusieurs ordres qui correspondent en quelque sorte au 28e.˙. degré : le plus connu est le *sublime Elu de la vérité*. Il en existe un conseil métropolitain près du chapitre des souverains princes Rose-Croix de la parfaite union, à la vallée de Rennes.

Cet ordre est divisé en deux grades , *le Prince adepte ou Chérubin*, qui n'est que l'introduction à l'*Elu de la Vérité.* La décoration est la même que dans le degré qui précède, le nombre des officiers est absolument le même, et ils ont le même titre au 1er.˙. degré : ces deux grades sont entièrement philosophiques; le conseil n'admet que 7 membres, et point de sylphes ; voici le tuileur de ces deux grades.

### CHEVALIER ADEPTE.

INSIGNES ET DECORS. Cordon ponceau, sur lequel est brodé en or un soleil; le tablier est blanc, bordé couleur ponceau ; au milieu sont trois rosettes de même couleur, placées en triangle; le bijou est un soleil d'or suspendu à une chaine d'or passée au cou; le reste est conforme au 28e degré du Rit Ecossais.

### SUBLIME ÉLU DE LA VÉRITÉ.

INSIGNES ET DÉCORS. Le cordon est ponceau avec frange en or ; porté de droite à gauche, il est attaché vers le bas avec une rosette: sur le devant est brodé un delta rayonnant or et argent, avec un œil au milieu, et sur la partie du cordon qui passe sur l'épaule est une épaulette en or avec trois étoiles en argent; il n'y a point de tablier ; le bijou est une gloire en or avec un triangle au milieu, et dans le triangle est une croix.

Point de signe, de marche, de batterie ni d'attouchement.

MOT DE PASSE dit de reconnaissance. NATURA (*nature*); il se donne à voix basse et à l'oreille.

Le Sublime Elu de la vérité est de la plus haute antiquité; c'est le dernier degré de l'initiation des anciens. Mais les mystères qu'il renfermait sont inconnus des rits modernes; et le primitif a dû les rejeter dans les degrés supérieurs.

## VINGT-NEUVIÈME DEGRÉ. — CHEVALIER DE SAINT-ANDRÉ.

(*Rit Ec.·. Grand Ecossais de Saint-André d'Ecosse, ou Patriarche des Croisades.*)

SIGNES et ATTOUCHEMENT. — RIT DE MEMPHIS. 1° *Signe de la terre*. La tête un peu inclinée en avant, s'essuyer le front avec le revers de la main droite. 1er ATTOUCHEMENT. Se prendre avec l'examinateur successivement la première, seconde et troisième phalange de l'index de la main droite, en épelant alternativement le mot Booz.-- 2e.·. SIGNE, celui *de l'eau*. Placer la main droite sur le cœur, l'étendre ensuite horizontalement à la hauteur de la poitrine, et la laisser retomber du côté droit. ATTOUCHEMENT.-- Se prendre mutuellement les première, seconde et troisième phalange du doigt médius, en épelant le mot JAKIN. 3·.·. SIGNE *celui d'étonnement et d'horreur.* En regardant à terre, tourner la tête du côté gauche, et élever les deux mains droites vers le ciel. 4e.·. SIGNE, *celui du feu.* Joindre les deux mains, les doigts entrelacés, la paume tournée en dehors, et s'en couvrir la vue ; en réponse : 4e.·. SIGNE DE L'AIR, Étendre en avant le bras droit à la hauteur de l'épaule. 3e.·. ATTOUCHEMENT. En prononçant alternativement chacun une des trois syllabes de MOABON, prendre l'index de la main droite par la phalange du bout. — 5e.·. SIGNE, *celui d'admiration.* Lever les mains et les yeux vers le ciel, le bras gauche un peu moins élevé, le talon du pied gauche un peu relevé, de manière à ce que le genou fasse équerre avec la jambe droite. — 6e.·. SIGNE, *celui du soleil.* Placer le pouce de la main droite sur l'œil droit, élever l'index pour former l'équerre, l'aligner comme si l'on voulait marquer un point de vue, et dire : *Je compasse jusqu'au soleil.* — 7e.·. SIGNE GÉNÉRAL. Former avec les deux bras, les mains vers le haut de la poitrine, une croix de St-André. — ATTOUCHEMENT GÉNÉRAL.— Se prendre la phalange extrême de l'index de la main droite ; le premier dit *ne,* le second *ka,* et en passant à la phalange extrême du petit doigt, dire, le premier *mah,* le second *nekamah.* — RIT ECOSSAIS, les mêmes.

MARCHE. — RIT DE MEMPHIS, faire sur le plan de la croix de Jérusalem, trois pas d'apprenti, trois de compagnon et trois de maître. — RIT ECOSSAIS, la même.

AGE. — RIT DE MEMPHIS, le carré de neuf, quatre-vingt un ans. — RIT ECOSSAIS, le même.

BATTERIE. — Le RIT DE MEMPHIS et le RIT ECOSSAIS, neuf coups, par deux, trois et quatre 11—111—1111.

INSIGNES ET DÉCORS. — RIT DE MEMPHIS. Tunique rouge, écharpe blanche étoilée, avec frange en or ; crachat, cordon en sautoir, vert, liseré de rouge, avec un bijou qui

13

est un compas dans trois triangles renfermés dans un seul.
— RIT ECOSSAIS, robe rouge, le cordon est ponceau, porté
en écharpe; au bas est attaché le bijou avec une rosette en
ruban vert, liseré de rouge. La ceinture est blanche avec
frange en or, le bijou est un compas dans trois triangles
renfermés dans un; au-dessous du grand triangle est une
équerre renversée, dans l'angle de l'équerre est posé un
poignard.

MOT DE PASSE.— RIT DE MEMPHIS, EREL (*ange du feu,
de la lumière*). HASSAN (*ange de l'air*), TALJAHHAD (*ange de
l'eau*.) PHORLACH (*ange de la terre*). RIT ECOSSAIS, ARDAREL,
CASMARAN, TALLIUD, FURLAC (*anges du feu, de l'air, de l'eau,
de la terre; — ces mots sont fautifs*).

MOT SACRÉ.— RIT DE MEMPHIS et RIT ECOSSAIS, NE-
KAMAH (*vengeance.*)

## TRENTIÈME DEGRÉ.·.—CHEV.·. G. KADOSCH,
### Souv.·. G.·. INSP.·.

*Rit Ec. ·., Grand Inquisiteur, Grand Elu, Chev.·. Kadosch ou Chev.
de l'Aigle blanc et noir.)*

SIGNES. — RIT DE MEMPHIS. Placer la main droite, les
doigts écartés, sur le cœur, et la laisser retomber sur le
genou droit, que l'on empoigne en fléchissant; saisir ensuite le poignard qui est suspendu au cordon, l'élever
comme pour en frapper, en disant *Nekam, Adonaï* (*vengeance, Seigneur*). — SIGNE D'ORDRE. Ayant le glaive dans
la main gauche, placer la droite étendue sur le cœur. —
RIT ECOSSAIS, les mêmes.

ATTOUCHEMENT. — RIT DE MEMPHIS. On se touche
réciproquement par la pointe du pied et du genou droit,
et en se présentant le poing fermé de la main droite; le

pouce étant levé, le prendre alternativement, le laisser glisser en reculant d'un pas et en levant le bras commme pour frapper d'un poignard. L'on dit : le premier, NEKAMAH BEALIM (*vengeance des traîtres* ), le second répond : PHARASCH-CHOL (*tout est expliqué*). — RIT Ecossais, le même.

BATTERIE. — RIT DE MEMPHIS, trois fois deux et un 11—11—11—1. — RIT Ecossais, la même.

MARCHE. — RIT DE MEMPHIS, trois pas précipités, les mains croisées sur la tête. — RIT Ecossais, la même.

AGE. — RIT DE MEMPHIS et RIT Ecossais, un siècle et plus.

INSIGNES ET DÉCORS. — RIT DE MEMPHIS. Tunique blanche, en forme de dalmatique, bordée en noir; écharpe blanche frange en or, un poignard est posé dans la ceinture; chapeau rabattu; sur le devant de la coiffe est un soleil à fond d'argent, rayons en or, et au centre du soleil est un œil; un cordon noir passant de gauche à droite; sur le devant sont brodées en rouge deux croix teutoniques, un aigle à deux têtes, un soleil et les lettres C.˙. K.˙. H.˙. brodées en argent. Un crachat or et argent, au milieu est brodé un aigle à deux têtes. — RIT Ecossais, même tunique, écharpe noire frange en argent; même chapeau, même cordon; bijou, une croix teutonique émaillée en rouge, attachée à la boutonnière sur le côté gauche, ou un aigle noir à deux têtes, portant une couronne et ayant un poignard dans les serres.

Les Chev.˙. Kadosch de l'antique et stricte observance portent l'ancien costume des Chevaliers du Temple; ils sont bottés, cuirassés et casqués.

MOTS DE PASSE. — RIT DE MEMPHIS, *pour entrer*, NEKAM (*vengeance*), réponse, MENARHEM ( *consolateur.*) *Pour sortir*, PHANGAL-CHOL (*tout est accompli*), réponse : PHARASCH-CHOL. — RIT Ecossais, les mêmes.

MOTS SACRÉS. — RIT DE MEMPHIS. NEKAM ADONAÏ. Réponse: PHARASCH-CHOL. — RIT ECOSSAIS, les mêmes.

L'Echelle mystérieuse est composée de deux montants ayant chacun sept échelons. Le premier montant à droite se nomme OHEB ELOAH (*amour de Dieu*); le second montant à gauche se nomme OHEB KEROBO (*amour du prochain*). — Echelons du premier montant ; 1° *Tzedakah*, Justice. 2° *Schor-Laban*, Pureté. 3° *Mathok*, Douceur, 4° *Emounah*, Force. 5° *Amal-Sagghi*, Travail. 6° *Sabbal*, Fardeau. 7° *Ghemoul nah thebounah*, Prudence. — Echelons du deuxième montant à gauche: 1° Astronomie. 2° Musique. 3° Géométrie. 4° Arithmétique. 5° Logique. 6° Rhétorique. 7° Grammaire.

## TRENTE — UNIÈME DEGRÉ — GRAND-INQUISITEUR-COMMANDEUR.

SIGNE. — RIT DE MEMPHIS. Croiser les deux mains sur le nombril. En réponse, l'on croise les deux bras au-dessus de la tête, les doigts alongés, la paume de la main en dehors. — RIT ECOSSAIS, le même.

ATTOUCHEMENT. RIT DE MEMPHIS. Se prendre la main gauche, s'approcher réciproquement du pied droit, et se toucher le genou, et de l'autre main se frapper mutuellement un coup sur l'épaule droite. — RIT ECOSSAIS, le même.

BATTERIE. — RIT DE MEMPHIS. Neuf coups 1 — 111 — 1111 — 1. — RIT ÉCOSSAIS, la même.

INSIGNES ET DÉCORS. — RIT DE MEMPHIS. Tunique noire, cordon blanc porté en camail sur la pointe duquel est brodé en or un triangle radieux, au milieu est le nombre 31. Une croix teutonique en argent est le bijou de ce grade. — RIT ECOSSAIS, les mêmes, sauf la tunique.

Il n'y a point de mot de passe.

MOTS SACRÉS.—Rit de Memphis. Tzedakah (*justice*).
Réponse: Mischor (*équité*). Ensemble: Amen (*ainsi-soit-il*).
—Rit Ecossais, les mêmes.

# TRENTE - DEUXIÈME DEGRÉ. — SOUVERAIN PRINCE DU ROYAL MYSTÈRE.

(Rit Ec∴. Sublime Prince du Royal Secret).

SIGNE. — Rit de Memphis. Placer la main droite sur le
cœur; la porter en avant, la paume tournée vers le bas, et
la laisser retomber sur le côté. — Rit écossais, le même.

BATTERIE. — Rit de Memphis. Cinq coups, par un et
quatre, 1—1111.— Rit Ecossais, la même.

INSIGNES ET DÉCORS. — Rit de Memphis. Tunique
rouge, cordon noir liséré d'argent porté en sautoir; sur la
pointe est brodé un soleil; l'écharpe est noire avec frange
argent; un crachat or et argent. — Rit Ecossais. Cordon
noir liseré d'argent porté en sautoir: sur la pointe est brodée une croix teutonique, l'aigle à deux têtes, en argent, est
placé dans le centre de la croix; la ceinture est noire avec
frange en argent, et une croix rouge est sur le devant. Le
bijou est une croix teutonique en or; le tablier est blanc et
bordure rouge; sur la bavette est brodée la croix rehaussée
d'argent sur les contours; au milieu du tablier, est tracé le
plan du camp des princes.

MOTS D'ORDRE DE L'ARMÉE.— Il y a pour chacun des
jours de la semaine un mot différent, et le second est donné
en réponse du premier :

Lundi, *Darius*. Mardi, *Xercès*. Mercredi, *Alexandre*
Jeudi, *Philadelphe*. Vendredi, *Hérode*. Samedi, *Ezéchias*.
Dimanche *Cyrus*.

MOTS DE PASSE. — Rit de Memphis. Phaal-chol (*sépa-*

rès). Pharasch-ghol ( *réunis* ). Nekam-maqqhah (*pour la vengeance* ). Ensemble, Schaddaï ( *tout-puissant* ). — Rit Ecossais, les mêmes.

MOTS SACRÉS. — Rit de Memphis. Salix; réponse : Noni; ensemble : Tenga. (Ces mots sont composés de lettres qui marquent les tentes du camp des princes.) — Rit Ecossais, les mêmes.

# TRENTE-TROISIÈME DEGRÉ. CHEVALIER. GRAND INSPECTEUR GÉNÉRAL.

(Rit Ec∴ Souverain Grand Inspecteur Général).

SIGNES.— Rit de Memphis. 1er∴ croiser les bras sur la poitrine, le corps et la tête inclinés en avant, se mettre à deux genoux; 2o∴ tirer le glaive du fourreau, poser la main gauche sur le cœur.—Rit Ecossais le même, seulement tomber sur le genou gauche au 2e∴ signe, et au 3e∴ signe baiser par trois fois la lame de son épée.—Ce degré n'a pas d'attouchement.

BATTERIE. — Rit de Memphis et Rit Ecossais, onze coups, par cinq, trois, un et deux 11111—111—1—11.

INSIGNES ET DÉCORS. — Rit de Memphis. Tunique en soie cramoisie, parsemée d'étoiles en or ; un soleil en pierreries pour crachat ; une écharpe blanche avec des franges à gros bouillons en or ; un ruban blanc moiré liseré d'or; sur le devant, est brodé en argent un delta environné d'une gloire en or; le bijou est un pantagone régulier.— Rit Ecossais, un cordon blanc moiré, liseré d'or, au bas duquel est une rosette blanche, rouge et verte, avec franges en or; un delta, environné d'une gloire en or, est brodé sur le devant; sur deux côtés du delta est un poignard dont la pointe est dirigée vers le centre, et au milieu le nombre 33 en chiffres arabes ; ce cordon se porte de gauche à droite. On porte en outre, du côté gauche, une croix teutonique rouge ; le bijou est un aigle noir à deux têtes, couronné, ayant les ailes étendues, et tenant un glaive dans les serres ; le glaive, les becs, les ongles sont en or : ce bijou se porte suspendu à une chaîne d'or passée au cou.

**MOTS DE PASSE.** — Rit de Memphis et Rit Ecossais, 1er∴, de *Molay* ; réponse : *Hiram-abis* ; 2e∴ mot ; *Fréderic*, réponse : *de Prusse*.

**GRAND MOT DE PASSE OU MOT SACRÉ.**—Rit de Memphis et Rit Ecossais : Mi-chamichah Bealim Adonaï (*qui est semblable à vous, parmi les forts seigneurs !*)

# BANQUETS.

### BANQUET DES CHEV∴ ÉLU DES NEUF.

#### 9e∴ d∴

**Commandement.** Main droite au poignard ! poignard à la main gauche ! main droite à l'urne ! haut l'urne ! vidons l'urne en trois temps ! en avant l'urne ! plongeons le poignard dans l'urne (par trois fois en disant : Nekam) L'urne sur le cœur ! posons l'urne en trois temps ! un.... deux.... trois ! poignard à la main droite ! haut le poignard ! salut du poignard, à moi ! pour la batterie ( la batterie du grade, et dire trois fois Nekam)!

## BANQUET DES SUBLIMES CHEV.·. DES ELUS.

### 11°.·. d.·.

On nomme les Verres, Coupes... **COMMANDEMENT:** Drapeau en écharpe! la main droite à la coupe! haut la coupe! main gauche au glaive! vidons la coupe en trois temps! un...deux...trois! la coupe à l'épaule gauche! la coupe! à la hanche gauche! remettons la coupe à l'épaule gauche! la coupe diagonalement à la hanche droite! remettons la coupe à l'épaule droite! en avant la coupe! posons la coupe en trois temps! un...deux...trois! A moi, mes FF.·. pour la batterie! (acclamation après la batterie du degré): Dieu bénisse les Chevaliers! en place, les travaux du collége sont suspendus!

## BANQUET DES CHEV.·. DE L'ÉPÉE.

Commandement: aux armes, Chevaliers (tous les Chevaliers se lèvent); main droite au glaive: salut du glaive en trois temps! main gauche au calice; haut le calice! vidons en trois temps! en avant le calice! Exercice du glaive! posons le glaive et le calice! (Batterie) Acclamation: gloire à Dieu!

Lorsqu'on a posé le calice sur la table, on frappe avec le pied par terre.

## BANQUET DES CHEVALIERS DE L'AIGLE ROUGE.

La table est ronde et les mets sont présentés successivement à chacun; au milieu de la table est un trophée d'armes, au milieu est placé le rameau d'or (1). L'encens brûle ; il n'y a que sept lumières (2) ; il y a trois santés.

*Le Maître dit :*

L'ardent midi de nos solennités sollicite nos cœurs à des libations nouvelles: chargeons. Puissant F.·., second S.·., quelle suite de bonheur nous annoncez-vous ?

Réponse.

D.·. FF.·. Surv.·. et vous, puiss.·. FF.·. de cette hiérarchie, célébrons la grandeur du glorieux destin qui nous unit !

*On vide la coupe d'un seul trait.*

*Deuxième SANTÉ. Le Maître dit :*

L'ardent midi de nos solennités, etc, Puis.·. F.·. 1er.·. Surv.·., quelle heure est-il ?

R.·. . . . . . .

D.·. Quels talents réunissez-vous ?

Réponse. . . . .

D.·. Où sont nos FF.·. ?

R.·. Le Souverain Grand-Maître les dirige en Loge et les conserve en hiérarchie.

*Le Maître reprend :*

Puiss.·. FF.·., de la sapiente Loge hiérarchique, je porte la santé de tous les Maçons élus et à élire, par les accords de sept et de trois fois trois.

*Troisième SANTÉ. Le Maître fait charger, etc.; il dit :*

Puissants FF.·., nous portons la santé de la France et de ses enfans, que le sublime Architecte des mondes leur donne joie et prospérité.

(1) Le rameau porté par les initiés à Eleusis était un myrte auquel répond le rameau d'or que portait Énée dans sa descente aux enfers.

(2) Ce nombre renferme en lui de grands et sublimes mystères ; voir l'instrution du 1er.·. degré.

# MAÇONNERIE D'ADOPTION [1].

Les novateurs des Loges d'adoption ayant compris que le commerce familier entre les deux sexes contribue puissamment à la civilisation des peuples, ont trouvé le moyen d'établir, par une loi religieuse, un corps d'association de femmes, en suivant l'exemple des initiations anciennes, qui admettaient dans les temples les prêtresses, les vestales, etc. La plus belle moitié du genre humain est donc admise à participer d'une certaine manière aux mystères de l'ordre Maçonnique et aux œuvres de philantropie qui la caractérise.

Les doctrines suivies dans les loges d'adoption se rattachent, pour le premier degré, à la création de l'homme, et à Ève, qui le tente et le séduit par le fruit défendu. Pour les 2e 3e 4e et 5e degrés, à la Genèse, à la Bible. Le rit de Memphis a deux grades, les 6e et 7e, où les dames sont admises à des travaux philosophiques qui sont accordés à celles dont les lumières et les vertus sont les plus éminentes.

Ces assemblées n'ont aucune forme secrète; elles n'ont de

[1] Les décorations des Loges, titres, ouvertures, etc., sont en cahiers manuscrits qui seront délivrés aux Loges qui en feront la demande. Nous donnons ici tout ce qui est nécessaire à l'instruction personnelle de nos SS.

commun avec les Francs-Maçons que le local, des actes de
bienfaisance, des relations d'estime et d'affection.

Nota. Nous avons dit que les loges d'adoption suivent les
légendes de la Genèse et de l'Ancien-Testament. Dans l'initiation on y parle de la création et de la chute d'Adam.
Nous croyons devoir, à cette occasion, indiquer la création de l'homme, tirée des livres orientaux : Selon
l'Ezour-Veidam, Adimo est le premier homme. Dieu, en
le créant, lui donna une plante qui lui assura toute science
et une vie éternelle ; un serpent, très-envieux du bien,
trouva le moyen de s'en emparer, et Adimo tomba dans l'i-
gnorance et la misère.

Dans l'Ezour-Veidam, livre, dit-on, plus ancien que la
Bible, on trouve la création de l'homme et la perte des biens
de la vie; le Dieu créateur est lui-même la lumière éternelle.
Cette idée est regardée par les Indiens savants comme plus
vraie et tenant plus de l'essence de Dieu. Voici la création
du premier homme, telle qu'on la lit dans le livre de Confucius. — « Le Monde ayant été créé, les hommes vécurent
« long-temps dans une grande sainteté ; ils avaient le don
« de la prophétie, et possédaient des forces surnaturelles. A
« cet âge d'or succéda une époque malheureuse : la terre
« produisit une plante douce comme le miel: un homme
« vorace vint en goûter, et, par l'éloge qu'il en fit, il donna
« aux autres l'envie d'en manger; dès lors la sainteté dispa-
« rut de la surface de la terre, les forces surnaturelles, la
« longueur de la vie et la grandeur des hommes diminuèrent;
« l'on fut obligé de vivre long-temps dans les ténèbres. La
« terre était consternée, les vertus se négligèrent, enfin
« elles disparurent entièrement et à leur place se mirent
« l'adultère, le meurtre, l'injustice et tous les vices. La

« terre ne produisant plus rien pour la nourriture des hom-
« mes, la nécessité fit inventer la charrue : mais comme ni
« la vie, ni les propriétés n'étaient assurées, on choisit un
« sage pour maître et pour gouverneur.

« Cet homme fit le partage des terres et des biens; son
« nom était Bourchan, fondateur de la religion des Lamas;
« il établit ses dogmes chez soixante-et-une nations ; mais
« par malheur chacune d'elles les prit dans un sens opposé,
« et de là les différentes religions répandues dans le monde.
« ( Schérer prétend que Confucius était inspiré , et qu'il a
« prédit la venue du Christ dans la personne de Bourchan). »

---

## TUILEUR DE LA MAÇONNERIE D'ADOPTION.

---

### PREMIER DEGRÉ.— APPRENTIE.

SIGNES. — RIT DE MEMPHIS.— D'Ordre, la main droite
sur le cœur. — De caractère, porter sur la bouche les
deux premiers doigts de la main gauche, le pouce sous le
menton. — RIT ECOSSAIS et RIT FRANÇAIS.— SIGNE D'OR-
DRE, les deux mains l'une dans l'autre posées sur le tablier. — SIGNE DE CARACTÈRE , le même qu'au Rit de Memphis , seulement en réponse se prendre avec le pouce et le
petit doigt de la main droite l'oreille gauche.

ATTOUCHEMENT.— RIT DE MEMPHIS, la main droite
ouverte, les doigts rapprochés, s'avancer réciproquement,
placer les mains l'une sur l'autre, par l'intérieur, et frap-

per cinq coups avec le doigt du milieu, suivant la batterie. — Rit Ecossais et Rit Français, le même.

BATTERIE. — Rit de Memphis, cinq coups égaux.—Rit Ecossais et Rit Français, la même.

ACCLAMATION. Frapper légèrement l'extrémité des doigts l'un sur l'autre en disant: Eva.

INSIGNES ET DÉCORS. — Rit de Memphis, une robe blanche, écharpe bleue frange en argent, cordon bleu en sautoir avec le bijou qui est un cœur enflammé. — Rit Ecossais et Rit Français, robe blanche, un large ruban bleu par-dessus passant de droite à gauche; pour bijou un cœur enflammé dans l'intérieur duquel est une pomme. Les dignitaires portent le ruban en sautoir avec le bijou qui est une truelle. Le tablier est de peau blanche doublé et bordé en soie bleue; la jarretière de l'ordre est en satin blanc avec la devise *silence* et *vertu*; on la place autour du bras gauche; gants blancs.

MOT DE PASSE. — Rit de Memphis, Eva. — Rit Ecossais et Rit Français, le même.

MOT SACRÉ.— Rit de Memphis, feix feax (*école de vertu.*) — Rit Ecossais et Rit Français, le même.

## DEUXIÈME DEGRÉ. — VOILÉE.

( *Rit Ecossais et Rit Français: Compagnone* ).

SIGNES. — Rit de Memphis. Les deux mains élevées sur la tête, les laisser retomber comme pour abaisser un voile. — Rit Ecossais et Rit Français, l'œil droit fermé, y porter le petit doigt de la main droite; pour réponse, couvrir les yeux de la main droite en se prenant le bout du nez avec le pouce et l'index.

ATTOUCHEMENT. — Rit de Memphis, se prendre réciproquement la main droite, de manière à ce que les deux pouces soient croisés, et le doigt médius étendu sur le poignet. — Rit Ecossais et Rit Français, le même.

BATTERIE. — Rit de Memphis, cinq coups égaux. Rit Ecossais et Rit Français, la même. — Acclamation: *vivat!*

INSIGNES ET DÉCORS. — Rit de Memphis, les mêmes qu'au premier degré; seulement un voile de gaze sur la tête, et les dignitaires des gants noirs; de même au Rit Ecossais et au Rit Français.

MOT DE PASSE. — Rit de Memphis, lama sabactani (*pourquoi m'as-tu abandonné*).—Rit Ecossais et Rit Français, le même.

MOT SACRÉ. — Rit de Memphis. Belba (*tour de confusion*), anagramme du mot *Babel*. — Rit Ecossais et Rit Français, le même.

## TROISIÈME DEGRÉ. — MAITRESSE.

SIGNE. — Rit de Memphis, avec la main droite figurer devant soi l'échelle de Jacob, et pour réponse, placer sur le visage la main gauche, de manière à ce que le petit doigt soit sur la bouche, le pouce sur l'oreille gauche, le médius et l'index sur l'œil, et l'annulaire sous le nez. — Rit Ecossais et Rit Français, le même.

ATTOUCHEMENT.—Rit de Memphis, poser en longueur l'index et le médius de la main droite sur ceux du tuileur, se touchant par l'intérieur, et appuyer tour à tour le pouce droit sur les jointures des deux doigts près de l'ongle.—Rit Ecossais et Rit Français, le même.

BATTERIE. — Rit de Memphis, cinq coups égaux.—Rit

Ecossais et Rit Français , la même. — Acclamation, eva répété cinq fois.

INSIGNES ET DÉCORS. — Rit de Memphis, comme au 1er degré ; pour bijou une truelle d'or ; une couronne de myrte sur la tête. — Rit Ecossais et Rit Français, les mêmes, de plus un tablier blanc, doublure et bordure cramoisie.

MOT DE PASSE.—Rit de Memphis. Babel.—Rit Ecossais et Rit Français, le même.

MOT SACRÉ.—Rit de Memphis, havoth-jair (*éclatante lumière*). — Rit Ecossais et Rit Français, le même.

## QUATRIÈME DEGRÉ. — MAITRESSE PARFAITE.

SIGNE. — Rit de Memphis , la baguette élevée et appuyée contre l'épaule droite ; c'est le signe d'ordre. Mettre la main gauche sur la poitrine, la retirer et la fixer par-dessus avec étonnement ; la placer sous le tablier , et l'ayant retirée, la regarder avec joie (c'est ce que fit Moïse sur le mont Horeb, par l'ordre du Seigneur ; sa main fut couverte de lèpre, et guérie aussitôt). — Rit Ecossais et Rit Français, le même.

ATTOUCHEMENT. — Rit de Memphis, 1° faire le signe en présentant le dessus de la main gauche ; 2° remettre la main sous le tablier, la retirer en montrant le dedans ; en réponse, l'on fait le même signe ; 3° ayant passé la main sous celle du tuileur, la ramener en glissant jusqu'à l'extrémité des doits. — Rit Ecossais et Rit Français, le même.

BATTERIE.—Rit de Memphis, sept coups, par six et un 111111 — 1. Rit Ecossais et Rit Français, la même.

INSIGNES ET DÉCORS. — Rit de Memphis, comme au

1er degré ; de plus une baguette à la main. Pour bijou un marteau d'or suspendu à un cordon bleu moiré mis en sautoir ; un anneau d'or, en forme d'alliance, sur lequel est gravé le mot *secret ;* une paire de jarretières en taffetas bleu sur lesquelles est brodé en or un cœur avec une devise, savoir, sur l'une : *la vertu nous unit,* et sur l'autre : *le ciel nous récompense.* — RIT ECOSSAIS et RIT FRANÇAIS, les mêmes.

MOT DE PASSE. BEITH-NGABARA (*maison de passage*).— RIT ECOSSAIS et RIT FRANÇAIS, le même.

MOT SACRÉ.—RIT DE MEMPHIS, ACHITOB (*frère de bonté.*) —RIT ECOSSAIS et RIT FRANÇAIS, le même.

### CINQUIÈME DEGRÉ.—ÉLUE SUBLIME.

(Rit Ec∴ et F∴ Souv∴ Il∴ Ecossaise.)

SIGNE. — RIT DE MEMPHIS, faire le salut en portant la main droite à l'épaule gauche, et la retirer horizontalement —RIT ECOSSAIS et RIT FRANÇAIS, saisir la tête par les cheveux avec la main gauche, et de la droite faire le simulacre de se couper le cou.

ATTOUCHEMENT. — RIT DE MEMPHIS, s'entrelacer le petit doigt de la main droite mutuellement.—RIT ECOSSAIS et RIT FRANÇAIS, le même.

INSIGNES ET DÉCORS.—RIT DE MEMPHIS, même robe; écharpe couleur cerise, frange en or, passant de droite à gauche; au bas de l'écharpe est suspendu un glaive attaché avec une rosette verte; sur le devant de l'écharpe sont brodées en argent cinq étoiles à cinq pointes; à l'endroit où l'écharpe se trouve fixée sur l'épaule est une rosette blanche; sur la poitrine, du côté gauche, est attachée avec un ruban bleu une truelle en or, et du côté droit sont attaché avec un ruban ponceau un ciseau, un marteau et un anneau d'or ; le tablier est bleu, la doublure et la bordure sont vertes, et la bavette de même.—Rit Ecossais et Rit Français, le même.

BATTERIE.—Rit de Memphis, deux coups égaux.—Rit Ecossais et Rit Français, la même. Le mot d'acclamation est Judith répété par deux fois.

MOT DE PASSE.—Rit de Memphis. Vagao (*intime*).

MOT DE RECONNAISSANCE. *La vallée de Béthulie m'est connue.*—Rit Ecossais et Rit Français, les mêmes.

MAITRESSE PAROLE. — Rit de Memphis, Sigé et Alethé, *silence*, *vérité*. — Rit Ecossais et Rit Français, la même.

14

# NOTICE

## LES ALPHABETS ET LES HIÉROGLYPHES.

Plusieurs opinions ont cours dans le monde savant sur l'origine des Alphabets et des Hiéroglyphes ; il ne nous appartient pas de décider entre ces opinions dont chacune est soutenue par des hommes éminents, et appuyée sur des raisons plus ou moins plausibles. Toutefois, l'opinion qui semble avoir prévalu le plus universellement, est que les premiers caractères employés pour fixer les pensées ou les images furent emblématiques, et empruntés, soit aux travaux du labourage, soit aux procédés les plus usuels des arts de la vie, soit enfin aux observations astronomiques. L'Alphabet hiéroglyphique, c'est-à-dire représentant les pensées par les images, dut précéder dès longtemps l'alphabet syllabique, qui consiste essentiellement dans la décomposition des éléments d'un mot, et dans le groupement de ces éléments pour former une parole. C'est de l'Egypte que nous viennent, ainsi que toutes les autres connaissances, les hiéroglyphes et les premiers alphabets. La plupart des monuments qui couvraient la terre d'Egypte étaient revêtus de signes hiéroglyphiques, dont l'emploi était soit de donner des indications relatives aux travaux de l'agriculture, aux crues du Nil, aux inondations, etc. , soit de conserver le souvenir des événements mémorables, et de consacrer la mémoire des souverains qui avaient illustré leur règne par des institutions utiles et glorieuses.

Les Egyptiens, et généralement tous les peuples primitifs, avaient l'habitude de symboliser les grands accidents de la nature et les hautes spéculations philosophiques, de bâtir la-dessus des fables que le vulgaire prenait au pied de la lettre, et dont la connaissance n'était communiquée qu'aux initiés; c'est ainsi qu'ils avaient symbolisé la nature dans Isis et ses mystères, dans les voiles qui enveloppaient la statue de cette déesse, et dont le dernier ne tombait jamais, même aux yeux des prêtres; c'est ainsi encore que les Grecs avaient symbolisé les hautes sciences dans la courtine sacré du temple d'Apollon.

Avant les hiéroglyphes, on se servait, chez les Chinois, de cordelettes chargées de nœuds, dont chacune rappelait un événement; à la découverte du Nouveau-Monde on trouva également des quipos ou registres de cordelettes, dont les nœuds étaient de différentes couleurs, et combinés entre eux; ils renfermaient les annales de l'empire, les revenus publics, les impôts, etc. Chez les Chinois, Fo-Hi, an 2951 avant Jésus-Christ, remplaça les cordelettes par huit kouas (1), dont les lignes horizontales et brisées, gravées sur des planchettes, se combinaient à volonté; ces kouas étaient exposés dans les lieux les plus fréquentés, soit pour donner des ordres ou avertir de quelque solennité.

Suivant les Chinois, les traces d'oiseaux imprimées sur le sable fournirent la première idée des caractères; Tsang-Hié, ministre de Hoang-Ty, appela ces caractères Hiao-Ki-Tchouen, et ils servirent à tracer les premiers hiéroglyphes.

Nous lisons dans un discours du P∴ F∴ Boubée,

(1) Voir les Alphabets.

( *de l'Origine de la Maçonnerie en France*, prix de littérature maç∴), que les Egyptiens enveloppaient leurs principes et leur morale dans des figures symboliques. « Ainsi, chez
« eux, une figure demi-nue, dont la tête était rasée à droite,
« était le symbole parlant du soleil, qui ne se découvre ja-
« mais en entier, au même moment, à tout l'univers ; les
« cheveux coupés dont il ne lui restait que la racine, indi-
« quaient que cet astre inépuisable a la faculté de renaître ;
« ses ailes marquaient la rapidité de sa course ; l'urne sus-
« pendue à sa main droite annonçait qu'il est la source de
« tous les biens ; et le bâton augural qu'il portait à sa main
« gauche était l'emblème heureux de la sollicitude avec la-
« quelle il prévient les besoins des mortels.

« Isis balançant sur ses genoux son fils Houis, était un
« des hiéroglyphes les plus ingénieux et les plus vrais des
« Egyptiens ; ce groupe est l'image du gouvernement et du
« peuple. Peut-on mieux peindre la confiance de ce dernier
« dans l'autorité qui le gouverne, que par la sécurité avec
« laquelle un enfant repose sur les genoux de sa mère.

« Le peuple s'appuyant sur le sceptre de la loi était re-
« présenté sous la forme d'un géant aveugle, marchant à
« l'aide d'un long bâton, surmonté d'un œil ouvert.

« Une langue et une main dans un même cadre étaient,
« pour les profanes, les deux objets capables de fléchir les
« dieux ; la langue par les prières, la main par les offrandes,
« et les initiés y voyaient d'un seul trait les deux facultés
« qui ont mis l'homme au-dessus de tous les êtres animés,
« le tact et la parole. Un serpent qui mord sa queue et qui
« se tue lui-même, était l'emblème du méchant qui doit être
« un jour la victime de ses crimes ; une pie déchiquetant
« une feuille de laurier, était l'image de la calomnie qui
« persécute les sages et les savants. La bonne foi était

« peinte par une figure tendant la main gauche; enfin cette
« langue parlante, que les prêtres d'Egypte portèrent à sa
« perfection, avait le mérite de l'éloquence la plus sublime
« et la plus savante précision; elle était de tous les temps,
« de tous les peuples, et ce qu'elle exprimait n'était pas
« susceptible d'être dénaturé. Ce fut à l'ombre de ces sym-
« boles figurés, que le dépôt des vérités premières fut in-
« tact, et que l'on força le peuple à révérer la divinité, et à
« respecter ses droits.

(1) Voir à la fin du volume les Alphabets et Hiéroglyphes maç∴.

# DISCOURS

### POUR

# L'INSTALATION D'UNE LOGE.

T∴ CH∴ FF∴,

Un nouveau pli s'est déroulé dans la grande bannière de la fraternité ; la bienveillance, cette déesse riante et belle comme l'aurore d'un jour de printemps , est descendue parmi nous; attentive à sa voix douce, des âmes nobles se sont groupées autour d'elle et n'attendent plus que ses ordres.

Auguste orient, c'est au milieu de tes régions parsemées de débris et de décombres qu'il faut chercher l'origine du genre humain ! Ce sont tes plaines qui portèrent le berceau de la culture intellectuelle! C'est ton enceinte luxueuse, reine des cités, qui, jadis , ornèrent les riches rives du Nil, splendide Memphis, où le culte le plus grandiose fut rendu à Isis, symbole sublime de la nature, mère et nourricière des hommes et des choses ! Quel emblème plus significatif pourrions-nous choisir pour décorer le fronton de ce modeste temple ? Sur quels fondements plus solides pourrions-nous asseoir les bases de notre enceinte sacrée, si ce n'est sur les colonnes brisées et couvertes de la mousse de trente siècles où les grands réformateurs du monde ancien allaient chercher la clef des plus hautes sciences, comme des plus sublimes vérités ?

En jetant un regard sur le champ immense qui s'ouvre à nos travaux, en examinant les phases multipliées qu'a dû parcourir le génie bienfaisant de l'homme avant de consolider l'édifice social modèle sur les fondements qui le supportent aujourd'hui, je ne sais par où commencer. Irai-je fouiller les ruines et les écrits hiéroglyphiques des Égyptiens ! irai-je, dans les traditions fabuleuses de l'obscure antiquité, chercher un point de départ pour établir le rapport qu'avaient les sociétés savantes des rives fertiles du Nil avec l'ordre maçonnique régulier des 18e et 19e siècles ? mais ce que nous chercherions peut-être vainement dans ces sociétés anciennes, ce sont les grands principes de l'humanité pure : les efforts pour éveiller dans le cœur des hommes les sentiments d'union et de fidélité, ou la socialité, la liberté de conscience; des opinions philosophiques et religieuses, ou la tolérance; l'amour et le secours fraternel, ou la philanthropie.

Les différentes phases de développement qu'ont subies, depuis les temps les plus reculés, les ateliers du Sublime Architecte des mondes, nous représentent une société intimement liée aux plus hautes destinées de l'homme et à la culture élevée de l'esprit humain, une alliance multiple dans ses embranchements, mais unique dans son but, qui est de nous rapprocher de plus en plus de ce que la perfectibilité humaine renferme de plus pure, — alliance qui, si elle poursuit sa route et reste fidèle à l'essence de la libre et franche-maçonnerie, en dépit des obstacles du monde extérieur, désigne avec précision la voie qui mène aux résultats les plus sublimes, savoir : l'unité sociale.

A vous donc, mes FF∴, à développer le germe d'une alliance humanitaire, pure, universelle, conforme à l'esprit de la vérité, en harmonie avec l'idéal des formes politiques et religieuses. L'œuvre est grande , longue, difficile, mais elle est belle; la route fut tracée , et en quelque sorte aplanie par les esprits privilégiés de toutes les conditions , de tous les temps, de toutes les contrées.

Le compas d'une main, le glaive de l'autre, nous mesurerons les distances, et les franchirons en écartant les dangers. Les générations à venir compléteront ce que nous sommes résolus à continuer.

Après ces vœux pour l'ordre maçonnique en général, permettez-moi, mes FF∴, de revenir au temple dont nous fêtons en ce jour solennel l'installation : que le Tout-Puissant protége ses ouvriers, dirige leurs travaux et bénisse leurs efforts en les convertissant en actions utiles à l'humanité.

Je n'abuserai pas plus longtemps de votre indulgente bonté, mes FF∴; mais avant de terminer cette allocution d'amitié, joignez-vous à moi pour offrir le tribut de notre reconnaissance aux FF∴ qui ont jeté les premiers fondements de ce temple, et surtout aux ch∴ FF∴ délégués qui, mus par de nobles sentiments pour le bonheur des hommes, sont venus nous prêter le secours de leurs lumières, et nous guider dans le premier pas de la vraie sagesse.

## LE PRÉSIDENT A L'INSTALLATION

AUX MEMBRES DE LA LOGE DE. . . . . . .

T∴ CH∴ FF∴,

Avant de nous séparer de vous, veuillez nous permettre de vous témoigner une vive gratitude de la coopération fraternelle que vous avez apportée à l'exécution de nos travaux ; comme nous, vous en trouverez l'heureuse récompense dans la position honorable et prospère que prend chaque jour la loge de...... , sortie victorieuse de toutes les luttes qu'elle à eu à soutenir.

Un nouvel éclat, inconnu dans les autres ateliers, réjaillira sur le vôtre, et vous fera comprendre de plus en plus tous les bienfaits de la fraternité et toute la grandeur de notre institution, c'est par la science, c'est par la connaissance des principes et des causes des actions humaines, que la pratique d'une douce morale vous deviendra plus familière et plus profitable ; tous les bons sentiments viendront d'eux-mêmes se placer dans votre cœur, et vous rendront facile le triomphe de la vertu sur vos passions.

Vous avez compris la Franc-Maçonnerie comme la comprend le rit éclairé de Memphis, FRATERNITÉ, TOLÉRANCE, BONTÉ envers tous, dévouement à notre antique institution, soumission au G∴ E∴, culte sincère et religieux à l'auteur de la nature ; voilà les bases solides sur lesquelles repose l'édifice que vous élevez à la gloire de Memphis ; c'est ainsi que vous ramènerez la Franche-Mac∴ à sa vérité primitive, à son esprit bienfaisant et civilisateur.

Pour atteindre ce but désirable, vous avez été fidèles observateurs de la sage disposition qui éloigne de nos temples et de nos réunions tout sujet de frivolités et de plaisirs; vous vous êtes servis de la F∴ Maç∴ pour faire le bien, et non pour trouver l'occasion des jeux de repos ou de stériles amusements; continuez, T∴ Ch∴ FF∴, à donner l'exemple du zèle et du dévouement, que l'ordre et l'harmonie soient toujours avec nous, la science à laquelle vous aspirez, vous éclairera de ses brillants rayons, et vous recueillerez bientôt les heureux fruits de vos travaux et de la noble mission que vous voulez accomplir.

# BAPTÊME MAÇONNIQUE.

Les travaux sont ouverts au 1er degré, suivant le rituel; le vénérable annonce que le F∴ D . . . . . présente son fils P. , . . . . . né le . . . . . . . pour qu'il soit reconnu enfant de la Loge de . . . . . . . . il lui présente la pierre brute, le ciseau et le maillet, et lui parle en ces termes (1):
« Mon frère, la providence a confié ce louveton à vos soins paternels, afin que vous en formiez un homme qui puisse un jour être utile à l'humanité. La tache qui vous est imposée est d'autant plus pénible, que l'erreur, le vice et l'imposture, lutteront sans cesse contre vos efforts; mais ne redoutez point ces peines, elles s'évanouiront, et l'avenir vous en récompensera par la douce jouissance que vous

(1) La Maç∴ considérée comme le résultat des Religions égyptiennes, juives et chrétiennes, etc. Tome. 3.

éprouverez lorsque votre fils marchera dans le sentier de la vertu et de la vérité.

« Considérez, mon frère, cette pierre brute, la nature l'a composée d'une matière qui est parfaite dans son essence. Dans l'état où elle est maintenant, la main d'un habile artiste peut parvenir à en former un objet utile. Frère, appuyez ce ciseau sur la pierre brute, et frappez-y les trois coups mystérieux à l'aide du maillet.

« Reprenez votre louveton. Ce travail symbolise celui que vous aurez à faire pour lui : l'enfant, dans l'état d'innocence, ressemble à la pierre brute ; il sort des mains de la nature avec le germe de toutes les qualités propres à lui faire acquérir la perfection à laquelle il peut aspirer sur cette terre. Comme la façon future de la pierre brute dépend de la manière avec laquelle elle sera travaillée, de même le sort futur de l'homme dépend de l'éducation qu'il recevra, de l'exemple qu'il aura sous les yeux. Les trois coups mystérieux que vous avez frappés symbolisent le travail qu'il y a à faire à l'égard des trois parties intégrantes qui constituent l'homme, le physique, le moral et l'intellectuel, ce sont ces trois parties qu'il faut travailler. »

Le parrain de l'enfant tient de la main droite le fil d'un aplomb, de manière que l'extrémité supérieure soit en face du cœur du louveton. Le 1er surv∴ le touche de la main droite et dit : « Puisse la ligne verticale de l'aplomb t'enseigner à marcher droit dans le chemin de la vérité, et à ne jamais en dévier ! Qu'elle dirige tes regards vers la voûte céleste, où tant de merveilles se déploieront à tes yeux, et vers la terre qui te nourrit et qui t'offre des jouissances sans nombre ; qu'elle t'apprenne enfin à lire, dans le grand livre de la nature, les preuves évidentes de l'existence d'un être infiniment sage, juste, bon et tout-puissant. »

Ensuite, le premier Surv∴ soutient de la main droite

un côté du niveau, tandis que le parrain soutient le côté opposé: le 1er Surv∴ s'exprime ainsi :

« Puisse ce symbole de la justice et de l'égalité être toujours présent à ton esprit, afin que tu sois juste envers tes semblables ! Puisse-t-il sans cesse te faire ressouvenir que tous les hommes sont égaux devant Dieu. »

Le Vén∴ et le parrain prennent l'équerre et la tiennent élevée au-dessus du Louveton, et le Vén∴ dit :

« Que ta raison et ta conscience se réunissent toujours comme les deux côtés de cet instrument pour agir d'accord, et déterminer ta volonté pour le bien. »

Les deux Surv∴ et le parrain se munissent chacun d'un flambeau, le louveton est porté par son père près du candelabre de l'angle au sud-est, le Vén∴ dit :

« Mes FF∴ promettez-moi que vous ferez tout ce qui dépend de chacun de vous pour inspirer à ce louveton la profonde vénération et la vive reconnaissance que nous devons au subl∴ Arch∴ des mondes. »

Les FF∴ répondent : « nous le jurons ».

Le Vén∴ prend le flambeau du 1er Surv∴; il allume celui du candélabre, et, en le rendant: il dit. « Venez, mes FF∴, au candélabre de l'angle sud-ouest.»

Le Vén∴ dit : « Mes FF∴, promettez-moi que vous ferez tous vos efforts pour faire marcher ce louveton dans le chemin de la vertu et de la vérité, et pour préserver sa raison et sa conscience des préjugés et de l'erreur. »

Les FF∴ répondent : « Nous le jurons ! »

Le Vén∴ allume, comme la première fois, le flambeau de ce candélabre, et enfin ils se rendent près du candélabre nord-ouest; le Vén∴ dit: «Mes FF∴ promettez-moi que vous allumerez dans le cœur de ce Louveton l'amour de ses semblables, l'ardeur et le désir de travailler un jour au bien de l'humanité. »

Les frères répondent : « nous le jurons. »

Le Ven∴ allume le flambeau du troisième candélabre ; ensuite il fait apporter le vase déposé sur l'autel, qui contient du vin, le remet au parrain ; il y trempe l'index et le porte sur la bouche du louveton en disant :

« Que ta bouche manifeste les principes de la sagesse et de la justice, qu'elle soit toujours prête à dire la verité, à défendre l'innocence et le malheur contre l'oppression, et à porter la consolation et la paix dans le cœur de tes semblables ! »

Il trempe une seconde fois l'index dans le vin, le porte à l'oreille droite et ensuite à l'oreille gauche du Louveton, en disant : • Sois toujours attentif aux leçons de la sagesse ; écoute les plaintes du malheur et de l'innocence, et sois sourd à la voix du mensonge. •

Il trempe une troisième fois l'index dans le vin, et le passe sur les yeux du louveton, en disant : • Que tes yeux t'apprennent à lire, dans le grand livre de la nature, les caractères inaltérables que la toute-puissance y a tracés pour attester l'existence de ton Créateur.

« Frères, éteignez vos flambeaux ; puissent les vœux et les principes que nous venons de manifester, servir un jour à rendre ce louveton heureux » (après l'obligation d'usage, contractée au nom du louveton, le vén∴ fait une invocation au sublime architecte des mondes).

Les cérémonies de la réception et la proclamation du Louveton faites, le Vén∴ termine les travaux en disant : « Mes Frères, retirez-vous en paix, et emportez avec vous les vœux ardents que nous formons pour la prospérité de tous ceux qui vous appartiennent. •

*Note sur les 7 classes de maç∴ du rit de memphis.*

La Maçonnerie date de l'origine du monde, lorsque la

symétrie parut, l'harmonie déploya ses charmes, et notre ordre reçut l'existence ; les arts s'élevèrent, la civilisation prit sa place, et la philosophie dissipa par degrés les ténèbres de l'ignorance et de la barbarie. Le gouvernement étant établi, l'autorité fut confiée aux lois, et les assemblées de la fraternité devinrent l'appui de ce qui était beau et bien, pendant que la doctrine de l'art était gardée à l'abri des regards du vulgaire.

La Maç.·. est une science qui, loin d'être reléguée dans un pays particulier, est répandue sur le globe entier. En quelque lieu que les arts fleurissent, elle y prospère également. Nous ajouterons que, par ses signes et son secret, elle est devenue une langue universelle : de là cet avantage précieux, que le Chinois éloigné, l'Arabe du désert et le sauvage de l'Amérique embrasseront leurs FF.·. d'Angleterre, de France, d'Allemagne, etc.

Il existe plusieurs classes de maçons dans le rit antique de Memphis, les prérogatives de ces classes sont distinctes, et il a été adopté des moyens particuliers pour que chacune jouisse des prérogatives accordées à sa justice et à son mérite.

Dans la première classe, loge symbolique ( du 1er au 7e degré), on enseigne les devoirs de la morale et la pratique de la vertu, tandis qu'on prépare l'esprit aux principes de la science et de la philosophie.

Diligence, assiduité et application, telles sont les qualités exigées pour la seconde classe S.·. P.·. de la R.·. C.·. 18e D.·.; on y reçoit, tant dans la théorie que tant dans la pratique, une explication exacte de la science. On cultive dans cette classe la raison humaine, et on y apprend à exercer les facultés de l'intelligence et le pouvoir de la raison. Des théories difficiles et obscures sont expliquées, des découvertes nouvelles y sont produites, et celles déjà connues y reçoivent le perfectionnement désiré.

La 3e classe, chev∴ Gr∴ Kadosch, 30e d∴, est composée de FF∴ que leur dévouement et leur fidélité à la maç∴ ont fait distinguer, et dont la fermeté et l'intégrité ont prouvé que les mystères de l'ordre ne seront pas violés par eux.

La quatrième classe, 47e∴ d∴, Sage des Pyramides, se compose de ceux qui ont étudié avec persévérance les branches scientifiques de l'art, et y ont donné des preuves de leur habileté et de leur savoir. Ils ont, en conséquence, obtenu l'honneur de recevoir ce grade comme une récompense de leur mérite.

La 5e classe, 65e∴ d∴, Prince de la Vérité, comprend les FF∴ qui ayant fait dans la science les progrès convenables pour mériter ce degré, peuvent être choisis pour présider partout avec régularité les sociétés maç∴.

Les maç∴ qui forment la sixième classe sublime chev∴ du Knef, 90e∴ d∴, membres du collège lithurgique, sont ceux qui, ayant rempli avec honneur et intelligence les devoirs de leurs places, sont reconnus et proclamés *Excellents Professeurs*.

La 7e classe, Mage du sanctuaire de Memphis, 92e∴ d∴, se compose d'un petit nombre de Maç∴ choisis, que les années et l'expérience ont instruits, et qui ne doivent leur avancement qu'à leur mérite et à leurs connaissances. On conserve dans ce degré les anciennes démarcations de l'Ordre; on s'y instruit, on y reçoit des leçons utiles et savantes, qui, en élevant à la dignité de mage, portent à proclamer l'excellence et l'utilité de la Maç∴.

Lorsque les règles de ce système sont observées, la véritable amitié est cultivée parmi les hommes de grades et de rangs différents, l'hospitalité pratiquée, la vertu honorée et le génie encouragé.

## PENSÉES MAÇ∴.

N'exigeons d'autres conditions pour être admis parmi nous, que la probité et le savoir; recevons tout homme honnête et instruit, quels que soient sa croyance, son pays et ses lois; nos dogmes sont: Dieu et la vertu.

Nous honorons Dieu comme l'auteur de tout le bien, et la vertu comme destinée à conserver le bien que Dieu a fait; il nous a donné la raison pour nous apprendre à distinguer le bien du mal, le vrai du faux.

Cultivons notre raison, comme le moyen le plus sûr de plaire à la divinité, et d'être utile à nos semblables.

Cultivons la science, afin de rendre la raison profitable, d'établir l'amour de l'humanité, et de nous sauver des ravages de l'erreur et du mensonge.

Dieu est la vérité, n'enseignons donc que la vérité.

N'oublions pas que la maçonnerie n'enseigne rien de douteux, de surnaturel; elle ne s'occupe que d'idées positives et faciles à comprendre, elle ne s'appuie que sur l'expérience, l'histoire, et sur des faits prouvés et non contestés.

Ce n'est pas pour nous créer des dignités oiseuses, pour nous couvrir d'insignes et de cordons, pour marcher la mitre en tête et le bâton augural à la main, que la maçonnerie existe, mais pour pratiquer la justice, la vérité, la charité, la sagesse, la concorde et la confraternité générale entre les hommes. . . . . . .

# RÉGLEMENTS

## DE LOGE.

La sav∴ Loge, sous le titre distinctif de . . . . . . . . , séant à la vallée de . . . . . . professant le rit maçonnique de Memphis (ou oriental), ne pourra, sous aucun prétexte, l'abandonner. Elle est consacrée à la gloire du sublime Architecte des Mondes, et sous la protection des lois ; elle ne doit s'occupper que de ce qui a rapport à la franche et libre maçonnerie ; toutes discussions politiques, religieuses et profanes sont sévèrement interdites dans ses travaux, conformément aux dogmes de Memphis.

Le but que se proposent les continuateurs du Rit Maç∴ de Memphis, est :

La réforme de la pratique actuelle de la maçonnerie, afin de la ramener à son dogme primitif.

Les moyens qu'ils veulent employer sont :

L'étude de la science ;

La rémunération selon les œuvres . . . .

# TITRE PREMIER.

—

## CHAPITRE PREMIER.

—

### De l'Initiation.

ARTICLE 1er. Aucun profane, sauf l'exception portée en faveur des fils de maçons, ne peut être initié aux mystères de *Memphis* avant l'âge de dix-neuf ans.

ART. 2. Nul ne peut être admis s'il n'est présenté par un F∴ membre de l'atelier.

ART. 3 Aucun profane ne peut être reçu s'il n'est de condition libre, s'il est illettré ou s'il est de mauvaises mœurs. Il ne peut être présenté à l'initiation s'il n'est reconnu citoyen paisible, ami de l'ordre, soumis aux lois de son pays.

ART. 4. Le profane qui voudra se faire initier écrira ou au moins signera une demande contenant ses noms, prénoms, âge, lieu de naissance, profession et demeuré; et la remettra au Frère chargé de le présenter. Ce Frère écrira et signera au bas de cette demande la déclaration de présentation, avec offre de répondre maçonniquement de ce profane, et il la déposera ensuite directement entre les mains du V∴, et secrètement.

ART. 5. Toutes les propositions des profanes seront

réunies chaque année en un cahier, lequel sera déposé aux archives.

ART. 6. Lorsque le V∴ aura reçu la proposition d'un profane, il chargera tels et autant de FF∴ qu'il jugera convenable, de prendre des renseignement sur lui.

ART. 7. Le Vénérable ne fera, en aucun cas, part à la ☐ de la proposition avant que ce rapport lui ait été fait.

ART. 8. Les noms des rapporteurs ne seront jamais connus d'aucun F∴, et spécialement du F∴ présentateur et du candidat, lors même que le rapport serait favorable.

ART. 9. Lorsque le Vénérable aura obtenu un ou plusieurs rapports selon sa volonté, il fera à la ☐ la proposition du candidat, et lui communiquera le résultat motivé et détaillé du rapport ou des rapports.

ART. 10. Il pourra cependant garder par devers lui cette proposition, mais seulement pendant deux tenues. En ce cas, il fera part des motifs de son silence au Frère proposant, qui pourra retirer sa proposition ou en exiger le rapport à la ☐.

ART. 11. Aussitôt la proposition faite à la ☐, le secrétaire-général affichera sur le tableau, à ce destiné, les noms, prénoms, profession, demeure, âge et lieu de naissance du candidat. Cette affiche subsistera huit jours.

ART. 12. A l'expiration de ce délai, le Vénérable consultera les FF∴ sur l'admission ou le rejet du profane ; après les éclaircissements convenables, il fera circuler le scrutin, lequel sera toujours secret.

ART. 13. Les boules blanches seront pour l'admission, les noires pour le rejet.

ART. 14. Si le scrutin contient *trois* boules noires, le profane sera rejeté, s'il n'en contient que *deux*, il sera ajourné, le tout provisoirement. Le V∴ invitera les FF∴ votants contre l'admission, à se présenter à son domicile pour donner les motifs de leur opposition, et il les transmettra au frère proposant, qui demeurera libre de retirer sa proposition.

ART. 16. Si les FF.˙. opposants ne se sont point rendus à l'invitation du V.˙., ou si le F.˙. proposant n'a pas retiré sa proposition, il sera procédé, à la tenue suivante, à un nouveau scrutin ; mais cette fois le nombre de boules noires devra être de *six* pour le rejet, et de *trois* pour l'ajournement définitif du profane.

ART. 16. Le profane ajourné ne pourra être présenté de nouveau que dans l'année qui suivra l'ajournement.

ART. 17. Il sera donné connaissance au grand Empire et aux ☐ de la correspondance des rejets ou ajournements prononcés définitivement.

ART. 18 Si le profane est admis, le V.˙. renverra à la tenue suivante pour recevoir le serment du Frère proposant. Il invitera ce dernier, sans le nommer, à accompagner le candidat chez le Frère trésorier, pour acquitter les droits de réception.

ART. 19. A la tenue suivante, le Frère proposant déposera entre les mains du V.˙. le reçu du Très.˙., et prêtera ensuite, selon la formule déposée aux archives, le serment maçonnique.

ART. 20. Dans cette tenue, la réception du candidat sera fixée ; elle devra, autant que possible, avoir lieu dans un délai rapproché, et de nuit.

ART. 21. Au jour fixé, le récipiendaire, accompagné du Frère proposant, se rendra dans un lieu à la proximité de la ☐. Le proposant le confiera aux soins du F.˙. préparateur, et se retirera. Le F.˙. préparateur conduira le profane dans une salle près du temple ; il lui fera brièvement l'exhortation convenable, ensuite il lui couvrira les yeux et se retirera aussitôt l'arrivée du Frère Expert, chargé de lui faire subir les épreuves.

**Art. 22.** Les épreuves physiques et morales sont à la discrétion du V∴, qui doit cependant se corformer aux traditions de la ☐ et aux cahiers généraux et secrets d'instruction.

**Art. 23.** Le V∴, au nom de la ☐, décorera le nouvel initié d'une médaille symbolique, d'un ruban, et lui fera présent d'une paires de gants : il sera apprenti.

**Art. 24.** L'apprenti qui voudra devenir compagnon en fera la demande par écrit signée de lui, et la remettra au V∴, ou la déposera dans le sac des propositions.

**Art. 25.** La ☐ convoquée en tenue de Comp∴ votera sur cette demande par la voie du scrutin secret, et à la majorité absolue des membres présents.

**Art. 26.** Si le candidat est admis, il se choisira un frère pour l'assister lors de sa réception.

**Art. 27.** Il y aura au moins un délai de huitaine entre le vote pour l'admission et la réception.

**Art. 28.** Pendant ce délai, l'App∴ acquittera, entre les mains du T∴ le prix de cette augmentation de degré, et remettra la quittance au Vénérable, qui, sur le vu d'icelle seulement, convoquera la ☐ de Comp∴

**Art. 29.** Le compagnon qui voudra passer M∴ se conformera à l'article 24 ci-dessus, et il sera procédé comme il est dit aux articles 25, 26, 27 et 28.

**Art. 30.** La ☐ pourra exiger que les App∴ qui voudront passer comp∴ et les comp∴ qui voudront passer M∴ soutiennent une thèse morale et maç∴ les premiers en tenue du premier degré, et les seconds en tenue du second degré.

**Art. 31.** La ☐ pourra, par un vote motivé et spécial, abréger et même supprimer les délais pour l'initiation et l'augmentation de degrés.

**Art. 32.** Elle pourra également, sur la proposition du conseil d'administration, accorder un délai pour le paiement ou faire remise du tout ou partie du prix affecté à chaque degré. Mais en ce cas la décision sera non-seulement spéciale, mais devra encore être motivée sur l'utilité et principalement sur le mérite personnel de l'impétrant.

ART. 33. Les App∴ et Comp∴ doivent conserver leurs reçus pour établir qu'il sont membres de l'At∴. Ils ont tous le droit de recevoir un diplôme.

ART. 35. Il est illicite et souverainement défendu à tout Frère de jamais dire ni le jour, ni l'heure, ni le lieu où il a été reçu, ni les cérémonies ou circonstances qui ont accompagné sa réception.

ART. 35. Il est défendu aux FF∴ d'un degré inférieur d'assister à la tenue d'un degré supérieur, et même de chercher, par un moyen quelconque, d'en pénétrer le secret.

ART. 36. Les App∴ et Comp∴ ont le droit d'assister aux épreuves hors du temple, pour la réception d'un candidat à leur degré, en observant le plus grand silence.

—

### CHAPITRE DEUXIÈME.

### *Des Louvetons ou Fils de Maçons.*

ART. 37. Les fils de maçons sont divisés en deux classes. La première se compose de ceux présentés au temple et adoptés par la ☐. La seconde comprend tous les fils de maçons en général, soit des autres rits, soit de celui de Memphis, et qui n'auraient pas été adoptés par la ☐ dans leur enfance.

ART. 38. Les uns et les autres peuvent être initiés à dix-sept ans, et même dispensés des épreuves physiques. Pour eux les prix d'initiation sont de la moitié jusqu'au grade de maître inclusivement.

ART. 39. A l'égard des premiers ( ceux adoptés par la ☐), ils doivent être regardés comme enfants de la ☐. Cette dernière les prend spécialement sous sa garde, et s'ils deviennent orphelins ou malheureux, la ☐ en général, et chaque membre en particulier, leur doit secours et protection. Le comité de bienfaisance est chargé de s'enquérir d'eux et de rendre compte de leur état à la ☐, qui avisera aux moyens de leur être utile.

—

## CHAPITRE TROISIÈME.

### De l'Affiliation.

ART. 40. Le maçon qui voudra se faire affilier à la ☐, devra se conformer aux articles 3 et 4 du présent réglement. Il sera procédé, sur cette demande, conformement aux articles 5, 6, 7, 8, 9, 10, 11, 12, 13, 14, 15, 16, 17, 18 et 19.

ART. 41. Il devra, de plus, justifier au V∴, qui en fera part au conseil d'administration et ensuite à la loge, de ses titres maçonniques, et répondre cathégoriquement, s'il en est requis, au G∴ Exp∴ chargé de le tuiler.

ART. 42. Il sera voté, sur la demande d'affiliation, au scrutin secret, à la majorité des membres présents, conformément à l'art. 14 et suivants.

ART. 43 Au jour fixé pour son admission, l'affilié prêtera serment; il sera dès-lors considéré comme membre actif, et prendra place suivant son degré.

ART. 44. Les articles 31 et 32 ci-dessus sont applicables aux affiliés de la ☐.

—

## CHAPITRE QUATRIÈME.

*Prix de Réception aux 1er, 2e, 3e, 4e, 5e, 6e, 7e, Degrés, affilia- tions, droits du F∴ de confiance et œuvres de miséricorde.*

ART. 45. Les prix d'initiation sont ainsi fixés :

1er degré. Apprenti, 15 fr.

2e degré. Compagnon, 10 fr.

3e degré. Maître, 10 fr.

du 4e au 5e 15 fr.

du 6e au 7e 15 fr.

Affiliation, quel que soit le degré, 10 fr.

ART. 46. Il est alloué au F∴ de confiance 5 fr.

ART. 47. Les droits attribués au F∴ de confiance doivent être versés, avant la réception, entre les mains du F∴ tré- sorier, qui les comprendra dans sa quittance, et en tiendra compte directement au F∴ de confiance.

ART. 48. Les profanes qui voudront se faire initier, et les maçons qui voudront s'affilier devront verser en même temps la somme nécessaire pour arriver à la plus prochaine échéance d'un trimestre de l'annuel.

ART. 49. Indépendamment des sommes ci-dessus, les profanes et les membres de l'atelier qui obtiennent un degré supérieur, ainsi que les affiliés, doivent faire un don quel- conque en faveur des pauvres. Cette œuvre de miséricorde est à volonté. Elle doit être faite le jour de la réception, avant de commencer les épreuves, entre les mains du F∴ élémosinaire, qui en donnera quittance. Elle est indépen- dante de l'offrande faite à la tzédaka (tronc de bienfaisance).

## CHAPITRE CINQUIÈME.

### Du Costume et des Insignes Maçonniques.

ART. 50. Le *costume* et l'*insigne* sont les emblêmes de l'ordre et de la dignité. Ils rappellent celui qui les porte aux devoirs qui lui sont imposés et à la nécessité de s'observer lui-même.

ART. 51. Le costume des FF∴ de la ☐ se compose, 1° d'une tunique bleue; 2° du bijou de la ☐, porté en sautoir et suspendu à un ruban uniforme; 3° d'une paire de gants blancs. Pour les dignitaires, une tunique rouge.

L'insigne maçonnique est réglé par les statuts généraux.

ART. 52. Le programme du costume et des décors maçonniques pour la ☐, signé par le V∴, est déposé aux archives. Une copie est affichée dans le parvis.

ART. 53. Tous les FF∴ de la loge doivent être uniformément vêtus. Il ne leur est permis, sous aucun prétexte, d'avoir quelque chose de différent, soit pour la forme, soit pour la couleur, soit pour la richesse.

ART. 54. Les App∴ et les affiliés, les FF∴ qui monteraient d'un degré à un autre, auront quinze jours pour se procurer leurs costumes et insignes maçonniques, ou y faire opérer les changements nécessaires.

—

## CHAPITRE SIXIÈME.

### Des Diplômes.

ART. 55. Le M∴ qui voudra obtenir un diplôme en fera la demande au V∴.

Art. 56. Les diplômes seront signés par les officiers dignitaires de la ☐: 1º le V∴; 2º les deux Suv∴; 3º l'Orat∴; 4º le Secr∴ G∴; 5º le T∴; 6º l'Elémos∴; 7º le Garde des sceaux et timbres, lequel apposera le sceau de la ☐; 8º autant que possible, de tous les membres de l'atelier.

Ils seront de plus signés, *ne varietur*, par les FF∴ qui les recevront.

Art. 57. La remise des diplômes sera faite en L∴, sauf les cas d'urgence, dont l'appréciation est laissée au V∴.

Art. 58. Le prix de chaque diplôme est fixé à 7 fr. 50 c.

## TITRE DEUXIÈME.

—

### CHAPITRE PREMIER.

#### *Des Tenues.*

Art. 59. Il y aura tenue au degré d'App∴ tous les mois.

Art. 60. La première tenue de chaque mois, celles des élections et fêtes d'ordre seront de rigueur.

Art. 61. Les autres tenues ne sont pas obligatoires, mais les FF∴ sont invités à s'y rendre. Leur zèle servira à apprécier leur aptitude aux degrés supérieurs.

Art. 62. Il n'est rien dérogé au droit du V∴ de convoquer la ☐ toutes les fois qu'il le juge convenable.

Art. 63. L'ordre des travaux sera indiqué dans les lettres de convocation.

Art. 64. Dans le cas où, par une cause quelconque, le V∴

ne pourrait présider la tenue, le secrétaire-général en préviendra les officiers chargés de le remplacer successivement et dans l'ordre hiérarchique ; mais les convocations seront toujours faites *par Mandement* de la ☐.

ART. 65. Les FF∴ qui, sans cause, dont la légitimité, en cas de réclamation, sera apprécié par la ☐, manqueront à l'une des tenues dont il s'agit en l'article 60, seront amendés d'*un franc* au profit de la tzédaka ( tronc de bienfaisance ).

---

## CHAPITRE DEUXIÈME.

### Des Fêtes d'ordre et Banquets.

ART. 66. L'ordre maçonnique de Memphis célèbre une fête d'ordre par an ; à l'équinoxe du printemps, sous le nom de *Réveil de la Nature.*

ART. 67. Cette fête sera célébrée, 1° par un compte-rendu que fera l'orateur, des Trav∴ Maç∴ de la ☐ ; 2° par des discours prononcés, soit par l'orateur, soit par les FF∴ sur des sujets moraux et maç∴.

ART. 68. Tous les discours seront communiqués à l'Orat∴, aux termes des statuts généraux, et en outre soumis au moins trois jours d'avance au V∴, qui les inscrira pour être prononcés dans l'ordre qu'il jugera convenable.

ART. 69. Le jour de la fête d'ordre, *le Réveil de la Nature*, avant la prononciation du compte-rendu et des discours, c'est-à-dire immédiatement après la lecture du plan-parfait de la précédente tenue et l'accomplissement des travaux indiqués, l'installation des officiers élus ou réélus aura lieu.

ART. 70. Lorsque les discours seront terminés et que les

Trav∴ de la ☐ seront régulièrement suspendus, un banquet symbolique sera fait pour célébrer la fête d'ordre.

ART. 71. Ce banquet est obligatoire. Les FF∴ qui ne pourraient y contribuer sont autorisés à s'adresser au V∴ qui, sous le sceau du secret, fera payer au M∴ des banquets le montant de leur cotisation.

ART. 73. La plus grande sobriété doit régner dans les banquets de fêtes d'ordre.

ART. 73. Le prix de chaque banquet sera fixé par la ☐; mais tout ce qui s'y rattache sera réglé, dans la quinzaine qui le précédera, par le conseil d'administration.

ART. 74. La ☐ interdit pour toujours tout achat de *provision de comestibles, vins et liqueurs*, la Société maçonnique ne devant jamais être considérée comme une société de plaisirs profanes.

---

## CHAPITRE TROISIÈME.

### *Comité de Bienfaisance.*

ART. 75. Dans la huitaine de son installation, le V∴ choisira cinq membres, auxquels sera adjoint de droit le M∴ de la tzédaka, tous ensemble formeront le comité annuel de bienfaisance.

ART. 76. Ce comité se réunira toutes les semaines, et davantage s'il en est requis.

ART. 77. Il statuera sur toutes les demandes de secours et autres, intéressant l'humanité, et transmettra sa décision au V∴.

ART. 78. Il tiendra registre de ses délibérations, lesquelles seront signées à chaque séance par le président et le secrétaire. Ce registre sera ensuite déposé aux archives.

ART. 79. Le maître de la tzédaka sera président de droit en l'absence du V∴; le rapporteur et le secrétaire seront nommés à la pluralité des voix.

## CHAPITRE QUATRIÈME.

### *Comité des Finances.*

ART. 80. Dans la quinzaine de son installation, le V∴ choisira cinq membres, qui formeront le comité annuel des finances. Ces membres seront pris, s'il est possible, en dehors du conseil d'administration.

ART. 81. Ce comité s'assemblera le premier lundi de chaque mois, et toutes les fois qu'il en sera requis par le V∴ ou le conseil d'administration.

ART. 82. Le président et le secrétaire seront nommés par lui à la pluralité des voix.

ART. 83. Il tiendra registre de ses délibérations, lesquelles seront signées, séance tenante, par le président et le secrétaire. Ce registre sera ensuite déposé aux archives.

ART. 84. Aucun officier comptable ne pourra faire partie de ce comité.

ART. 85 Toutes les questions relatives aux finances lui seront soumises, ainsi que la vérification des comptes. Il fera son rapport détaillé au conseil d'administration, qui approuvera et décidera définitivement

# CHAPITRE CINQUIÈME.

## *Conseil d'Administration.*

ART. 86. Le V∴, à la première tenue qui suivra son installation, fera connaître les noms des membres du conseil d'administration qu'il aura choisis pour l'année maçonnique courante.

Ces FF∴ prêteront serment de bien et fidèlement remplir leurs fonctions.

Le V∴ les installera à la prochaine séance du conseil. Ceux qui composaient le précédent conseil conserveront ce jour-là les honneurs de la séance, mais avec voix consultative seulement.

ART. 87. Pour composer ce conseil, le V∴ devra choisir les plus anciens de la ☐, et autant que possible les fondateurs.

ART. 88. Le conseil d'administration s'assemblera au moins deux fois par mois, lors même qu'il n'y aurait rien à l'ordre du jour.

ART. 89. Le V∴ nommera un vice-président pour le remplacer en cas d'absence.

ART. 90. Si le vice-président est absent ou empêché, la présidence de la séance appartiendra au plus ancien suivant l'âge Maç∴, et en cas d'égalité, au plus ancien suivant l'âge civil.

ART. 91. Le V∴ pourra convoquer extraordinairement le conseil d'administration lorsqu'il le jugera convenable.

ART. 92. Le conseil ne peut valablement délibérer qu'autant que le tiers de ses membres sera réuni.

ART. 93. Il est chargé de décider toutes les affaires rela-

tives aux finances et à l'administration intérieure de la ⬜.
Ses décisions seront exécutoires sans appel.

ART. 94. Il tiendra registre de ses délibérations. Le plan
parfait de chaque séance sera lu à la fin, et immédiatement
signé par le président et le secrétaire. Ce registre sera déposé ensuite aux archives.

ART. 95. Le conseil pourra faire un réglement pour sa
discipline intérieure, sans cependant sortir des prescrip-
tions ci-dessus, qui sont obligatoires.

---

## CHAPITRE SIXIÈME.

### Des Finances de la Loge.

ART. 96. Les finances de la ⬜ se composent :

1° Des droits de réception, affiliation et augmentation de
degré;

2° De l'annuel payé par chacun des membres actifs de
l'atelier.

ART. 97. Les fonds versés dans la caisse du M∴ de la
Tzédaka ne font pas partie des finances de la ⬜, attendu
qu'ils ne peuvent, sous aucun prétexte, être détournés de
leur but sacré, qui est de secourir les FF∴ malheureux.

ART. 98. Les droits de réception, affiliation, augmentation de degrés sont réglés par les articles 45 et 58. Il reste
à établir la perception de l'annuel.

ART. 99. L'annuel est le tribut que tout maçon doit à la
⬜ dont il est membre.

ART. 100. Celui des membres de la ⬜ est fixé à 12 fr.
par an.

ART. 101. L'annuel sera exigible par quart de 3 en 3 mois, savoir : le premier, au 1er jour du premier mois (mars); le deuxième, au 1er jour du quatrième mois (juin) ; le troisième, au 1er jour du septième mois (septembre) : et le quatrième, le 1er jour du dixième mois (décembre), conformément aux dogmes.

ART. 102. Il doit être payé dans les dix jours qui suivent l'échéance, au domicile du F.·. trésorier qui, après l'inscription sur ses registres, délivrera quittance.

ART. 103. Les FF. qui voudront payer par douzième, de mois en mois, auront cette faculté. Chaque douzième sera exigible d'avance.

ART. 104. Comme il est dit dans l'article 48, chaque récipiendaire ou affilié devra, lors de sa réception, verser entre les mains du Trés.·. la somme nécessaire pour arriver à la plus prochaine des échéances fixées par l'art. 101.

ART. 105. Les FF.·. qui ne paieront pas l'annuel cesseront d'être membres actifs.

ART. 106. Dans le cas de retard d'un F.·. dans le paiement d'un trimestre ou d'un douzième échu, suivant le mode de paiement choisi par lui, le Trés.·., dans les cinq jours qui suivront le délai fixé par l'art. 102, enverra recevoir par le F.·. de Conf.·., et à défaut de paiement, il en fera son rapport par écrit au V.·.

ART. 107. Le V.·. fera écrire au F.·. retardataire par le Secrét.·.-G.·., un délai de dix jours sera accordé, à compter de l'envoi de la note faite par le Trés.·. au vénérable.

ART. 108. Si, dans ce nouveau délai, le F.·. débiteur ne s'est pas libéré, le Trés.·. en avisera de nouveau le V.·. qui, cette fois, en référera au conseil d'administration.

ART. 109. Le conseil, dans les trois jours qui suivront, fera écrire par son secrétaire aux FF.·. en retard, que faute par eux de payer dans un dernier délai de huitaine, ils seront rayés du tableau des membres actifs.

Art. 110. Si cet avertissement est resté sans résultat, le conseil d'administration, à sa séance suivante, et sur le rapport du T∴, ordonnera la radiation.

Art. 111. Il sera cependant sursis à prononcer cette radiation contre les FF∴ débiteurs seulement d'un douzième ou de deux douzièmes, jusqu'à ce que l'échéance trimestrielle soit arrivée.

Art. 112. La radiation, proncée par le conseil d'administration, sera annoncée par le V∴ dans la tenue qui suivra. L'entrée du T∴ sera refusée à ces FF∴, comme il sera dit plus bas au chapitre *de la Discipline*, et leurs noms seront affichés dans le parvis et imprimés à la suite du tableau des membres actifs.

Art. 113. Si le F∴ éliminé du tableau des membres actifs pour défaut de paiement de l'annuel, veut rentrer plus tard au sein de la □, il pourra le faire en acquittant ce qu'il devait à l'époque de sa radiation.

Art. 114. Le F∴ obligé de quitter la vallée pour un certain temps, devra demander un congé.

# CHAPITRE SEPTIÈME.

## *De la Discipline.*

Art. 115 Aucun F∴ ne doit quitter la vallée sans avoir demandé un congé à la □, sous peine d'être rayé du tableau des membres actifs.

16

ART. 116. Tous les FF∴, même dans leurs relations profanes, se doivent mutuellement secours, égards et protection. La maçonnerie leur fait un devoir de cette fraternité.

ART. 117. Il ne sera admis aucun rapport contre un membre actif de l'atelier, que par écrit motivé signé et déposé directement entre les mains du vénérable.

ART. 118. Tout ce qui serait apocryphe sera lacéré par lui et regardé comme non avenu.

ART. 119. Le F∴, reconnu auteur d'une calomnie contre un de ses FF∴, ou qui s'en serait rendu l'écho, pourra, à raison de ce seul fait, être exclu.

ART. 120. Aucune décision ne pourra être prise contre un F∴ sans qu'il y ait eu :

1º Convocation spéciale ;

2º Invitation expresse au F∴ délinquant de comparaître;

3º Nomination d'un F∴ pour l'assister et le défendre, à moins qu'il n'en ait choisi un lui-même.

ART. 121. Aucunes discussions politiques, religieuses ou profanes, ne pourront avoir lieu dans nos réunions sous peine d'exclusion.

ART. 122. Aucun discours ne sera prononcé sans avoir été communiqué au V∴ ou à l'Or∴, au choix des FF∴.

ART. 123. L'entrée du Temple sera refusée :

1º A tout F∴ de l'At∴ non revêtu du costume de la ⊡ et de l'insigne maçonnique de son degré ;

2º A tout F∴ d'un autre atelier qui ne sera pas revêtu d'un insigne maç∴;

3º A tout F∴ qui ne se présentera pas dans un état décent et convenable ;

4º A tout F∴ qui ne se sera pas conformé à une décision prise contre lui, qui n'aura pas payé une amende encourue, ou satisfait au paiement de l'annuel, et dont la radiation, à raison de ce fait, aura été ordonnée par le conseil d'administration, et annoncée à la ☐ ainsi qu'il est dit dans l'article 113.

ART. 124. Dans les tenues, la police appartient au V∴ sur toute la ☐ en général et sur l'Orient en particulier. Les FF∴ Surv∴ répondent chacun de leur Colonne, et y font régner l'ordre et le silence.

ART. 125. Les FF∴ placés à l'Orient demandent la parole au V∴, ceux placés sur les Colonnes la demandent à leur Surveillant qui en avertit le V∴, lequel a seul droit de l'accorder.

ART. 126. L'orat∴ peut, en réclamant la parole comme simple membre, être entendu au milieu de la discussion. Il ne peut donner ses conclusions que sur l'invitation du V∴, et alors aucun F∴ ne peut obtenir après lui la parole sur la même question.

ART. 127. Lorsqu'un F∴ a parlé trois fois sur la même question, le V∴ peut refuser de lui donner la parole, à moins que ce ne soit pour rétablir un fait personnel.

ART. 128. Le V∴ peut, quand il le juge à propos, interrompre une discussion et la renvoyer à une autre tenue sans être astreint à en donner aucun motif.

ART. 129. Le V∴ peut, s'il le juge convenable, résumer la question ou désigner un F∴ pour faire ce résumé, lequel doit énoncer les raisons pour et contre, sans émettre aucun autre avis, ce droit étant celui de l'orateur.

ART. 130. Aucun F∴ ne peut entrer dans le T∴, passer d'une Col∴ à une autre, monter à l'Or∴, lorsqu'il en a obtenu la permission, sans le faire avec gravité et maç∴

ART. 131. Aucun F∴ ne peut sortir du Temple sans avoir :

1° Demandé la permission au V∴, s'il est placé à l'Orient ; au Surv∴ en tête de sa Col∴, s'il est placé sur les Col∴, et obtenu cette permission ;

2° Satisfait à la tzédaka ( tronc de bienfaisance ) ;

3° Fait les saluts d'usage avec décence et maç∴.

ART. 132. Les fautes contre la discipline intérieure sont divisées en deux classes :

La première comprend les inattentions, colloques, interruptions, oubli des bienséances ;

Passage d'une Col∴ à l'autre, ou à l'Orient, sans permission ;

Parole prise sans l'avoir demandée et obtenue.

Ces fautes sont punies :

1° Par une amende de cinq centimes à un fr∴, à la discrétion du V∴, au profit de la tzédaka ;

2° Par le rappel à l'ordre simple ;

3° Par le rappel à l'ordre avec réprimande.

La seconde classe comprend :

Les délits contre les mœurs, tels que propos grossiers ou indécents, l'intempérance, les personnalités offensantes, l'insubordination maçonnique.

Ces délits seront punis :

1° Par l'ordre de couvrir le temple ;

2° Par l'exclusion d'une ou plusieurs tenues.

ART. 133. Toutes les peines prononcées par l'article ci-dessus seront immédiatement exécutées.

ART. 134. Le V∴ pourra même, selon la gravité des faits, en référer au G∴ Empire, et provoquer le jugement et la radiation du F∴ délinquant.

ART. 135. Les fautes commises hors les tenues pourront donner lieu à une enquête du V∴, si elles sont de nature à compromettre la dignité de la ☐, ou si elles rentrent dans le cas prévu par l'article 129 ci-dessus.

# TITRE TROISIÈME.

—

## CHAPITRE PREMIER.

### Des Élections.

Art. 136. Le droit d'élection ne peut être exercé que par les membres actifs de la ☐.

Art. 137. Dans la 1re quinze F∴ du 1er mois, il sera procédé à l'élection du V∴ et des autres Off∴ de la ☐.

Art. 138. On suivra pour les élections l'ordre hiérarchique tel qu'il est réglé ci-après.

Art. 139. Après la nomination des officiers titulaires, on procédera à l'élection des adjoints aux fonctions désignées dans l'art. 167.

Art. 140. Les élections auront lieu à la majorité absolue des membres présents.

Art. 141. Si aucun F∴ ne réunit cette majorité, il y aura un second tour de scrutin, et si la majorité absolue n'est pas encore acquise, il sera procédé à un scrutin de ballotage entre les deux FF∴ qui auront réunis le plus de voix.

Art. 142. En cas d'égalité, la préférence sera donnée d'abord à l'âge Maç∴ et ensuite à l'âge civil.

Art. 143. Le dépouillement des scrutins sera fait par trois FF∴ App∴ Comp∴ et M∴ désignés par le V∴, en présence de l'Orat∴, du G∴ Exp∴ et du Secrét∴ G∴.

ART. 144. Tous les Off.˙. et leurs Adj.˙. devront être membres actifs et au moins D.˙. 7ᵉ, ainsi que le F.˙. de confiance.

ART. 145. Le V.˙., les 1ᵉʳ et 2ᵐᵉ Surv.˙., l'Orat.˙., le G.˙. Exp.˙., le Secrét.˙.-G.˙., le député au G.˙. Empire, le garde des sceaux et timbres et l'archiviste seront pris parmi les FF.˙. qui possèdent les degrés les plus élevés.

Le M.˙. des Cérém.˙., les FF.˙. Prép.˙., Terrib.˙., Lévite devront être au 7ᵉ.˙. D.˙.

Les FF.˙. Prép.˙., Terrib.˙. doivent, autant que faire se pourra, en imposer par leur physique.

---

## CHAPITRE DEUXIÈME.

### De l'Installation.

ART. 146 L'installation du V.˙. et des autres officiers élus ou réélus aura lieu le jour de la fête d'ordre, *le Réveil de la Nature*, immédiatement après la mise en activité des travaux.

ART. 147. Le V.˙. prêtera serment entre les mains de l'ex-V.˙., et, en son absence ou empêchement, de son remplaçant; il recevra ensuite le serment des autres officiers et procédera à leur installation suivant la forme d'usage.

ART. 148. Le dignitaire qui, sans cause légitime, ne se présentera pas à la fête d'ordre pour être installé, sera amendé, au profit de la tzédaka, de *trois francs*, en sus de l'amende fixée par l'art. 65. Il sera avisé de venir à la tenue suivante, et faute de s'y présenter, il sera considéré comme démissionnaire. La ☐ procédera immédiatement à son remplacement.

—

## CHAPITRE TROISIÈME.

### *Des Officiers de la Loge.*

**Art. 149.** Tous les FF.˙. sont égaux ; aucun ne peut se prévaloir de sa position sociale ni de ses titres maçonniques ; mais ils doivent maçonniquement respect et obéissance aux officiers de la loge.

**Art. 150.** Tous les officiers de la ☐ doivent donner l'exemple du zèle et de la bonne conduite. Ils doivent, autant que possible, devancer de quelque temps l'heure de la mise en activité des travaux, pour ne pas faire attendre les simples membres et les visiteurs.

**Art. 151.** Les officiers nommés comme adjoints aux fonctions désignées dans l'art. 164, sont simples membres toutes les fois qu'ils ne remplacent pas le titulaire. Ceux nommé par intérim jouissent des prérogatives de leur emploi.

**Art. 152.** Tous les officiers sont nommés pour un an ; ils pourront être réélus pendant deux années, mais après cet exercice triennal, ils ne pourront être élus à la même fonction qu'après un an d'intervalle.

**Art. 153.** Sont exceptés des dispositions de l'article ci-dessus, et par conséquent toujours rééligibles, les officiers dont les noms suivent :

1° Député au G.˙. Empire ;

2° Trésorier ;

3° Économe ;

4° M∴ des banquets ;

5° F∴ de confiance.

A l'égard de ce dernier, en cas d'égalité de suffrage, l'ancien sera préféré au nouveau.

Art. 154. Si dans l'intervalle des élections un emploi devient vacant, par quelque cause que ce soit, la ☐ procédera de suite à l'élection du successeur.

Art. 155. Le F∴ nommé pour remplacer un Off∴ de la ☐ par intérim, ne sera élu que pour le temps qu'il restait à remplir au F∴ remplacé, c'est-à-dire jusqu'aux élections suivantes ; mais lors de ces élections, il pourra être nommé, et le temps de son intérim ne sera pas compris dans la prohibition de l'article 152.

Art. 156. Il pourra être nommé des adjoints :

1° A l'orateur ;

2° Au secrétaire ;

3° Au M∴ des cérém∴

4° Aux FF∴ Prép∴ Terr∴

5° Au Lévite

Art. 157. Les FF∴ Prép∴ et de Conf∴ ne seront revêtus, pendant l'exercice de leurs fonctions, ni du costume de la ☐, ni d'aucune décor∴ maçonnique ; mais ils devront s'en revêtir lorsqu'ils entreront dans le temple.

Art. 158. A l'expiration de ses fonctions, soit au bout de l'exercice triennal, le V∴ prend le titre d'ex-Vén∴ ; il siége à la droite du V∴ en exercice ; pendant l'année qui suit la sortie du vénérable, il ne peut remplir aucune autre fonction que celle de :

Député au G∴ Empire, si toutefois il possède le 88∴ D∴, et réside à la vallée de Paris.

Grand expert ;

Garde des sceaux et timbres ;

Art. 159. Le député au Grand Empire.·., lorsqu'il se trouve dans la vallée, siége à côté du vénérable.

Art. 160. L'ordre hiérarchique des officiers de la ☐ est ainsi réglé :

Le Vénérable.

Le premier Surveillant.

Le second Surveillant.

L'orateur.

Le député au G.·. Empire.

Le grand expert.

Le Secrétaire-général.

Le trésorier-général.

Le maitre de la Tzédaka.

Le garde des sceaux, timbres et archives.

Le maitre dés cérémonies.

Le contrôleur des banquets.

L'économe ou architecte.

Un porte-étendard.

Un porte-épée.

Le F.·. Terrible.

Le F.·. Préparateur.

Le lévite.

Le lévite.

Le F... de confiance.

### Du Vénérable.

Art. 161 Le Vénérable est le premier dignitaire de la loge. Il la convoque, la préside, met en activité et suspend le travaux, répond de leur régularité. Il est irrépréhensible : un grand respect lui est dû.

ART 162. Le Vénérable est président-né de toutes les commissions; il signe tous les actes de la loge, ordonnance les dépenses sur le rapport des officiers qu'elles concernent par des bons motivés sur la caisse de la ☐, paraphe les registres, nomme toutes les commissions qu'il juge convenable; outre le sac des propositions, dépouille les scrutins en présence de l'orateur et du secrétaire, sauf ce qui est dit en l'art. 154, compte les métaux de la tzédaka, et en remet le montant au F∴ maître de la tzédaksa, après l'avoir fait constater, en présence de l'orateur par le secrétaire, qui en prend note en marge de l'esquisse et ensuite du plan parfait de la tenue.

ART. 163. Differents pouvoirs ou attributions sont encore inhérents à la haute dignité du Vénérable. Ils sont écrits dans les chapitres de *l'Initiation* et *de la Discipline*.

ART. 164. Le Vénérable peut disposer en faveur des F∴ malheureux, d'une médaille, par un bon sur la caisse de secours, sans en rendre compte, et de deux médailles, en en rendant compte à la prochaine séance du *Comité de Bienfaisance*, qui pourra voter un secours plus élevé.

ART. 165. En cas d'absence ou d'empêchement, le Vénérable sera remplacé dans l'ordre suivant:

1° Le premier Surveillant.

2° Le deuxième Surveillant.

3° Le grand Expert.

### Des premier et second Surveillants.

ART. 166. Les Surveillants ont, après le Vénérable, l'autorité Maç∴ sur la loge; ils la convoquent et la présiden en cas d'absence ou empêchement de sa part.

**A**RT. 167. Ils maintiennent l'ordre et le silence sur les colonnes, et ne quittent jamais leur M.·. sans s'être fait remplacer.

**A**RT. 168. Ils ne doivent jamais prendre la parole sans avoir averti le V.·. par un coup de M.·.

**A**RT. 169. Lorsqu'un F.·. demande la parole, l'entrée ou la sortie du T.·., on prévient le V.·., qui seul a le droit d'accorder les demandes.

### De l'Orateur.

**A**RT. 170. L'orateur est le défenseur-né des statuts généraux de l'ordre et des réglements particuliers de la □; il doit veiller à leur maintien rigoureux, et dénoncer toutes les infractions, d'abord à la □, et s'il n'est pas fait droit, au G.·. Empire.

**A**RT. 171. Il peut, conformément à l'article 136, demander la parole comme simple membre sur chaque proposition; mais lorsque le V.·. a clos la discussion, il doit donner ses conclusions, après lesquelles la discussion ne peut être r'ouverte.

**A**RT. 172. Il doit instruire les nouveaux initiés par le développpement des mystères et vertus maçonniques dans chaque degré.

**A**RT. 173. A chacune des fêtes d'ordre il est tenu de prononcer un plan parfait, et de présenter le compte moral de l'At.·. pendant le cours de l'année Maç.·. Il doit également prononcer les oraisons funèbres et choisir toutes les circonstances pour embellir les Trav.·. par des morceaux d'architecture; en un mot, il doit être la voix et l'organe de l'atelier.

**A**RT. 174. Tous les morceaux d'arch.·. pour les jours de fête d'ordre doivent lui être communiqués, et il a le droit

de s'opposer à leur lecture si ces morceaux sont contraires
a la morale maç∴, ou renferment des discussions politiques,
religieuses ou profanes. Il exerce le même droit à l'égard
des M∴ d'Arch∴ que les FF∴ se proposeraient de prononcer
cer en tenue ordinaire.

Art. 175. Il signe l'esquisse des travaux de chaque tenue,
pour qu'elle soit collationnée avec la rédaction définitive.

Art. 176. Il assiste au recensement des votes et à celui
de la tzédaka.

### Du Député au G∴ Empire.

Art. 177. Le député au G∴ Empire est, comme son nom
l'indique, le représentant de la □. Il doit résider à Paris, et
posséder le 88ᵉ degré; c'est avec lui que le V∴ correspond
au nom de la □. Il reçoit un pouvoir écrit, signé par les
principaux dignitaires.

### Du Grand Expert.

Art. 178. Il veille à ce que les FF∴ soient revêtus du
costume de la □ et des insignes maç∴ de leur degré.
En cas d'omissions, il en prévient immédiatement l'Or∴.
pour requérir conformément à l'art. 123, et il est chargé
de tuiler les visiteurs.

Art. 179. Il accompagne les récipiendaires dans leurs
voyages symboliques.

Art. 180. Lors des élections, il assiste au dépouillement
du scrutin.

Art. 181. Il fait circuler le sac des propositions et le remet
met sans l'ouvrir au vénérable, dont il va attendre l'ordre
entre les deux colonnes, après avoir rempli cet office.

Art. 182. Il distribue et recueille les boules ou billets
pour les scrutins, et s'assure du nombre des votants.

Art. 183. En cas d'absence du V∴ et des 1er et 2e sur∴, il convoque et préside la □; en cas d'absence des 1er et 2e surv∴, il tient le M∴.

Art. 184. S'il est absent, le V∴ lui nomme parmi les autres experts un remplaçant pour la tenue, et cet expert est à son tour remplacé par un F∴ de l'At∴, au choix du Vénérable.

### Du Secrétaire-Général.

Art. 185. Le Secrét∴ G∴ signe par mandement de la Loge, et sur l'invitation du V∴ les lettres de convocation, et met au bas l'ordre des travaux.

Art. 186. Il signe tous les actes, toutes les expéditions, plans parfaits, arrêtés, diplômes, etc.

Art. 187. Il rédige, séance tenante, sur des feuilles séparées et paraphées par le V∴, l'esquisse des travaux du jour, fait signer par l'orateur cette esquisse, à l'effet de la collationner, à la tenue suivante, avec la rédaction définitive. Il indique à la marge de chaque § du plan-parfait le sujet de ce paragraphe, afin de faciliter les recherches; il indique également en marge le produit de la tzédaka.

Art. 188 A chaque présentation d'un profane ou d'un affilié, ainsi qu'à chaque demande d'augmentation de degré, le Sec∴-G∴ expose, sur le tableau à ce destiné, les noms, prénoms, profession, âge et domicile des impétrans. Après la réception, il les ajoute au tableau G∴ des membres de l'at∴.

Art. 189. Il est également chargé de la transcription en placard, et de faire poser toutes les décisions, arrêtés, etc. dont l'affiche est ordonnée dans le parvis de la □ ou dans la salle des visiteurs, et de les renouveler en cas de détérioration.

Art. 190. Tous les ans, lors de la fête d'ordre *le Réveil de* la *Nature*, le Secr∴ G∴ remet au V∴ deux tableaux des F∴ de l'At∴ par ordre alphabétique, avec les dates des réceptions en marge, et une colonne pour les observations du V∴, le premier pour être adressé au G∴ Empire, le second pour l'exercice de la ☐.

### Du Trésorier-Général.

ART. 191. Le trésorier est le dépositaire des finances de la ☐; il répond personnellement des sommes qu'il a reçues. Il ne doit rien payer que sur un bon motivé du V∴, et fait acquitter ces bons par les personnes qui reçoivent.

ART. 192 Toutes les sommes reçues ou payées par le Très∴ sont écrites par lui au fur et à mesure sur le livre de caisse, et ensuite sur le livre de raison aux comptes courants ouverts.

ART. 193. Le Très∴ doit délivrer reçu de toutes les sommes qu'il encaisse, et il signe *par mandement de la* ☐.

ART. 194. Si, conformément à l'article 102, les FF∴ n'ont pas payé l'annuel dans les trois jours qui suivent l'échéance, il fera recevoir à domicile, par le F∴ de Conf∴, et à défaut de paiement, se conformera aux articles 106, 108 et 110.

ART. 195. Ce n'est que sur le vu de son reçu que la ☐ peut être convoquée par le V∴ pour réception, affiliation ou augmentation de degré; les diplômes ne seront également délivrés que sur le vu d'un reçu.

ART. 196. Tous les mois le trésorier remettra un état sommaire de la caisse au V∴, et un autre au conseil d'administration.

ART. 197. Tous les trois mois il arrêtera le registre de caisse, au crédit et au débit, et le soumettra avec les pièces justificatives au comité des finances. Sur le rapport de ce comité, le conseil d'administration lui donnera décharge et ordonnera le dépôt des pièces justificatives aux archives.

ART. 198. Si le Trés.·. est obligé de s'absenter, il designera un F.·. pour remplir l'intérim, et il demeurera responsable de sa gestion.

## Du Maître de la Tzédaka.

ART. 199. Le M.·. de la Tzédaka est chargé :

1° De recevoir les offrandes des récipiendaires de chaque degré et des affiliés ;

2° De présenter à chaque tenue la tzédaka;

3° De veiller à ce qu'aucun F.·. ne sorte avant d'y avoir satisfait;

4° De faire acquitter les amendes auxquelles les FF.·. auraient été soumis.

ART. 200. Il tient un registre de sa recette jour par jour, et de la dépense, qui se compose des bons du V.·., acquittés par lui, et dont il doit, en tout temps, garder un secret inviolable.

ART. 201. Il préside le comité de bienfaisance en l'absence du V.·., ainsi qu'il est énoncé en l'art. 79.

ART. 202. En l'absence du V.·., il est autorisé à délivrer à un F.·. malheureux une médaille; il doit en rendre compte au Vénér.·.

ART. 203. Tous les mois il présente un état sommaire de sa caisse au V.·., tous les trois mois il présente un état trimestriel au conseil de bienfaisance, et tous les six mois, il arrête son registre au crédit et au débit, et le soumet au comité des finances. Sur le rapport de ce comité, le conseil d'administration lui donne décharge et ordonne le dépôt aux archives des pièces justificatives.

ART. 204. En son absence, il est remplacé par un F.·. au choix du V.·.

### *Du Garde des Sceaux et Timbres.*

Art. 205. Le garde des sceaux, timbres et archives est chargé de signer tous les actes officiels de la ☐, sur expédition, diplômes, etc., d'y apposer le sceau.

Art. 206. Il tient registre des pièces qu'il signe, timbre et scelle, et indique sur la pièce scellée le numéro d'ordre.

Art. 207. Tous les ans, lors de la fête d'ordre le *Réveil de la Nature*, il présente l'état détaillé des pièces qu'il a signées et scellées. Ce tableau est déposé aux archives.

### *De l'Archiviste.*

Art. 208. L'archiviste est dépositaire :

1° Des constitutions de la ☐ ;

2° Des statuts généraux de l'ordre ;

3° Des réglements particuliers de la ☐ ;

4° Des plans parfaits du G.˙. empire ;

5° Des cahiers d'instruction des trois premiers D.˙. ;

6° De la correspondance et de toutes les pièces officielles qui concernent la ☐ ;

7° Des registres et pièces justificatives ;

8° Des plans parfaits de la ☐, imprimés ou manuscrits ;

9° Des livres, documents, bijoux, etc., étant la propriété de la ☐.

Art. 209. Il tient registre de tout ce qui lui est déposé, avec un numéro d'ordre, lequel est transporté sur les pièces.

Art. 210. Les pièces justificatives de chaque comptabilité seront réunies par exercice et cotées sous un même n°.

Art. 211. Les constitutions de la ☐ sont renfermées dans une boîte à trois serrures, dont les clefs sont entre les mains, la 1ʳᵉ du V.˙., la seconde de l'orateur, et la 3ᵉ de l'archiviste.

Art. 212. Toutes les années, à la fête d'ordre *le Réveil*

*de la Nature*, il présentera l'inventaire général des dépôts faits dans l'année.

ART. 213. L'inventaire prescrit par l'article ci-dessus sera fait en forme de catalogue et par ordre de matière. Il sera signé par le V∴, le Secrét∴-G∴ et l'O∴, scellé par le garde des sceaux, timbres et archives. Ce catalogue restera aux archives, à la disposition des FF∴ pour en faciliter les recherches. Une copie collationnée sera remise au V∴.

ART. 214. L'archiviste devra se trouver à la ☐ une heure environ avant la mise en activité des Trav∴, pour faire jouir les FF∴ de la lecture des pièces déposées, en ayant soin de ne leur confier que ce que chacun d'eux aura le droit de voir et de connaître d'après son degré maç∴, sans en pouvoir extraire de copie.

ART. 215. A l'expiration de ses fonctions, l'archiviste collationnera, avec son successeur, en présence de deux FF∴ délégués par le conseil d'adm∴, du V∴, de l'O-rat∴ et du Secrét∴, les pièces inscrites sur les catalogues, et il lui sera donné décharge.

### Du Maître des Cérémonies.

ART. 216. Le M∴ des cérémonies est chargé d'introduire, sur l'ordre du V∴, les députations, les dignitaires, les FF∴ V∴, et de les placer suivant leurs rangs et dignités.

ART. 217. Il doit joindre sa Batt∴ aux Batt∴ de remercîment des FF∴ V∴ et des nouveaux initiés. Au besoin, il doit prendre la parole pour ces derniers. Il leur enseigne la Batt∴ et les conduit à l'Aut∴ pour renouveler les Obl∴, et aux Ass∴ pour se faire reconnaître.

ART. 218. Il porte une marque distinctive de son grade.

ART. 219. Lors des fêtes d'ordre, il est adjoint au M∴ des banquets pour la régularité du service.

### De l'Ordonnateur des Banquets.

**Art. 220.** L'ordonn∴ des banquets exécute les ordres du conseil d'Adm∴ relativement aux banquets de fêtes d'ordre.

**Art 221.** Chaque F∴ est tenu d'aller payer chez lui, dans l'intervalle fixé par le conseil d'Adm∴, le prix du banquet, et d'émarger l'état qui lui a été remis à cet effet par le Secrét∴ G∴.

**Art. 222.** Dans la huitaine qui précédera le banquet, il remettra au conseil l'état des FF∴ qui n'auront pas émargé.

**Art. 223.** Dans les trois jours qui précéderont le banquet, il convoquera les FF∴ M∴ des Cérém∴, Econome, afin de s'entendre avec eux pour la régularité du service

### De l'Econome ou Architecte.

**Art. 224.** L'économe est chargé de la dépense ordinaire de la □, et d'en tenir compte exact et détaillé jour par jour. Il ne doit faire aucune avance, et demander, au fur et à mesure des besoins, des bons au V∴ sur le F∴ Trés∴.

**Art. 225.** Il doit retirer quittance de toutes les sommes de trois francs au plus qu'il dépense.

**Art. 226.** Tous les mois il fera apurer sa comptabilité au comité des finances, par le dépôt de son livre et des pièces justificatives; il recevra décharge du conseil d'ad∴, sur le rapport de ce comité.

**Art. 227** Il doit vérifier tous les comptes qui n'entrent pas dans la dépense ordinaire, en débattre le montant avec les créanciers, et y apposer son visa motivé. Lesdits comptes, révêtus ensuite du bon du V∴, après l'examen du conseil d'Adm.˙., s'il y a lieu, sont acquittés directement par le Trés.˙.

Aʀᴛ. 228. Il doit avertir le conseil d'adm.˙. quand des achats ou des réparations, soit au local, soit au mobilier, deviennent nécessaires, et lorsque l'autorisation de faire ces achats ou réparations a été donnée, ce qui sera constaté par une expédition, remise entre ses mains, de la délibération du conseil signée par le Président et le Secrét.˙., il doit en surveiller l'exécution.

Aʀᴛ. 229. Il doit veiller à ce que rien ne manque pour chaque tenue, sous les divers rapports de régularité des Trav.˙., de propreté et salubrité.

Aʀᴛ. 230. Lors des fêtes d'ordre, il est adjoint au M.˙. des banquets.

Aʀᴛ. 231. Il est responsable des objets mobiliers appartenant à la □, suivant l'inventaire signé du V.˙., des Surv.˙., de l'Orat.˙. et du Secret.˙.-G.˙., dont un double est entre ses mains et l'autre aux archives.

Aʀᴛ. 232. Si, pendant le cours de l'année maç.˙., cet inventaire a subi un changement quelconque, l'économe doit en adresser l'état approuvé par les dignitaires dénommés dans l'art. ci-dessus, et en déposer un double aux archives le jour de la fête d'ordre *le Réveil de la Nature*. L'autre double sera annexé à l'inventaire de service.

### Du F.˙. Préparateur.

Aʀᴛ. 233. Le F.˙. Prép.˙. va prendre le récipiendaire dans le lieu où il a été amené par son parrain, et le prépare à subir les épreuves par une courte exhortation, et après lui avoir couvert les yeux, il le remet entre les mains du G.˙. Exp.˙., chargé de faire faire les voyages.

### Du F∴ Terrible.

Art. 234. Le F∴ Terrible se tient entre les deux Col∴; il reçoit les mots de passe des FF∴ de l'At∴ et des FF∴ Vis∴.

Art. 235. Il ne s'adresse jamais au V∴; mais lorsqu'on frappe à la porte du T∴, soit en Maç∴ soit en profane, il avertit à haute voix le F∴ 2e Surv∴, qui transmet l'avertissement au F∴ 1er Surv∴, lequel le fait parvenir au V∴; sur l'ordre de ce dernier, qui lui est transmis par le 1er Surv∴, il ouvre la porte ou la laisse fermée.

Art. 236. Il accompagne le néophyte à l'autel pour prêter son oblig∴ avant qu'il ait vu la L∴

### Du Lévite.

Art. 237. Le Lévite est un off∴ de la ☐ qui reçoit les ordres du V∴ pour les Surv∴ ou les autres FF∴.

Art. 238. Il doit être principalement actif, discret et intelligent; il porte une décoration analogue à son emploi de messager; il doit être choisi parmi les FF∴ du 7e degré.

### Du F∴ de Confiance.

Art. 239. Le F∴ de confiance, comme son nom l'indique, est le membre de la loge exclusivement chargé de sa sûreté.

Art. 240. Il doit, en sa qualité de F∴ de confiance:

1° Veiller à son entretien, à sa propreté et à la conservation du mobilier.

2° Préparer le T∴ le jour de tenue, selon la nature de Trav∴.

3° Remettre au F∴ Terrible la clé du T∴ aussitôt son

arrivée, cette clé ne devant jamais être qu'entre les mains de l'un d'eux.

ART. 241. Il est encore chargé:

1° De porter à domicile les lettres de convocation et autres concernant la □.

2° De transmettre à qui de droit les observations et réponses des FF.·.

3° De prendre chez le Trés.·. les quittances d'annuel, et d'en opérer le recouvrement.

4° D'introduire les Vis.·. dans le salon qui leur est destiné, et les FF.·. dans les chambres d'attente.

ART. 242. Lors des fêtes d'ordre, il est Adj.·. au M.·. des banq.·.

ART. 243. Les droits qui lui sont attribués pour chaque réception, affiliation ou augmentation de degré, sont réglés par l'article 46.

ART. 244. Indépendamment de ces droits éventuels, le conseil d'Adm.·. pourra lui allouer un salaire mensuel.

ART. 245. C'est du Trés.·. directement que le F.·. de Conf.·. recevra les droits alloués par l'article 49, et il en donnera quittance.

## Du Sommeil de la Loge.

ART. 246. Si la Loge se trouvait en sommeil pour une cause quelconque, dont le terme ne pourrait être prévu, le V.·. nomme une commission de liquidation prise, autant que possible, parmi les anciens de la loge.

ART. 247. Cette commission s'entendra avec les créanciers, s'il en existait, au mieux des intérêts de la loge.

ART. 248. Si le mobilier devait être vendu, la préférence, à prix égal, sera donnée au F.·. de l'atelier acquéreur du total.

ART. 249. Cette commission veillera spécialement aux archives et à leur conservation par un dépôt entre les mains d'un F.·. digne de cette confiance pour son zèle pour le rit de Memphis.

Art. 250. Si ce dépôt ne pouvait avoir lieu, elle fera l'envoi de ces archives au G.·. Empire, pour être rendues dans le cas où la ☐ se reconstituerait de nouveau.

Art. 251. Avant d'entrer en fonctions, les membres de cette commission renouvelleront solennellement, entre les mains du V.·., leurs précédentes Oblig.·. Maçon.·., et jureront de tout sacrifier à l'intérêt de la Maç.·. en général, et du rit de Memphis en particulier.

Art. 252. Le V.·. avisera immédiatement le grand empire, lequel pourra déléguer un F.·., à l'effet d'assister aux opérations de la commission. Ce F.·. aura voix délibérative, comme délégué du temple mystique.

### *Articles Transitoires.*

Art. 253. Il est établi dans les loges... conformément à l'art.·. 1er, titre VI, section 1re, des statuts, une caisse philantropique.

Art. 254. Cette caisse se compose des finances de la Loge et des fonds de la Tzédaka, restes libres après le solde des dépenses générales.

Art. 255. La caise philantropique est spécialement consacrée au soulagement de tous les FF.·.; le comité qui la gère est nommé pour cinq ans par le Vén.·. et le nombre des membres est fixé à 9, y compris l'Elémosinaire.

Art 256 —

Art. 257. Les présents réglements, composant 257 articles ( extrait des réglements généraux de l'ordre ) sont applicables aux chapitres, aréopages, sénats et conseils, voir titre 3, art. 23. Page 29 du statut organique.

FIN

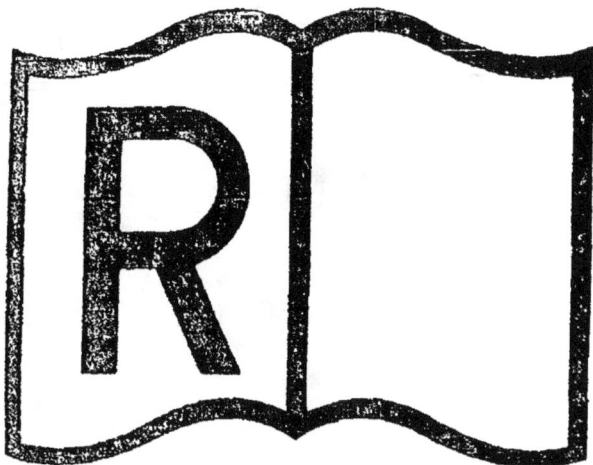

Répétition intentionnelle d'une image

**NF Z 43-120-4**

PAGINATION DECALEE

# TABLE

## DES MATIÈRES.

FIN.

PARIS. — Imp. de MAISTRASSE et Cᵉ, place du Chevalier du Guet, 8.

# POMPES FUNÈBRES.

### DÉCORATION DE LA LOGE.

Lorsque la Loge est instruite du décès d'un de ses membres, il est placé, au milieu du Temple, un cénotaphe sur lequel on déposera les attributs et décorations du F∴ décédé; il doit rester pendant le nombre de tenues que la loge détermine pour le deuil. Les bijoux de tous les FF∴ seront voilés, le trône sera tendu en noir ainsi que l'autel, et les colonnes B. J. seront entourées de crêpes ainsi que les candélabres. Devant l'autel est un trépied antique garni de crêpe, et soutenant un vase rempli d'alcool parfumé ; deux corbeilles de fleurs seront placées chacune sur un piédestal, l'une près de l'orateur, l'autre près du secrétaire; enfin la bannière de la loge aura une cravate de crêpe noir.

Tous les FF∴ se réuniront dans une salle tendue en noir, pour se rendre en cortége au temple.

L'architecte fait donner le signal du départ par 3 coups frappés sur une feuille de métal, et le Vén∴ dit : « Mes FF∴, ce signal nous appelle au temple; partons. » La colonne d'harmonie se met en tête du cortége, et exécute une marche funèbre. Lorsque les trois frères qui ouvrent la marche sont entrés, ils allument, avec leurs flambeaux, les trois candélabres, et se rendent à leurs places respectives. Le Vén∴ dit : « Mes FF∴, les crêpes qui couvrent « nos attributs, le morne silence qui règne sur nos colon- « nes, et la profonde douleur qui se peint dans nos traits, « nous annonce la perte d'un F∴ qui, naguère, partageait « avec nous les douceurs de l'amitié : N∴ . . . . . ., où êtes-

« vous ? (Un coup est frappé sur la feuille de métal sonore.)
« Hélas ! il n'est plus ! ( Le Vén∴ entre ici dans quelques
« détails, ensuite il continue) Joignez-vous donc à moi,
» vous tous, mes FF∴, entourons ce cénotaphe, et
« aidez-moi à remplir un devoir triste, mais sacré, en je-
« tant des fleurs sur la tombe du F∴ N....... »

Les FF∴ se lèvent, entourent le cénotaphe. Le Vén∴
s'approche du trépied, met le feu à l'alcool, et prononce
une invocation qui se termine ainsi : « Daigne, mon Dieu,
« agréer l'encens que nous brûlons à ta gloire! inspire-
« nous toujours la volonté de faire le bien, enflamme nos
« cœurs de l'amour de la vertu, et fais que ta sagesse, ta
« justice et ta bonté soient la vraie lumière qui guide nos
« pas dans cette vie. »

Après cette invocation, trois coups sont frappés sur la
feuille de métal sonore : à ce signal le V∴, précédé du Maître
des Cérémonies, suivi des Surv∴ et des FF∴, fait trois fois
le tour du Cénotaphe en partant de l'Orient par le Midi,
l'Occident et le Nord, et en jetant à chaque tour une fleur
sur le Cénotaphe. Le cortége se met ensuite en marche pour
accompagner le F∴ N..... à sa demeure mortelle, le cortége arrivé, le Vén∴ prononce la seconde invocation qui
se termine ainsi :

« Grâces te soient rendues, Être infiniment bon, pour les
idées consolantes que tu nous inspire au sujet de l'existence
future de nos âmes, et par lesquelles tu tempères la douleur
que nous éprouvons à l'aspect de ce tombeau !

« Que le cher Frère N∴, que la mort nous a ravi, repose
en paix ; que la nature utilise ses restes inanimés, et que
son âme immortelle jouisse de toute la félicité que ses
vertus lui ont méritées.......

La cérémonie se termine par un discours du F∴ orateur.
( *Voir le discours sur la Tombe d'un F∴, page* 117).

Pl. 1

473

ALPH.·. MAÇ.·.

Formation.

N.° 1.

| A.B. | C.D. | E.F. |
| G.H. | J.L. | M.N. |
| O.P. | Q.R. | S.T. |

NOMBRES. | MOIS.

| 9 | 90 | 900 | 9000 | 1 Tisri |
| 8 | 80 | 800 | 8000 | 2 Bul. |
| 7 | 70 | 700 | 7000 | 3 Kisleu. |
| 6 | 60 | 600 | 6000 | 4 Tevet. |
| 5 | 50 | 500 | 5000 | 5 Shevet. |
| | | | | 6 Adar. |
| | | | | 7 Nisan. |
| 4 | 40 | 400 | 4000 | 8 Har. |
| 3 | 30 | 300 | 3000 | 9 Sivan. |
| | | | | 10 Tammuz. |
| 2 | 20 | 200 | 2000 | 11 Ab. |
| 1 | 10 | 100 | 1000 | 12 Elul. |

Alph.·. Maç.·.    N.° 2.    Application.

| | a | b | c | d | e | f | g | h |
| | i | j | k | l | m | n | o | p |
| | q | r | s | t | u | v | x | y |
| | z | &c | æ | œ | w | ç | , | . |
| | | - | . | , | ; | ! | .·. | ? |
| | | | 1 | 2 | 3 | 4 | 5 | 6 |
| | 7 | 8 | 9 | 10 | 20 | 30 |
| 40 | 50 | 60 | 70 | | | | |

Les 8 Kouas de Fo-Hi.

N.° 4.

Les 6 traits qui servent à
former les caractères Chinois

Pl. 2.

## ALPH.·.
## G.·. Insp.·. Inquis.·. Commandeur.

N.° 11.

*Formation.*

|   |   | a |   |   |   |   |   |
|---|---|---|---|---|---|---|---|
|   | b | c |   |   |   |   |   |
|   |   | d |   |   |   |   |   |

| n | m | l | k | i | h | g | f | e |
|---|---|---|---|---|---|---|---|---|
| o | Δ | a | o | Δ | a | o | Δ | a |

| y | x | u | t | s | r | q | p | o |
|---|---|---|---|---|---|---|---|---|
| o | Δ | a | o | Δ | a | o | Δ | a |

## HIEROGL.·.
## Subl.·. Pr.·. du Royal Secret.

N.° 13.

a , b , c , d , e , f , g ,

h , i , j , k , l , m ,

n , o , p , q , r , s ,

t , u , v , x , y , z ,

## HIEROGL.·.
## G.·. Insp.·. Inquis.·. Commandeur.

*Application.*

N.° 12.

a , b , c , d , e , f , g ,

h , i , k , l , m , n ,

o , p , q , r , s , t ,

u , x , y , z

## Maç.·. d'Adoption.

N.° 16.

a , b , c , d , e , f ,

g . h . i . k . l . m .

n , o , p , q , r , s ,

t . u . x . y . z .

PL. 3

HIEROG.
des
S.P.R.C.

| a | b | c | d |
| e | f | g | h |
| ij | k | l | m |
| n | o | p |  |
| r | s | t | u v |
| x | y | z | & |

## CHIFFRES
des Ch∴ R∴+ d'Heredom
de Kilwining.

| a | b | c | d | e | f |
| 0 | 1 | 2 | 3 | 4 | 5 |
| g | h | i | j | ba ou k |  |
| 6 | 7 | 8 | 9 | 10 | 10 |
| kb | kc | kd | ke | kf | kg |
| 11 | 12 | 13 | 14 | 15 | 16 |
| kh | ki | kj | ck | dk | ck | fk |
| 17 | 18 | 19 | 20 | 30 | 40 | 50 |
| gk | hk | ik | jk | l | cl | dl |
| 60 | 70 | 80 | 90 | 100 | 200 | 300 |
| el | fl | gl | hl | il | jl | m |
| 400 | 500 | 600 | 700 | 800 | 900 | 1000 |

## CARRÉ RECTIFIÉ
de l'Ecossais de la Voute sacrée.

| D | M | U | E | M | A | A | B | A |
|---|---|---|---|---|---|---|---|---|
| E | E | L | L | I | N | K | H | V |
| N | L | U | O | B | A | A | A | O |
| H | E | B | B | O | N | M | R | H |
| T | H | A | I | K | A | I | A | E |
| I | C | J | B | A | H | A | H | I |
| R | S | H | C | M | C | N | E | A |
| E | R | T | S | H | L | O | M | H |
| B | E | O | M | T | E | D | H | E |

PL. 4

CHIFFRE
du
Chef du
Tabern.

| a | b | c | d |
| e | f | g | h |
| i | k | l | m |
| n | o | p | q |
| r | s | t | u |
| v | x | y | z |

## CHIFFRE
des Chev∴ Kad∴

| 70 | 2 | 3 | 12 |
| a | b | c | d |
| 15 | 20 | 30 | 33 |
| e | f | g | h |
| 28 | 9 | 40 | 60 |
| i | k | l | m |
| 60 | 80 | 81 | 12 |
| n | o | p | q |
| 83 | 84 | 85 | 86 |
| r | s | t | u |
| 90 | 91 | 26 | 95 |
| v | x | y | z |

G  N° 10  HIEROG.
des Chev∴ Kad∴

$9 \times 9 = 81$

N

P  U

PH  TT  CL

B  M  V

T  A

Lith Caron, à Paris.

**Left obelisk (Pl. 5)**

Or∴ Mac∴ de **MEMPHIS.** rite Oriental.

ALPH∴ HIÉROGL∴

Sub∴ Phil∴ Herm∴

Alph∴ DOCT∴ des Plén∴

a
b
d
e

g
h
j
k
l
m
n
o
p
r
s
sch
t
ts
v
z

Sage des Pyramides.

Prince de la Vérité.

**Centre columns**

Chiffres DOCT∴ des Plén∴

1
2
3
4
5
6
7
8
9
10
20
30
40
50
60
70
80
90
100
200
300
400

Nouveaux chiffres.

1
2 sul
3 sin
4 sri
5 ou
6 lou
7 thsi
8 pi
9 hiou
10

**Right obelisk (Pl. 6)**

ALPH∴ Hierogl∴

DOCT∴ des Vedas sacrés (indien)

S∴ P∴ D∴ L∴ Maç∴

S∴ M∴ D∴ G∴ Œuvre.

S∴ Ch∴ du Knef.

Nombres Num antique

**Nota:** (A.B.C.D. et ainsi de suite)

www.ingramcontent.com/pod-product-compliance
Lightning Source LLC
Chambersburg PA
CBHW070800270326
41927CB00010B/2223